# 我国退役优秀运动员自主创业研究

杨尚剑 著

人民体育出版社

**图书在版编目（CIP）数据**

**我国退役优秀运动员自主创业研究** / 杨尚剑著. --
北京：人民体育出版社，2024
　ISBN 978-7-5009-6460-5

　Ⅰ.①我… Ⅱ.①杨… Ⅲ.①退役—优秀运动员—创业—研究—中国 Ⅳ.①D669.2

中国国家版本馆CIP数据核字(2024)第089545号

\*

人 民 体 育 出 版 社 出 版 发 行
北京中献拓方科技发展有限公司印刷
新 华 书 店 经 销

\*

710×1000　16开本　18.5印张　330千字
2024年9月第1版　2024年9月第1次印刷

\*

ISBN 978-7-5009-6460-5
定价：90.00元

社址：北京市东城区体育馆路8号（天坛公园东门）
电话：67151482（发行部）　　邮编：100061
传真：67151483　　　　　　　邮购：67118491
网址：www.psphpress.com
（购买本社图书，如遇有缺损页可与邮购部联系）

# 前　言

随着市场经济高速发展，劳动生产率不断提升，社会各行业就业压力逐渐增大，拉动经济增长所需的就业数量不断减少。数据显示，2015年以来，我国就业人口逐年减少，疫情三年使得此情况进一步加速。2020—2022年，就业人口年均减少699万人，较2015—2019年多减287.3%。其中，城镇就业人口年均增加227万人，较2015—2019年少增79.5%，特别是2022年城镇就业人口减少842万人，减少人数之多为20世纪90年代以来首次。同时，基于运动员职业的特殊性，在就业方面必然面临更大难度。因此，在"双创"战略以及国家大力发展体育产业的背景下，退役优秀运动员以创业带动就业是大势所趋。退役优秀运动员创业不仅可以解决自身面临的"就业难"问题，还能减轻政府部门的安置负担，并且能够为其他社会群体创造新的就业岗位，在某种程度上可以促进国民经济的发展和社会的和谐稳定。党的二十大报告也特别指出，"完善促进创业带动就业的保障制度，支持和规范发展新就业形态"。由此看来，我国退役优秀运动员可以将自主创业看作人生的另一片赛场，它是新时代赋予退役运动员的一种新选择，也是实现运动员个人增收和价值提升的有效途径，更是建设体育强国的时代要求。

然而当今世界正经历百年未有之大变局，新一轮的科技革命和产业变革也蓬勃兴起，这为创业实践和创业研究提出了新情境、新问题、新机遇和新挑战。退役优秀运动员创业主体如何在以"不确定性"为主要特征的时代背景下，将"不确定性"降到最低，为社会创造价值与财富，成为政府部门和学界共同面临的重要理论与实践问题。基于此，本研究从退役优秀运动员自身现状特点出发，以运动员创业现状—创业过程演化—创业支持体系构建为逻辑主线，从以下几个方面对我国退役优秀运动员自主创业进行研究。

第一，基于社会认知理论和计划行为理论，结合GEM模型，设计了我国优秀运动员自主创业认知与创业意愿及创业环境量表，预调查了81名我国优秀运动员及正式调查了1617名我国优秀运动员，运用描述统计分析、因子分析、平均数差异检验、相关分析及回归分析等实证方法，分析了我国优秀运动员自主创业认知程度与创业意愿现状，围绕性别、年龄、所在地区、运动项群、运动年限、运动等级、家庭成员或身边朋友有无创业经历这七个特征，探讨了我国优秀运动员自主创业认知与创业意愿的差异，并进一步厘清了我国优秀运动员自主创业认知、创业意愿与创业环境三者之间的关系。

第二，基于CAS理论，按照理论"自下而上"的研究范式，引入NK模型、演化博弈理论等，对我国退役优秀运动员创业过程中涉及的主体自身的适应性学习行为、各个主体之间的交互合作行为及多主体间的群体涌现行为，三个不同层面上的自主创业的过程展开了详细刻画，采用基于多Agent的Repast仿真平台模拟了我国退役优秀运动员自主创业系统的演化过程及结果，对退役优秀运动员创业过程内部相互作用机制做到清晰把握。

第三，在前两项研究的基础上，通过对三螺旋理论、创业支持系统模型等的借鉴与应用，对我国运动员创业的影响要素进行分析，确立了我国退役优秀运动员自主创业支持的理论体系。之后进一步采用德尔菲法和层析分析法对我国退役优秀运动员创业的支持理论指标进行筛选并确定各指标权重，构建出我国退役优秀运动员创业支持体系。

全书共分为八章。第一章为绪论，第二章为理论基础与核心概念界定，第三章为研究综述，第四章为我国优秀运动员自主创业认知、创业意愿与创业环境，第五章为基于CAS理论的我国退役优秀运动员自主创业系统的演化，第六章为我国退役优秀运动员自主创业支持体系构建，第七章为我国退役优秀运动员自主创业过程和路径的双案例分析，第八章为研究结论与政策建议。

笔者要感谢所有无私共享研究成果的科研工作者，是他们在体育学、管理学、社会学及心理学等各领域的不断研究发现，使笔者能够更方便地了解和掌握相关领域的最新研究成果，为本研究的顺利开展与成果的形成奠定了坚实的基础。

由于笔者水平有限，对问题研究的某些方面可能还具有片面性，所运用的相关理论与科研方法也还在不断发展与变化中，难免有疏漏和不当之处，敬请各位同行专家与广大读者批评指正。

杨尚剑

2023年6月

# 目 录

## 第一章 绪论 ……………………………………………………（1）

第一节 研究背景……………………………………………（2）
第二节 研究目的与意义……………………………………（6）
第三节 研究对象与方法……………………………………（7）
第四节 研究思路与创新……………………………………（10）

## 第二章 理论基础与核心概念界定 ……………………………（13）

第一节 研究的理论基础……………………………………（14）
第二节 核心概念界定………………………………………（18）

## 第三章 研究综述 ………………………………………………（23）

第一节 我国退役优秀运动员自主创业……………………（24）
第二节 创业认知、创业意愿与创业环境…………………（33）
第三节 复杂适应系统（CAS）理论的应用………………（40）

第四节　自主创业支持体系……………………………………（44）
第五节　研究述评………………………………………………（46）

## 第四章　我国优秀运动员自主创业认知、创业意愿与创业环境
………………………………………………………………（49）

第一节　样本来源与测量工具…………………………………（51）
第二节　我国优秀运动员自主创业认知………………………（55）
第三节　我国优秀运动员自主创业意愿………………………（70）
第四节　我国优秀运动员自主创业环境………………………（77）
第五节　我国优秀运动员自主创业认知、意愿与环境的关系……（86）
第六节　分析与讨论……………………………………………（98）

## 第五章　基于CAS理论的我国退役优秀运动员自主创业系统的演化
………………………………………………………………（109）

第一节　我国退役优秀运动员自主创业主体行为的理论阐释……（110）
第二节　我国退役优秀运动员自主创业主体适应性学习行为……（123）
第三节　我国退役优秀运动员自主创业系统主体间交互行为……（137）
第四节　我国退役优秀运动员自主创业系统多主体行为涌现……（144）

## 第六章　我国退役优秀运动员自主创业支持体系构建………（169）

第一节　我国退役优秀运动员自主创业支持理论指标筛选………（170）
第二节　我国退役优秀运动员创业支持体系指标筛选与确定……（181）
第三节　我国退役优秀运动员创业支持指标的权重分配…………（191）
第四节　分析与讨论……………………………………………（203）

# 第七章 我国退役优秀运动员自主创业过程和路径的双案例分析 ……（213）

  第一节 案例甄选与理论依据……………………………（214）
  第二节 型动体育和嗨球科技的创业过程…………………（218）
  第三节 型动体育和嗨球科技的创业路径…………………（226）
  第四节 对我国退役优秀运动员自主创业的启示…………（230）

# 第八章 研究结论与政策建议………………………………（233）

  第一节 研究结论……………………………………………（234）
  第二节 政策建议……………………………………………（235）

# 参考文献 ……………………………………………………（238）

# 附录 …………………………………………………………（258）

# 第一章

# 绪 论

中华人民共和国成立以来，运动员的退役安置问题一直都是党和政府关注的重要问题。运动员是我国竞技体育发展的主力军，是实现体育强国目标的中坚力量[①]。随着运动员的伤病、年龄、成绩、家庭等各种因素的影响，退役是每位运动员不可回避的现实抉择。据不完全统计，我国每年都有近4000名运动员退役，然而目前各省市退役运动员平均安置率仅为43%，安置情况不甚理想[②]。那么，如何妥善处理运动员退役安置问题，让退役优秀运动员获得充满光明和无后顾之忧的未来，不仅是体育部门亟待解决的突出问题，更是新时代建设体育强国的重要体现[③]。

## 第一节 研究背景

### 一、现实背景

在"举国体制"模式下，我国自21世纪以来始终位于奥运会金牌榜前三位，短短几十年间实现了竞技体育事业从基础薄弱到竞技体育强国的转变。虽然"举国体制"有其优越性，但在这种模式的管理下，运动员为提高自身的竞技水平，长期以来一直处于相对封闭的专业化训练环境中，缺乏必要的文化教育和社会实践技能，这无形中使运动员在人才济济、市场竞争激烈的就业环境下不占据任何优势，退役后实现再社会化的难度加大。运动员作为竞技体育的核心，为我国竞技体育事业的发展奉献了自己宝贵的青春，是我国竞技体育乃

---

① 杨国庆，彭国强. 新时代中国竞技体育的战略使命与创新路径研究［J］. 体育科学，2018，38（9）：3-14；46.

② 徐新鹏，杨林. 制定《退役运动员安置条例》的必要性、可行性及框架构建［J］. 西安体育学院学报，2017，34（4）：420-425.

③ 杨尚剑. 我国运动员退役安置系统特征、演化及调控机制——基于复杂适应系统理论［J］. 北京体育大学学报，2021，44（4）：69-81.

至整个体育事业蓬勃发展的动力源泉。同时，这一问题还关乎我国竞技体育的可持续发展以及体育强国目标的实现。因此，当我们思考如何提升我国竞技体育的综合实力以及增强其为国争光能力的同时，也应更加重视保障退役优秀运动员的再就业问题。

迄今为止，我国退役优秀运动员再就业主要有三种途径：组织安置、入学深造，以及自主择业或创业[①]。但是退役运动员再就业现状依旧不容乐观，存在"三低二多"现象。"三低"指的是退役运动员的就业率、就业层次以及收入水平低；"二多"指的是运动员退役数量增多，并且退役后滞留在队人数增多[②]。同时退役运动员再就业情况存在较大差异，具体体现在不同运动成绩与不同运动项目的运动员中。言而总之，我国退役运动员再就业难度较大，其安置问题正逐步演化成一个恶性循环[③]，严重影响我国竞技体育的可持续发展。

2015年《政府工作报告》明确提出，要推动"大众创业、万众创新"（以下简称"双创"），掀起"大众创业、草根创业"的新浪潮，形成"万众创新、人人创新"的新势态。同年国务院下发《关于大力推进大众创业万众创新若干政策措施的意见》（国发〔2015〕32号），并于2018年再次下发《关于推动创新创业高质量发展打造"双创"升级版的意见》（国发〔2018〕32号），助力"双创"工作的有序推进。创新创业作为国家经济发展过程中最有活力的一部分，在社会主义市场经济飞速发展中有着不可或缺的作用，是市场经济新的驱动力。基于我国严峻的就业形势与创业的强大效应，党的十九大报告明确提出，支持并鼓励大学毕业生、返乡新青年与农民工等参与创业，提供全面的创业培训与服务，提高其创业成功率。可见，党和国家已经把创新创业列入国家重要工作进程，这对我国的经济发展具有重大意义。

退役优秀运动员群体是一类具有专项运动技能的特殊型专业人才群体，其作为为我国体育事业飞速发展和体育强国建设做出巨大贡献的优秀人才，有着巨大的社会创业发展潜力。在社会"新时代"、经济"新常态"大的背景下，

---

[①] 赵冰，武胜军，杨雨凡，等. 我国优秀运动员职业规划与就业创业指导体系研究[J]. 北京体育大学学报，2015，38（2）：87-94.

[②] 扆铮. 对我国退役运动员就业安置现状与再教育问题的研究[J]. 安徽体育科技，2010，3（15）：12-14；18.

[③] 高可清，张强，李莹. 公共管理视角下我国退役运动员的职业发展[J]. 中国行政管理，2013（5）：73-76.

随着"双减"政策的具体实施，体育类创新创业活动作为一种新的市场经济和社会发展方式，可以有效解决退役优秀运动员群体所要面临的各种就业困难问题，同时还能使他们为其他社会群体创造新的工作机会和岗位，在某种程度上能够更好地促进国民经济发展以及社会和谐稳定。因此，倡导、鼓励和支持优秀运动员退役后自主创业是新形势下解决运动员就业难、助力退役优秀运动员可持续发展的有效手段和重要举措。

## 二、理论背景

党的十九大报告提出，要激发和保护企业家精神，鼓励更多社会主体投身创新创业。由此掀起了学界对创业研究的新热潮，"双创"成为2018年度经济十大流行语之一[①]。其实从20世纪80年代起，创业研究就经历了一次全新的转型，从关注创业者人格特质的研究转向创业认知，进而探索创业者如何识别和利用创业机会以实现成功创业。创业认知在认知层面形象地解释了创业者创业成功的原因，进而成为业界学者聚焦的热点。国外学者伯尔德（Bird）指出，创立企业需要花费时间去主动认知，因为创业行为是经过充分的认知过程来促使创业意愿提高所产生的[②]。可以说，创业意愿是整个创业活动的关键节点，而创业认知则贯穿整个创业过程。倘若个体具备较高的创业认知及意愿，便能够更好地识别出创业机会并做出创业行为决策。可见，认知观点为创业的研究提供了新的方向，是对创业者人格特质研究的进一步深化，有助于打开创业过程中的"黑匣子"。

此外，从复杂性科学的视角来看，运动员的创业不是某单一主体行为，而是政府、社会、高校及家庭等不同主体之间的交互作用过程。复杂适应系统（Complex Adaptive System，CAS）理论认为，系统总是由多层次的多个主体组成。在适当条件下，主体以一定的"活性"参与到环境及其他主体随机进行的交互作用过程中，借助其他主体进行合作竞争，以实现自身利益的延续和最大化。因此在复杂性科学视角下，退役优秀运动员自主创业系统无疑是一类CAS。

---

[①] 人民网. 汉语盘点2018："奋""改革开放四十年"分列国内年度字词［EB/OL］.（2018-12-21）. http://media.people.com.cn/n1/2018/1221/c40606-30479731.html.

[②] BIRD B. Implementing entrepreneurial ideas: The case for intention［J］. Academy of Management Review, 1988, 13（3）: 442-453.

CAS理论是人们在研究自然和社会复杂系统过程中形成的重要思维方式，最早是由美国教授约翰·霍兰（John H Holland）于1994年正式提出。该理论认为系统中的元素是具有适应性的主体，系统是一个由适应性的主体交互组成的动态网络，系统中的主体在与环境及其他主体间的作用过程中，按照"刺激—响应"的一般规律，通过物质流、能量流以及信息流等的交互转化，不断改变自身的行为方式以及结构功能，以适应环境与其他主体[1]。CAS理论将系统主体的这种动态响应和交互作用过程称为"适应"，主体在这种动态响应和交互作用的影响下，不断地"学习"和"积累经验"，助推系统从混沌过渡到有序、从简单过渡到复杂，从而"涌现"出新的、更大的主体。这也是CAS理论的核心思想，即适应性造就复杂性。因此，CAS理论把宏观和微观两个层面有机地联系在一起。宏观层面，它强调主体与环境之间的交互作用是整个系统演化的核心驱动力，体现在一系列复杂的演化过程中，如系统的分化、聚合、派生等。微观层面，它注重个体的自适应能力，强调的是适应性和主动性，个体可以快速响应外部环境的变化，并不断积累互动经验，修改自身行为准则，以求更好地生存和发展[2]。

CAS理论自提出后，便在自然系统、社会系统等方面得到了广泛的研究与关注。由于CAS理论突破了把系统元素看成"死"的、被动的对象的观念，从主体和环境的互动作用去认识和描述复杂系统行为，所以它被认为在揭示系统演化过程方面具有独特的优势，也因此被称作继一般系统论、耗散结构论之后的第三代系统论[3]。我国运动员自主创业系统是一类CAS主要体现在：第一，我国运动员自主创业系统涉及政策制度系统、市场经济系统、社会环境系统、多元主体系统等多个子系统，其中任何一个子系统又包含众多要素和下一级子系统，系统组成具有多层次性；第二，我国运动员自主创业系统各要素之间关联形式多种多样，它们之间不是简单的线性关系，而是呈现出各种复杂的非线性关系；第三，随着我国改革开放不断深入，经济进入新常态，社会进入新时代，这必将导致系统的结构、功能和演化方向呈现新的特征，出现诸多复杂适

---

[1] HOLLAND J H. Studying complex adaptive systems [J]. Journal of Systems Science and Complexity, 2006, 19 (1): 1-8.

[2] 李臣明, 赵嘉, 徐立中, 等. 复杂适应性系统建模与多Agent仿真及应用 [M]. 北京: 科学出版社, 2017.

[3] 陈禹. 复杂适应系统（CAS）理论及其应用——由来、内容与启示 [J]. 系统辩证学学报, 2001, 9 (4): 35-39.

应系统演化特有的现象。在以上几个方面的综合作用下，我国运动员自主创业系统呈现出显著的CAS特性，这为研究运动员的自主创业提供了全新的视角。

## 第二节 研究目的与意义

### 一、研究目的

本研究的目的是在充分了解我国运动员创业认知、意愿现状的基础上，从复杂适应系统的视角，探索退役优秀运动员自主创活动的新机制、新内涵，从而建立一套多方参与、交互协同的我国退役优秀运动员自主创业支持体系，为退役优秀运动员的自主创业活动提供更精准的支持与帮扶。首先，基于社会认知理论和计划行为理论，结合GEM模型，设计出适用于我国优秀运动员自主创业认知与创业意愿及创业环境量表，以切实了解我国优秀运动员自主创业认知程度与创业意愿情况；其次，运用CAS理论与多Agent仿真模拟技术，通过构建我国退役优秀运动员自主创业系统模型，运用多情景仿真来探究创业过程的内在演化机制；最后，从不同维度对创业的影响要素进行分析，寻找退役优秀运动员自主创业的必要支持要素，完善理论框架，构建基于CAS理论的我国退役优秀运动员自主创业支持体系。

### 二、研究意义

本研究的意义主要体现在理论意义和实践意义两方面。

#### （一）理论意义

CAS理论是人们在研究自然和社会复杂系统过程中形成的重要思维方式，也存在与之对应的分析工具，但目前将CAS理论应用于体育学科领域的定量分析研究比较鲜见。我国运动员自主创业研究才刚起步，本研究运用CAS"适应性造就复杂性"的理论观点，阐释运动员创业以单一主体的适应性学习行为和主体之间的交互合作行为作用，涌现出政府、社会、高校、家庭多主体参与构成的运动员创业网络的复杂现象机理,并最终建立运动员创业的复杂适应性支持体系,是对运动员创业理论体系的有益拓展,而同时运动员创业支持问题本身也将赋予CAS理论更多的社会背景和理论价值,这也体现了"生成性"这一方法论的优势所在。

### (二)实践意义

当下,我国已经迈入"大众创业,万众创新"的新时代,对运动员创业支持体系的构建具有非常显著的应用价值。首先,加深了对运动员创业过程的认识。借助对运动员创业主体行为的分析与建模,探究这一过程的动力和机制,加深对现实中运动员创业过程的一般性规律认识,从而把握运动员创业管理中的关键环节;其次,将运动员创业的影响因素引入定量模型构建中,并通过可控因素的调节使主体改变行为规则,获得更为优化的模型结果,有助于运动员创业能力实践的提升;最后,本研究涉及主体广泛,包括政府、社会、高校、家庭等多种类型主体,通过将这些主体纳入统一的运动员创业体系框架下进行研究,可以为政府和体育行政部门制定运动员创业政策提供参考。

## 第三节 研究对象与方法

### 一、研究对象

本研究的对象是我国退役优秀运动员自主创业支持体系。根据2007年国家体育总局、教育部、公安部、财政部、人事部、劳动和社会保障部联合下发的《运动员聘用暂行办法》(体人字〔2007〕412号),优秀运动员是指各级体育行政部门根据运动项目特点和运动员成才规律等聘用标准,所招聘的专业从事某项体育运动训练和参加比赛,且享受试训体育津贴或体育津贴的人员[①]。

---

[①] 国家体育总局.关于印发《运动员聘用暂行办法》的通知[EB/OL].(2007-09-18). https://www.sport.gov.cn/rss/n5049/c639449/content.html.

## 二、研究方法

### （一）文献资料法

通过阅读大量国内外有关CAS理论、创业理论、博弈理论及运动员创业、安置等方面的研究文献，了解和借鉴这些领域的基本理论、研究思路和研究方法及最新研究成果，为本课题研究打下理论基础。

### （二）问卷调查法

在全国范围内，针对1617名优秀运动员自主创业认知、创业意愿及创业环境等进行问卷调查。为了使问卷更适用于我国优秀运动员这一特定调查对象，本研究首先在借鉴国内外设计的成熟问卷（量表）的基础上，根据研究需要确定了表征各变量的维度与题项；其次，依据专家意见修改各维度的测量题项；再次，通过预调查、信效度检验的方式对量表内容做进一步的修正和完善；最后，确定正式量表，再次通过实证调研获取本研究所需的数据。

### （三）数理统计法

本研究对收集的有效数据使用SPSS 25.0和AMOS 22.0统计软件进行录入与分析，利用$\alpha$检验和因子分析分别检验量表的信度和效度，采用描述性统计分析、平均数差异检验探讨性别、年龄、所在地区、运动项群、运动年限、家庭成员或身边朋友有无创业经历这7个特征影响我国退役优秀运动员自主创业认知与创业意愿的差异情况；采用相关分析、回归分析等检验研究假设。

### （四）跨学科研究

本研究将退役优秀运动员主体自主创业的问题进行抽象，引入与经济学、生物学、系统科学等领域相关的研究思想，对退役优秀运动员自主创业的各种特殊类型的适应性学习行为、相互协同学习行为、多种主体类型的群众性行为及其涌现方式进行了探索分析，为我们深入研究退役优秀运动员自主创业系统动态变化过程提供了理论方法。

### （五）仿真模型实验法

利用Repast仿真平台对系统进行仿真模拟实验，对演化结果进行动态展示，阐释退役优秀运动员自主创业系统的动态演化过程。多主体仿真运用的过程如下。第一步，提出科学问题并收集数据。其核心是从现实系统出发，进行微观与宏观数据的收集整理，为系统模型的构建提供基础。第二步，对系统内相应主体进行描述刻画，建立概念模型。在主体模型构建过程中，必须保证概念模型是对现实系统中主体行为的真实反映，并且保证主体行为设计易于操作。第三步，利用编程程序进行相关程序撰写与仿真模拟。第四步，依据仿真模拟的结果结合现实状况解决现实问题。

### （六）德尔菲法

通过文献、政策、现状分析，初步获得体系指标，设计并发放专家调查问卷，专家对象为各个领域对于创业有理论知识或者丰富的创业实践经验的个体，对所构建的退役优秀运动员创业支持体系的初级指标进行评价，筛选并确定退役优秀运动员创业支持体系指标。

### （七）层次分析法

采用层次分析法对退役优秀运动员创业支持体系指标进行分析，对构建的模型进行综合评价，确定我国退役优秀运动员创业支持体系的各项指标权重。

### （八）质性研究法

采用质性研究的方法对案例进行研究。一是参与式观察，课题组成员下载两家案例公司的App进行长期的观察体验，记录观察资料；二是对案例团队成员进行半结构式访谈,收集深度访谈资料。将记录观察资料与深度访谈内容逐字整理为文稿,借助NVivo11.0软件分别对案例文稿进行编码分析。提炼相关范畴,对文稿内容进行梳理、演绎和归纳,以分析创业历程,探寻创业成功致因。

## 第四节 研究思路与创新

### 一、研究思路

本研究遵循"问题提出—理论综述—现状调查—系统仿真—体系构建—对策建议"的基本研究思路,以CAS基本理论框架为主线,围绕退役优秀运动员自主创业支持体系这一主题,分析政府、社会、体育部门、高校、家庭等多主体在退役优秀运动员自主创业支持体系中扮演的角色以及应该发挥的作用,并进一步构建退役优秀运动员自主创业的支持体系。

### 二、研究创新

#### (一)研究视角的转换

CAS理论目前广泛应用于社会经济系统研究,随着研究的逐步深入,将退役优秀运动员自主创业支持体系研究纳入CAS这一基本理论框架,可以使退役优秀运动员自主创业支持体系研究方式、路径呈现出新的特性。

#### (二)研究内容的深入

本研究的内容立足于构建退役优秀运动员自主创业的支持体系,突破了以往政策分析、理论探讨的层面。该体系的构建不仅完善了退役优秀运动员安置的相关理论,而且丰富了CAS理论的具体应用,是对我国退役优秀运动员就业创业问题的一次深入研究。

## （三）研究方法的创新

以往对于运动员退役安置的相关研究，大多以定性分析为主。借助CAS理论，可以为退役优秀运动员自主创业支持体系研究提供一套科学的定量方法和工具，使得对运动员创业的研究实现由静态转化为动态、由定性描述转化为定量刻画。

# 第二章

## 理论基础与核心概念界定

## 第一节 研究的理论基础

### 一、社会认知理论

社会认知理论（Social Cognition Theory）是国外著名学者班杜拉（Bandura）提出的，指的是个体、情境与行为三者间的互动构成的一个三维模式[1]。社会认知理论的提出，在很大程度上解决了困扰心理学界许久的疑虑，即到底是环境决定论认为的外在环境还是个体决定论认为的内在心理影响了个体行为。由此，社会认知理论为理解影响人们认知、情境与行为的过程关系提供了系统的理论框架。

社会认知理论作用原理如图2-1所示：①个体依赖自身过去经历反思而得的经验将影响行为的驱动，同时行为结果给到的反馈也会促使个体进行自我调整，即个体与行为间受个体预期和价值观的支配。②作为外部因素的环境会对行为产生的强度有一定影响，同时个体出于需求做出变化，如有意识地去创造适宜的环境，即行为与环境是被激活的相倚关系，能够改变活动的强度与方向。③环境会影响个体特征的养成，同时个体的认知也会影响周遭的环境，即个体心理环境特点与外部激活环境特征相关。由此可见，三者的相互影响在不同活动的过程中都会发生相应的变化，变化的程度同实际情境相关。

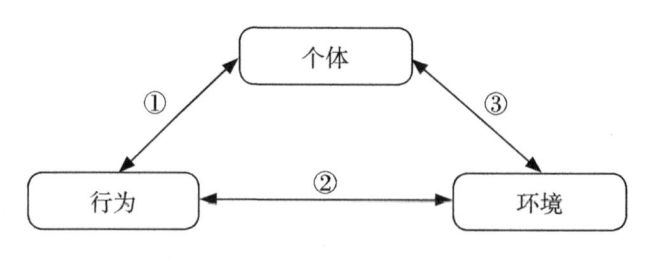

图2-1 社会认知理论框架

---

[1] BANDURA A. Social foundations of thought and action [J]. Journal of Applied Psychology, 1986, 12(1): 169.

将社会认知理论用于创业过程的研究，则可以理解为创业个体在环境中的具体行为，无论是客观的环境，包括资金、人才、场地、设备等，还是主观的环境，包括个体认知风格、学习特点、个人能力等，都会发挥交互作用，影响创业成功的走向。因此，本研究基于社会认知理论在研究我国优秀运动员自主创业认知时，应当充分考虑个体、行为、环境在具体情境中的实际效用与互动关系。

## 二、计划行为理论

计划行为理论（Theory of Planned Behavior，TPB）是学者阿耶兹（Ajzen）在菲什拜因（Fishbein）的多属性状态理论和后来的理性行为理论的基础上发展而来的。它解释了个体如何改变自身行为模式，且认为个体采取某种行为的意愿受到主观规范、行为态度和感知行为控制的影响[1]。主观规范指的是个体做出是否采取某种特定行为时所感受到的压力，包括个人或各种团体的期望所带来的压力。行为态度指的是个体采取某种行为的积极或消极程度。通常受到个体行为所能产生效益结果的信念以及个体对行为预判后果的影响。感知行为控制指的是个体对某项具体行为所能感受到的掌控能力。换言之，即个体所感受到的实施某项具体行为的难易程度。它受个体过去的经验、现有资源的掌握以及有关因素的预期阻碍影响。

综上可知，个体采取某种行为的意愿，容易受到个体内部心理环境的影响，它包括内在压力、态度与感知的影响。因此，本研究基于计划行为理论研究运动员的创业意愿时，应当充分考虑我国优秀运动员个体内部心理环境对创业活动过程的影响。

## 三、复杂适应系统理论

复杂适应系统（CAS）理论发展至今，在复杂性科学研究中的重要作用日益凸显，其核心理念是"适应性造就复杂性"。复杂性科学的诞生标志着人类的认识水平步入了一个崭新的阶段，为科学发展树立了一个新的里程碑，打破

---

[1] AJZEN I. The theory of planned behavior [J]. Organizational Behavior and Human Decision Processes, 1991, 50（2）: 179-211.

了线性、均衡、简单还原的传统范式，致力于研究非线性、非均衡和复杂系统带来的诸多新问题。

约翰·霍兰（John Holland）围绕着适应性主体（Adaptive Agent，以下简称主体）这一中心，构建了复杂适应系统的回声模型，即ECHO模型。CAS理论的核心在于系统中的主体具有主动性和适应性。主体的适应性主要体现为能与其他主体以及环境进行信息和资源的交流，为了实现自身目的而不断调整和改变自己的行为模式，从而去适应环境变化的要求。约翰·霍兰将主体不断学习的过程表述为："接受刺激—做出反应—得到反馈—修正规则—提高适应度（Fitness）。"[1]适应性主体不断学习的能力和知识积累促使其不断地成长和演化，而回声模型中所研究的涌现（Emergence）现象则将主体的进化和系统的演化紧密联系在了一起。

CAS理论的提出为人们认识、理解、控制及管理复杂系统提供了一种新思路和方法。CAS理论在生物、经济、生态与环境及其他一些自然科学和社会科学领域中得到了不同方向和不同程度的验证与应用。复杂性科学的探索是一门正在形成和逐渐发展的交叉学科，体现了科学高度综合发展的大趋势。复杂适应系统理论的应用，为我们解决复杂社会问题、探究复杂环境问题，提供了一条路径。现阶段，复杂适应系统理论的应用大都集中于经济学领域、社会学领域及医学领域，在此方面研究相对成熟。退役优秀运动员自主创业系统究其本质，同属社会学领域，前人的研究对退役优秀运动员自主创业研究来说，具有积极的指导与引领作用。

## 四、知识进化论

为更好地研究退役优秀运动员自主创业系统中主体的适应性学习行为，本研究借鉴生物学中的知识进化论，用以解释适应性学习行为的内在机理，知识进化论主要涉及以下三个核心机制。

第一，遗传，即创业知识的学习与传授。本研究通过基因遗传的移植来研究退役优秀运动员自主创业对其他人和个体的知识转化，将其知识的遗传视为其他人和个体的知识转化。此遗传主要是指创业个体进行创造性活动过程中

---

[1] HOLLAND J H. Studying complex adaptive systems [J]. Journal of Systems Science and Complexity, 2006, 19（1）: 1-8.

所需涉及的各种知识和技能学习的总和。此类信息的遗传和复制特征体现在能够借助交流、学习等形式在创业过程中不断得到传递。第二，变异，即多样的创业行为选择。生物学中，基因遗传具有一定的稳定性，特殊情况下，基因也会发生变异，以此类比退役运动创业行为，持续的长时间创业积累带来知识进化的产生，在突破式和渐进式创业的共同作用下，创业能力进化呈现出从无到有、从混沌到清晰的系统演化过程，并借此实现自身对环境的适应。第三，自然选择，即市场和社会的淘汰法则。自然选择能够对生物演化发展产生决定性作用，同理，在退役优秀运动员自主创业主体的知识进化中，各种创业活动最终可以通过市场竞争和社会选择来实现"优胜劣汰"。

总之，退役优秀运动员创业过程中，主体的适应性学习行为正是通过类似"遗传—变异—选择"的进化模式，最终实现退役优秀运动员主体对创业环境的适应，演化过程中存在渐进式和突变式演化方式，使整个演化曲线表现为曲折上升的态势。

### 五、三螺旋理论

三螺旋理论最早于20世纪50年代诞生于生物学领域，用于构建基因、组织与环境三者的关系。20世纪90年代，美国学者用三螺旋模式诠释了政府、企业、学校之间的创业创新协作关系，指出政府、企业和高校之间关系的转变，不再是以往单一的匹配职能，而是三者之间的相互作用使整体更强。三螺旋理论中，三个主体在确保自身独立的同时又相互影响，利用各自优秀的条件，共同作用形成一种螺旋式上升的动力，推动各主体的发展，最终完成创新[1]。

随着社会与经济发展，政府、社会、学校三者积极配合其他领域的发展，使三者之间资源信息的共享充分且沟通互动加强。这种创新的、成功的三螺旋模型广泛应用于各个国家，其目的是创造一个创新的环境，三个主体协作共同推动国家的政治、经济和文化发展。同时，在这种模式的影响下，也出现了一些新兴组织，如创业科技园、企业孵化园、风险投资公司等。三螺旋理论模型如图2-2所示。

---

[1] 亨利·埃茨科维兹. 三螺旋创新模式：亨利·埃茨科维兹文选［M］. 陈劲, 译. 北京：清华大学出版社，2016.

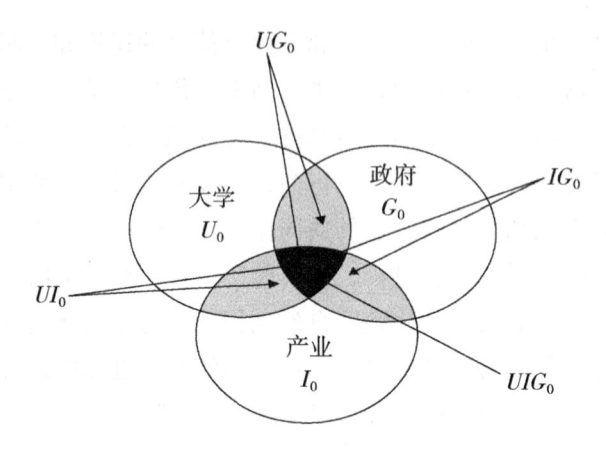

图2-2 三螺旋理论模型图

## 第二节 核心概念界定

### 一、自主创业

创业的英文单词为"entrepreneurship",是来自法语的"entre",有注入、加入的意思,而"preneur"是资金、资本的意思,也可以认为在一个组织里注入资金,或几方投资,就是企业、公司、商业体。创业的概念,基于创业学理论视角,有狭义和广义之分。从狭义上看,创业是指有能力的人创新创业。蒂·蒙斯认为创业是一种思考、推理和行为方式,这种行为方式是机会驱动、注重方法和与领导相平衡[1]。罗伯特认为:"创业是一个创造增长的财富的动态过程。"[2]经济学家加特纳(Gartner)认为,创业的内涵集中体现在两个方面:创业的行为结果和个人特质[3]。我国有学者将创业看作一种识别机会、获取资源并创办新业以创造具有价值的新事物的行为过程[4]。从广义上

---

[1] TIMMONS J A. New Venture Creation [M]. New York: Irwin Mc Grew-Hill, 2010.
[2] ROBERT C R. Entrepreneurship [M]. New York: Lord Publishing Co, 1984.
[3] GARTNER W B. What are we talking about when we talk about entrepreneurship? [J]. Social Science Electronic Publishing, 1990, 5(1): 15-28.
[4] 王莹. 大学生社会网络对创业意向的影响研究 [D]. 杭州:浙江大学, 2011.

看，创业还包括工资形式的就业，在原有职位上辛劳工作，不断开拓进取，发展壮大现有事业等。显然，国内外学者都倾向于将创业看作一种带有创造价值的行为。本研究所讨论的创业也是狭义上的，指的是个体从无到有创新创业的活动过程。

自国家提出"双创"后，自主创业的研究逐渐成为学界关注的焦点。目前普遍认为，自主创业是指劳动者主要依靠自身的资本、资源、信息、技术、经验以及其他因素，自己创办实业，解决就业问题[①]。或者说是利用自身的知识、能力和技术，通过自筹资金、寻求合作、技术入股等方式创造新的就业机会[②]。对比创业和自主创业，我们不难发现，狭义上的创业和自主创业极为接近，都强调的是行为，只不过自主创业更加强调的是自己依靠自身力量（包括知识、技能、人力、资金、政策了解等）主动创造新事业的行为。因此，结合上述学者观点和研究需要，本研究将自主创业界定为我国优秀运动员根据自身发展需要，利用自身的资金、知识和技能储备，综合多方力量主动创建新事业的行为过程。

## 二、创业认知

人们将自己对事物的诠释称为认知。人们对客观事物的认知通常是从他们自身的感知开始的。倘若个体没有基本的自我感知活动，也就无法产生认知。换句话说，这种感知是人们独有的认知方式。国外学者奈瑟尔（Neisser）指出，认知是指人们对已存在的信息进行转换、加工、存档、恢复、提取和使用的过程[③]。随后，衍生出社会认知。它被视为以固有的思维方式理解和评估新信息（或人）的能力，能够不断使人们受益，且较为全面地解释了关于人、环境、行为的三元交互作用，并将认知结构及图式等概念引入认知之中。我们创业行为的活动过程不能脱离社会这个大环境而存在，所以创业认知从社会认知领域吸收了很多，它既涵盖了社会认知的观点，又集中表现在创业的研究领域中。而关于创业认知的定义被业界广泛接受的是米切尔（Mitchell）等提出

---

① 百度百科. 自主创业［EB/OL］. （2019-12-26）. https://baike.baidu.com/.
② 丁永慧, 聂建亮. 对大学生自主创业认知的实证调查［J］. 中国成人教育, 2011（11）: 100-102.
③ NEISSER U. Cognitive psychology（Book Reviews: Cognition and reality principles and implications of cognitive psychology）［J］. Science, 1977（198）: 816-817.

的，认为创业认知是创业者对创业机会评估、企业创立和成长中用来做评定、判断或决策的认知结构，并进一步指出，创业认知是一个复合词，在理解创业认知的概念时，我们需综合考虑创业和认知两个方面[1]。我国学者倪锋等通过建立研究模型认为，创业认知是创业者个体的心理过程，是个体创业能力产生和发展的必要前提[2]。张秀娥等则认为创业认知是可以帮助个体思考、评估和识别创业机会的知识结构[3]。

综合上述，创业认知的概念是从认知到社会认知的发展演变而来的。创业认知的概念虽不统一，但有一些共通点。国内外学者都从个体角度出发，探讨了创业者在机会出现过程中如何运用知识结构进行思考、决策等的行为。认知是一种知识结构、认知能力及过程的体现。创业认知的因素包括与创业行为密切相关的在创业过程中所涉及的知识与技能。本研究借鉴学者们的前期研究成果以及根据研究的需要，将创业认知界定义为：个体（我国优秀运动员）运用先前的知识结构和个人能力，通过分析、总结和评价各种创业信息资源，从而在识别和开发创业机会中转化为创业行为决策的动态变化过程。

### 三、创业意愿

意愿是个体的一种心理状态，它能够影响个体的行为，具体表现为个体为达成某个特定的目标所采取的某种方法或某种行为[4]。从心理学角度看，意愿是预测行为的重要标准，即个体的创业意愿是预测创业行为发生的有效工具。为了了解个体的创业行为，诸多学者对创业意愿进行了研究。创业意愿本身是个复合词，学者们对创业意愿内涵的理解是在意愿研究的基础上融合创业研究的思想，总的来说主要有以下两种倾向。

一种倾向是认为创业意愿反映了创业个体的心理活动（态度、状态等）。

---

[1] MITCHELL R K, BUSENITZ L, LANT T, et al. Toward a theory of entrepreneurial cognition: Rethinking the people side of entrepreneurship research [J]. Entrepreneurship Theory and Practice, 2002, 27 (2): 93-104.

[2] 倪锋, 胡晓娥. 基于认知的创业能力发展理论模型初探 [J]. 企业经济, 2007 (10): 6-38.

[3] 张秀娥, 周荣鑫, 王晔. 文化价值观、创业认知与创业决策的关系 [J]. 经济问题探索, 2012 (10): 74-80.

[4] BIRD B. Implementing entrepreneurial ideas: The case for intention [J]. Academy of Management Review, 1988, 13 (3): 442-453.

创业意愿是潜在创业者对是否开展某些创业活动的主观态度[1]，是对个体创业特质、创业能力、创业态度的一般描述[2]，是潜在创业个体对创业行为的一种心理准备状态[3]，是潜在创业个体建立新企业并且有意识地计划采取行动的心理状态[4]。

另一种倾向是认为创业意愿是一种信念，能够预测行为的倾向性或可能性。创业意愿是指潜在创业者计划开始新创企业的信念，并在将来的某个时候有意识地实现这些计划，具体而言就是创业者想要创建新企业，并有意计划"何时做"的信念[5]。这种信念在将来的某个时刻可能会立即发生，或者可能没有明确的时间，或者由于其他因素，永远不会发生[6]。结合以上研究，考虑到对创业意愿的可测量性和可操作性，本研究将创业意愿定义为个体（我国优秀运动员）想要创建新企业，并有意计划"何时做"的信念。

### 四、创业环境

环境是一个较为抽象的概念，具有很大的延展性。现有两种观点：一种是环境决定论认为的，环境是组织或个体必须去适应的一系列外部条件；另一种是战略选择论认为的，环境是组织或个体自身心理感知的客体。由此来看，创业环境也应该涵盖这两种观点。不过通过文献梳理来看，学者对创业环境的定义更倾向于需要去适应的外部条件。如创业环境主要由政府和政策干预、资源可获取性、科研机构等要素组成[7]，又如创业环境是由政治、经济、技术和文

---

[1] KRUEGERJR N F, REILLY M D, CARSRUD A L. Competing models of entrepreneurial intentions [J]. Journal of Business Venturing, 2000, 15（5）：411-432.

[2] 范巍, 王重鸣. 创业意向维度结构的验证性因素分析 [J]. 人类工效学, 2006, 12（1）：14-16.

[3] 简丹丹, 段锦云, 朱月龙. 创业意愿的构思测量、影响因素及理论模型 [J]. 心理科学进展, 2010（18）：162-169.

[4] 罗向晗. 大学生创业意愿制约因素分析 [J]. 重庆三峡学院学报, 2012, 28（4）：151-153；160.

[5] 张秀娥, 方卓, 毛刚. 基于信息生态学的创业认知边界研究 [J]. 科技进步与对策, 2015, 32（15）：91-97.

[6] THOMPSON E R. Individual entrepreneurial intent: Construct clarification and development of an internationally reliable metric [J]. Entrepreneurship Theory and Practice, 2009, 33（3）：669-694.

[7] GARTNER W B. A Conceptual framework for describing the phenomenon of new venture creation [J]. The Academy of Management Review, 1985, 10（4）：696-706.

化等子系统构成的一个复杂的社会大系统[1]。但是往往容易忽视对于个体的心理发生实际影响的整个生活环境也称为环境,即心理环境。基于此,本研究对外部环境和心理环境进行综合考量,将创业环境定义为:创业环境是指影响创业活动过程的一系列内外部要素的总和,包括内部环境和外部环境。其中,内部环境指的是创业个体的实际心理感知影响整个创业活动的要素;外部环境指的是创业个体需要去与之适应的外在的政治、经济、文化、社会、教育等影响整个创业活动的要素。

---

[1] 池仁勇,朱非白. 城市创业环境指数研究——基于长江三角洲实证 [J]. 科技进步与对策,2010,27(9):110–114.

第三章

研究综述

## 第一节 我国退役优秀运动员自主创业

### 一、我国自主创业热潮阶段的划分

我国自主创业的热潮,按时间、事件可以大致划分为四个阶段(表3-1)。

表3-1 我国自主创业热潮的四个阶段一览

| 阶段(时间) | 创业对象主体 | 创业资本 | 产业形式 |
| --- | --- | --- | --- |
| 个体爆发户阶段(1978—1991年) | 无业人员 | 前期积累 | 小商品贸易 |
| 下海经商阶段(1992—1999年) | 公务人员 教师 科研人员 国企干部 | 能力 科学技术 | 房地产 轻工业 |
| 互联网创业阶段(2000—2013年) | 网络精英 下岗人群 农村村民 | 互联网技术的兴起与普及 | 电子商务 |
| 大众创业创新阶段(2014年至今) | 大学生 新生代农民工 退役军人等 | 政策支持 天使投资 | 小微企业 创客空间 创业孵化园 |

第一阶段即个体爆发户阶段(1978—1991年)。党的十一届三中全会后,国家步入改革开放的历史时期,开始鼓励个体和民营经济发展。这一阶段,无业人员,也就是我们俗称的"草根",在中共中央、国务院批转的第一个有关发展个体经济的报告的支持下,纷纷开始创业。他们通过前期积累,进行着小商品贸易,在南方省市尤为集中,"个体户"应运而生。这是个体经济对计划

经济的冲击，打破了国家经济和人民生活长期处于停滞和徘徊不前的状态。

第二阶段即下海经商阶段（1992—1999年）。1992年初，改革开放总设计师邓小平南巡讲话，进一步打破了人们的思想禁锢，市场经济迅速席卷全国。部分公务人员、教师、科研人员、国企干部等纷纷丢掉了人们眼中的"铁饭碗"，跳出体制，凭借自己的能力去获取财富，成就了一大批轻工业和改制企业。据人社部统计数据显示，1992年，有12万公务员辞职下海，1000多万公务员停薪留职。其中的典型代表——SOHO中国现任董事长潘石屹就是丢弃了"铁饭碗"，怀揣80元奔赴广东，成就了现在的自己。后来还相继出现俞敏洪、王传福等企业家，他们创办的企业逐渐成长为中国经济软实力的基石。

第三阶段即互联网创业阶段（2000—2013年）。期间，互联网技术发展日新月异，百度、腾讯、阿里巴巴等迅速崛起，改变了中国的整个经济结构，并代表了中国新兴经济的主体。网络精英、下岗人员成为这一阶段创业主体人群。值得一提的是，南方许多农村村民也加入互联网创业大军中来，在广东、福建、浙江、江苏等地，出现了许多全国知名的"淘宝村""淘宝镇"。该时期的主要创业特征表现为行业精细化与服务个性化。

第四阶段即大众创业创新阶段（2014年至今）。2014年以来，随着供给侧结构性改革，GDP增速放缓，产业结构调整，经济发展进入"新常态"。为顺应新形势，国家提出"双创"政策，以创新创业带动经济社会发展，各级政府、高校积极响应，全社会掀起新一轮创业高潮。以众多大学生、新生代农民工等为代表的群体，成为这一阶段自主创业者的主体。

综上来看，我国自主创业的热潮随着经济体制的改变而改变（从计划经济到市场经济），也是跟随着科技的进步而进步（传统贸易到互联网再到移动互联）。我国自主创业对象的主体在不断丰富，几乎涵盖社会各阶层，包括退役运动员、退役军人等特殊群体。

## 二、退役运动员安置研究现状

退役运动员的安置作为中国特色的一项重要举措，多年来一直是我国学者关注的焦点问题，并在政策的梳理、现状的调查及对策的提出等方面取得了较为丰硕的成果。由于运动员培养的体制机制不同，国外对于退役运动员的研究主要集中在心理学领域的微观研究，更多的是关注运动员退役后的社会适应问题以及心理健康等方面[1][2][3]，近年来也有许多学者转向社会学视角的宏观研究。

## （一）退役运动员安置政策研究

国外许多竞技体育强国出台了各类运动员就业保障政策，旨在帮助运动员积极有效地应对训练、就业中的冲突与挑战，为运动员退役后的择业、就业提供支持。比如，澳大利亚出台的"新运动员职业援助计划"（Athlete of Career Elite，以下简称"ACE计划"），建立了以职业保障、实习就业为核心的运动员职业保障网络，包括集结全国各行业具有丰富经验的从业者，为运动员传授职场经验与就业指导的从业者推荐网络（CPRN）；与雇主相互沟通交流联系，使雇主能够结合运动员的兴趣、特点及训练时间等情况，帮助运动员就职合适岗位的动态网络[4]。"ACE计划"每年为澳大利亚约3000名精英运动员提供职业和教育服务[5]。相关研究表明，参与"ACE计划"服务的运动员中，有78%的人在职业决策方面的表现得到改善[6]。

英国推出"英国运动员职业教育"（Athlete Career Education UK）项目，在英国体育理事会的统筹下，逐步搭建了从国家到社会自上而下的多层级运动员就业保障体系，为运动员提供包括教育指导与就业建议、媒体应对服务、基

---

[1] 刘微娜，季浏，刘学涛. 国外运动员退役的综述研究[J]. 中国体育科技，2008，44（1）：7-11.

[2] COSH S, CRABB S, LECOUTEUR A. Elite athletes and retirement: Identity, choice, and agency [J]. Australian Journal of Psychology, 2013, 65（2）: 89-97.

[3] TORREGROSA M, RAMIS Y, PALLARES S, et al. Olympic athletes back to retirement: A qualitative longitudinal study [J]. Psychology of Sport & Exercise, 2015, 21: 50-56.

[4] CHAMBERS T P, HARANGOZO G, MALLETT C J. Supporting elite athletes in a new age: experiences of personal excellence advisers within Australia's high-performance sporting environment [J]. Qualitative Research in Sport, Exercise and Health, 2019, 11（5）: 650-70.

[5] TANNER R K, SPORT A I O, GORE C J. Physiological tests for elite athletes [M]. Champaign: Human Kinetics, 2013.

[6] FRASER L, FOGARTY G. An investigation of athletic identity, career choices and decision-making difficulties of Australian elite athletes [J]. Journal of Science and Medicine in Sport, 2011, 14: e84-e85.

本财务以及法律咨询服务等[1]。项目旨在培养运动员的社交、教育和工作的相关技能，并且通常侧重于生活方式管理以及可转移技能的发展，这些技能可以帮助个人从运动生活过渡到运动后的职业，包括职业承诺、目标设定等[2]。

德国建立的多元主体保障体系则体现了政府决策、社会主导的特点。德国奥林匹克运动联合会通过授予部分学校"体育精英学校"称号，为运动员提供学习与训练的综合环境[3]；高校体育协会通过"竞技体育高校伙伴"计划（Top Sport），与百余所大学建立合作关系，为运动员提供高等教育及就业咨询[4]。

我国运动员退役安置政策的演变主要分为改革开放前"效率适当、注重公平"和改革开放后"效率优先、兼顾公平"的安置政策[5]。冯晓露等以倡议联盟框架为理论基础，通过中华人民共和国成立以来我国运动员退役安置的政策变迁反馈，推导政策决策机制。研究发现，我国运动员退役安置政策中的问题和争议基本上都是围绕"效率"与"公平"两大倡议联盟的信念体系展开的[6]。而我国退役安置政策发展中存在着政策目标过于短视、政策措施的调整与政策环境变化不适应等问题。其本质表现就是在实践中退役运动员安置政策使退役运动员陷入脱离竞技体育体制、不能适应市场经济体制的"双重脱嵌"困局之中[7]。在政策目标的制定上，安置目标忽视了运动员的生存能力和长远发展，导致安置措施仅是直接给一个工作岗位或一笔货币补偿，同时，退役安置政策所体现的效率，主要是对获得突出运动成绩运动员的奖励，具体而言就是与运

---

[1] AQUILINA D, HENRY I. Elite athletes and university education in Europe: A review of policy and practice in higher education in the European Union Member States [J]. International Journal of Sport Policy and Politics, 2010, 2 (1): 25-47.

[2] WYLLEMAN P, ALFERMANN D, LAVALLEE D. Career transitions in sport: European perspectives [J]. Psychology of sport and exercise, 2004, 5 (1): 7-20.

[3] BORGGREFE C, CACHAY K. "Dual Careers": The structural coupling of elite sport and school exemplified by the German Verbundsysteme [J]. European Journal for Sport and Society, 2012, 9 (1): 57-80.

[4] STAMBULOVA NB, WYLLEMAN P. Psychology of athletes' dual careers: A state-of the art critical review of the European discourse [J]. Psychology of Sport and Exercise, 2019, 42: 74-88.

[5] 戚雪枫, 冯晓露. 我国运动员退役安置政策的演变 [J]. 体育文化导刊, 2012 (11): 9-11.

[6] 冯晓露, 熊晓正. 倡议联盟框架视角下我国运动员退役安置政策决策机制研究 [J]. 体育科学, 2013, 33 (8): 3-13.

[7] 朱珺, 邹德新. 双重脱嵌：退役运动员安置政策的实践困境解析——以J省为例 [J]. 体育学研究, 2021, 35 (6): 77-83.

动成绩挂钩的政策倾斜性安排[1]。

戴永冠等认为，现阶段政府补偿和市场补偿有机结合是举国体制利益补偿的合适选择[2]。董申翔等尝试通过多角度、多学科的分析，构建退役待安置运动员的"社会保障体系""社会保障辅助体系""就业安置体系""职业培训制度""继续教育和创业基金体系"，为退役运动员的安置提供理论依据和实践指导[3]。徐士韦等从理念转变、创新教育供给、健全立法、创新运动员培养制度、职业和文化教育协同推进、建立退役运动员转型保障机制等方面，构建"普惠型"退役运动员转型政策保障模式[4]，然而模式的构建仍停留在理论探讨层面。

## （二）退役运动员安置现状及影响因素研究

针对运动员的就业现状，国外学者展开了积极探索。虽立足于不同国家地区，运动员的就业境况存在些许差异，但梳理相关文献发现，国外运动员就业现状仍存在一些共性。其一，退役运动员就业信心欠缺。一项关于韩国运动员未来就业信心的研究表明，有73.3%的运动员对未来就业缺乏信心，对于是否能找到与其专业相关的工作感到焦虑。其中，46.7%的运动员担心他们作为运动员的时间和精力不会帮助他们退役后找到工作[5]。多数运动员希望未来能够从事与体育相关的职业，但却缺乏足够的信心，有学者认为这是由于运动员的大部分时间都花在了训练、比赛上，经常与现实社会隔绝，使他们对过渡到职业生涯的准备不足[6]。其二，除精英运动员外，多数运动员就业条件较差。

---

[1] 李琳瑞,刘峥.退役运动员安置政策的演进研究[J].北京体育大学学报,2011,34（2）：22-25.

[2] 戴永冠,罗林.举国体制发展中运动员利益补偿问题研究[J].上海体育学院学报,2013,37（5）：8-12.

[3] 董申翔,乔平均,侯会生.后奥运时期我国退役待安置运动员安置体系的构建[J].西安体育学院学报,2012,29（6）：685-688.

[4] 徐士韦,倪京帅,王家宏.体育强国语境下中国退役运动员转型保障制度创新研究[J].西安体育学院学报,2021,38（6）：689-695.

[5] KIM M, TANIS C J. South Korean student-athlete academic satisfaction and future employment: an exploratory study [J]. Journal for the Study of Sports and Athletes in Education, 2022: 1-22.

[6] LEE K, KANG S, KIM I. Relationships among stress, burnout, athletic identity, and athlete satisfaction in students at Korea's physical education high schools: Validating differences between pathways according to ego resilience [J]. Psychological reports, 2017, 120（4）：585-608.

有研究采用半结构式访谈的方式对退役运动员展开了为期两个月的深度访谈，结果表明，大部分退役运动员难以在退役后的职场中获得较好的就业机会，难以找到稳定的工作和获得稳定的收入[1]。然而，并非所有运动员都存在就业困难、就业条件差的境况，精英运动员的就业就呈现出了截然不同的状况。一项关于德国精英运动员的研究表明，精英运动员的教育水平更高，就业岗位也比一般德国人好[2]。对西班牙精英运动员的研究也出现了类似的结果，西班牙精英奥林匹克运动员就业状况和月收入要优于西班牙一般人群[3]。

国外运动员就业受到多种因素的影响，但主要体现在学历教育和学训平衡上。一是学历教育方面，国外诸多研究均强调了学历教育在运动员就业过程中的重要作用，认为运动员学历教育水平是运动员退役转型的重要保障。有研究指出，退役运动员由于教育、社会和文化的障碍而导致在生活中受到社会排斥，这些障碍是由于他们将体育运动置于文化学习之上导致的，这会阻碍他们找到自己中意的工作[4]。一项对476名西班牙退役精英运动员的调查发现，是否接受高等教育是影响运动员融入劳动市场的关键因素，退役时有较高教育水平的人比没有接受过该水平教育的人更容易找到工作[5]。另有对斯洛文尼亚前精英运动员就业的调查发现，有49%的运动员学历教育水平为本科及研究生，4%的运动员甚至达到博士学位，学历教育对于前精英和奥林匹克运动员退役后职业转型质量具有显著影响[6]。

---

[1] SANG Y H. Problems and Solutions of Resocialization of Elite Sports Retired Athletes [J]. Journal of Coaching Development, 2022, 24（4）: 41-49.

[2] CONZELMANN A, NAGEL S. Professional careers of the German Olympic athletes [J]. International review for the sociology of sport, 2003, 38（3）: 259-280.

[3] BARRIOPEDRO M, LóPEZ DE SUBIJANA C, MUNIESA C. Insights into life after sport for Spanish Olympians: Gender and career path perspectives [J]. PloS one, 2018, 13（12）: e0209433.

[4] NAM B H, MARSHALL R C, LOVE A, et al. Fostering global sport leadership: A partnership between a Korean sport organization and a US university [J]. Journal of Global Sport Management, 2022, 7（1）: 199-225.

[5] LóPEZ DE SUBIJANA C, RAMOS J, GARCIA C, et al. The employability process of Spanish retired elite athletes: Gender and sport success comparison [J]. International Journal of Environmental Research and Public Health, 2020, 17（15）: 5460.

[6] ROBNIK P, KOLAR E, ŠTRUMBELJ B, et al. Dual career development perspective: Factors affecting quality of post-sport career transition of employed olympic athletes [J]. Frontiers in Psychology, 2022: 5906.

二是在学训平衡方面,国外运动员在从事专项运动的同时往往也接受着义务教育、中等教育,甚至高等教育,这也是考虑到在专项运动生涯结束后,能够在未来就业过程中提供更多支持与帮助。有研究显示,由于运动员在学习与训练以及社会适应等方面存在非平衡性,使运动员不能完全具备退役后融入社会的能力,严重影响了运动员的未来就业。运动员运动与教育的平衡开始于他们接受初级教育并从事专业运动,然而,一旦运动员在专项运动中越发成熟,平衡运动和教育就变得越来越困难[1]。有研究表明,与运动追求相关的时间可能让学生运动员几乎没有时间去培养他们运动环境之外的教育关系[2]。此外,对于接受高等教育的运动员来讲,包括高等教育的学术责任、与朋友家人距离的增加、来自父母支持的机会减少等都会带给运动员压力,进而难以平衡运动与教育之间的关系[3]。

我国退役运动员安置状况相较于国外,形势更加严峻。李群等的调查显示,大部分运动员在退役后想从事与体育相关的工作,对组织安置的依赖心理较强,仍有较大一批退役运动员处于待业阶段,且退役安置的时间有延长的趋势,这在很大程度上说明退役运动员组织安置的难度越来越大[4]。虞轶群等的调查结果显示,上海市运动员在退役前期望从事的工作是教练员、公务员、事业单位或体育系统工作人员、体育教师,而运动员退役后从事的实际工作主要是事业单位或体育系统工作人员以及进入高等院校就读。运动员对退役前后的就业安置存在较大心理落差[5]。

我国退役运动员的安置受多种因素影响,目前最主要的是运动员的文化素质和综合能力、运动员择业和就业观念,以及运动员所获得比赛名次等[6]。但

---

[1] WYLLEMAN P, REINTS A, DE KNOP P. A developmental and holistic perspective on athletic career development [M]. London: Routledge. 2013: 191–214.

[2] HARRISON G E, VICKERS E, FLETCHER D, et al. Elite female soccer players' dual career plans and the demands they encounter [J]. Journal of Applied Sport Psychology, 2022, 34 (1): 133–154.

[3] BROWN D J, FLETCHER D, HENRY I, et al. A British university case study of the transitional experiences of student-athletes [J]. Psychology of sport and exercise, 2015, 21: 78–90.

[4] 李群,季浏,虞轶群. 转型与就业——对我国三省市退役运动员安置现状的研究 [J]. 沈阳体育学院学报, 2014, 33 (1): 42–46.

[5] 虞轶群,季浏,李群,等. 上海市退役运动员安置现状调查与分析 [J]. 上海体育学院学报, 2012, 36 (4): 85–88.

[6] 侯会生,曹丹,张凤民,等. 我国退役待安置运动员安置影响因素分析 [J]. 西安体育学院学报, 2012, 29 (3): 291–294.

也有学者指出，运动员的就业困境表面上看是由其文化素质偏低造成的，而从深层上看，则是现有的运动员文化教育体制改革滞后引发的运动员就业供给与社会就业需求之间的不匹配造成的[1]。此外，执业资格的限制[2]、职业技能缺失[3]以及就业指导方面的空白[4]等也是影响退役运动员就业的主要因素。因此，有学者建议应当从社会资本因素、人力资本因素以及运动员自身的心理资本因素三方面出发，实现退役运动员更高质量的就业[5]。

## 三、退役运动员自主创业研究现状

关于退役运动员创业，国外诸多学者的研究表明，社会支持这一外部因素是推动退役运动员成功创业的关键[6][7]。对于运动员创业的支持来自运动员的家人、队友、教练及非运动伙伴等周围重要个体和组织，尤其是来自家庭成员的支持会对运动员的创业选择、创业质量产生重要影响[8]。这是因为来自运动员周围重要个体和组织会在其运动生涯终结与创业开展过程中帮助运动员了解以及合理使用他们的资源，并在情感、物质方面有效地帮助他们应对创业障碍、降低创业风险[9]。

---

[1] 赵承磊.我国退役运动员就业的公共服务优化［J］.体育文化导刊，2015（9）：14-18；57.

[2] 张英.体教融合背景下退役运动员转型体育教师的困境与出路［J］.中国体育教练员，2021，29（4）：39-41；45.

[3] 孟庆方.国内部分待安置退役运动员现状调查及孤独感、生活满意度分析［J］.山东体育学院学报，2014，30（5）：39-43.

[4] 张蕾.河南省退役运动员再就业现状分析［J］.体育文化导刊，2011（8）：13-14.

[5] 邹德新，姜翀.退役运动员就业质量影响因素的实证研究［J］.体育学研究，2021，35（3）：11-18.

[6] BROWN C J, WEBB T L, ROBINSON M A, et al. Athletes' experiences of social support during their transition out of elite sport: An interpretive phenomenological analysis［J］. Psychology of Sport and Exercise, 2018, 36: 71-80.

[7] KNIGHTS S, SHERRY E, RUDDOCK-HUDSON M, et al. The end of a professional sport career: Ensuring a positive transition［J］. Journal of Sport Management, 2019, 33（6）：518-529.

[8] WILLARD V C, LAVALLEE D. Retirement experiences of elite ballet dancers: Impact of self-identity and social support［J］. Sport, Exercise, and Performance Psychology, 2016, 5（3）：266.

[9] ALFERMANN D, STAMBULOVA N, ZEMAITYTE A. Reactions to sport career termination: A cross-national comparison of German, Lithuanian, and Russian athletes［J］. Psychology of sport and exercise, 2004, 5（1）：61-75.

我国有关退役运动员创业的研究起步较晚，受国家政策的影响较大。创业政策是退役运动员自主创业活动推进的"领航员"，强有力的创业支持政策可以更好地促进与保护运动员创业活动的进行。有文件指出，创业是现阶段缓解就业压力、增加就业岗位的有效手段之一，同时也是国家扩大就业战略的重要内容。为此，国家体育总局专门设立"中国退役运动员创业扶持基金"，助力退役运动员创业活动开展，以解决退役运动员的后顾之忧。同期，地方各个政府积极响应，广东省为选择自主创业的退役运动员提供多达20万元的创业资金。2009年国家设立福建、江苏等四个省份作为试点鼓励运动员创业，2013年退役运动员创业试点扩展到12个省份[1]。随着我国经济结构的不断优化升级，自主创业将成为缓解退役运动员再就业压力的重要途径[2]。支持创业、鼓励创业，最终结果不仅仅是解决了退役运动员的后顾之忧，更是通过自主创业的形式带动更多产业的发展，创造更多的就业机会，国家及各地支持性创业政策的出台与实施，是在政策方面给予退役运动员创业活动有力的支持，同时也是对其创业活动的有力保护。

我国运动员创业研究刚刚起步，现有研究较少且主要以现状调查和对策建议为主。李群等调查结果显示，我国退役运动员选择自主创业的人数比例相对较低。一项针对浙江省的调查显示，2012—2014年浙江省退役运动员自主创业比例仅维持在10%左右[3]。不同学者对于如何实现运动员的成功创业提出了许多建议。赵冰等指出，运动员社会声誉和影响力比较大，但是退役后由于不了解创业政策和企业管理的模式，自主创业人数有限，并且失败率较高。要进一步健全创业培训体系，完善和落实国家各项创业扶持政策，为退役运动员举办创业培训课程，提供政策咨询、项目信息、开业指导等服务，帮助优秀运动员充分利用自身的品牌效应，提高创新意识，实现成功创业[4]。涂德虎等认为，退役运动员的创业教育和培训是一个比较系统而复杂的课题，它不是仅依靠体育职能部门就能完成的事业，它既需要以青年人创造力培养为基础的教育和培

---

[1] 中华全国体育基金会. 扶持试点为运动员插上创业就业翅膀［EB/OL］.［2016-09-30］. http://tyjjh.sports.cn/ydybz/xwdt/2016/0930/213014.html.

[2] 王慧文. 退役运动员人力资本对其社会融入影响的实证研究［J］. 沈阳体育学院学报，2019，38（4）：57-63.

[3] 周秋江. 浙江省退役运动员自主创业问题研究［J］. 广州体育学院学报，2017，37（5）：24-27.

[4] 赵冰，武胜军，杨雨凡，等. 我国优秀运动员职业规划与就业创业指导体系研究［J］. 北京体育大学学报，2015，38（2）：87-94.

训，也需要全社会的氛围与支持，更需要政府的政策引导和制度保障。只有建立起政府、体育部门、相关高校、社会四位一体的、优化高效的、科学有序的创业教育与培训体系，退役运动员职业生涯的有效延续和成功创业的可能性才得以保障和发展[①]。兰保森等建议从体育彩票等体育基金中拨专款用于运动员创业。对于那些有好的创业计划、具备一定商业可行性的项目，应该加大扶持力度。鼓励退役运动员创建体育经营实体或从事个体经营，地方政府应在政策上给予扶持，金融机构应视情况提供贷款，工商管理等部门应及时核发营业执照[②]。只有在加强退役运动员的社会支持和文化支持两方面着手，做到"志智双扶"，才能在更大程度上实现退役运动员的成功创业[③]。

## 第二节 创业认知、创业意愿与创业环境

### 一、创业认知研究现状

关于创业有两种研究趋势：特质研究和认知研究。早期学者们倾向于研究创业者的个人特质，包括对创业者人口统计学特征、态度等因素的研究。然而，研究越往后，学者们越发现个人特质在解释创业者行为的有关方面非常有限且单一，其结果差强人意。比如，有研究表明，从特质层面出发虽然很好地解释了创业者愿意做什么的问题，但终归解释不了为什么这么做的问题。于是，20世纪80年代以来，认知理论开始逐渐被国内外学者引入创业研究，尤其是在20世纪90年代之后得以迅猛发展。

早期阶段，研究者关注的是"个体为什么选择成为创业者"。国外学者班杜拉（Bandura）提出了三元交互论，认为环境、认知、行为三者之间存在

---

①涂德虎，张旭东.基于三维资本结构下我国退役运动员创业教育[J].继续教育研究，2013（7）：100-102.

②兰保森，侯会生.我国退役待安置运动员的安置途径探析[J].成都体育学院学报，2010，36（9）：24-26.

③高天野，刘建."双创"背景下我国退役运动员创业的社会支持问题研究——基于邹春兰事件启示[J].体育与科学，2021，42（2）：81-88.

着互动作用,他特别强调了人的主观能动性,发现个体的自我效能感,决定了个体的思维、行动、情感和动机模式[1]。在此基础上,博伊德(Boyd)等开始将自我效能运用到了创业领域,提出了创业自我效能,其内涵表示创业者个人对自身拥有的创业资本、经验、知识和技能所能胜任各种创业角色、达成创业目的的信心程度[2]。陈(Chen)等发现,只有在一定情境下,创业自我效能才能发挥作用。如在不确定、风险性、动态变化的环境下,创业自我效能与创业行为之间的关系才会越来越密切,同时率先研制了创业自我效能量表,其内部一致性系数达0.92,包含五个维度(营销、创新、管理、财务控制和风险承担),共计22个测量题项[3]。

中期阶段,创业认知的研究聚焦于"创业者为什么存在独特的认知过程和风格"。一些学者开始对创业认知过程中的"启发式"和"认知偏差"做出研究。认知偏差是个体决策时因为不能够达到完全理性而采取的一些简化的认知模式[4]。创业者的认知偏差会影响创业机会识别,从而影响创业决策[5]。葛(Keh)等的实证研究表明,创业机会识别与创业者对风险感知显著相关,而风险感知又取决于创业者自身的自信心、渴求控制等特征[6]。而同时创业者较非创业者更易受认知偏差的影响[7]。国内学者任旭林和王重鸣选取典型的三种认知偏差,研究了认知机制对创业机会评价的影响,并发现创业者通过认知偏差系统作用于或通过风险知觉作用于机会评价[8]。丁明磊和刘秉镰认为,个体

---

[1] BANDURA A. Social foundations of thought and action [J]. Journal of Applied Psychology, 1986, 12 (1): 169.

[2] BOYD N G, VOZIKIS G S. The influence of self-efficacy on the development of entrepreneurial intentions and actions [J]. Entrepreneurship: Theory and Practice, 1994, 18 (1): 63-77.

[3] CHEN C C, GREENE P G, CRICK A. Does entrepreneurial self-efficacy distinguish entrepreneurs from managers [J]. Journal of Business Venturing, 1998, 13 (4): 295-316.

[4] TVERSKY A. Judgment under uncertainty: Heuristics and biases [J]. Science, 1974, 185 (4157): 1124-1131.

[5] GAGLIO C M, KATZ J A. The psychological basis of opportunity identification: Entrepreneurial alertness [J]. Small Business Economics, 2001, 16 (2): 95-111.

[6] KEH H T, FOO M D, LIM B C. Opportunity evaluation under risk condition: The cognitive processes of entrepreneurs [J]. Entrepreneurship Theory and Practice, 2010, 27 (2): 125-148.

[7] BARON R A. The cognitive perspective: a valuable tool for answering entrepreneurship's basic "why" questions [J]. Journal of Business Venturing, 2004, 19 (2): 221-239.

[8] 任旭林,王重鸣.基于认知观的创业机会评价研究[J].科研管理,2007(2):15-18.

认知结构、认知过程是创业认知风格的外在表现[1]。

现阶段，创业认知的研究试图找寻"创业者如何形成独特认知风格和过程"，转向了更深层次的认知图式及模式。所谓的认知图式，相当于我们往常的经验积累，决策最直观的反映基础是经验，也就是说，个体对机会做出决策，并非完全取决于机会本身的外部属性，更多依赖于个体的先前经验，即个体的认知图式。米歇尔（Mitchell）等对于专业创业者的认知脚本进行了较为深入的实证研究，认为专业创业者与非专业创业者（即创业新手）间的认知脚本具有差异性，而不同国家创业者间的认知脚本具有相似性[2]。为了能够从最初发展的方向找寻创业意愿产生的原因，陈昀等依据创业认知图式、创业自我效能感、创业意愿的发展过程，提出了一个创业认知研究分析框架[3]。王沛等从关注创业主体到关注创业过程，提出创业心智模型，并将创业认知系统分为创业意识和创业环境认知[4]。

综上可知，创业认知在不同时期聚焦的问题不同，集中反映了认知结构和认知过程。早期阶段，国外学者将自我效能引入创业认知研究中，侧重于对创业意愿成因的探讨。中期阶段，创业认知的研究主要集中在机会识别和决策中的认知偏见、启发式和风险感知等方面。现阶段，创业认知的研究迈入更深层次，呈现出语义符号化的特点，并开始探索这些层面的交互影响作用。总之，创业认知研究经过20余年的发展，比创业人格特质的研究更成熟，更贴近创业活动本质，积淀了大量对创业实践有所裨益的研究成果。创业认知研究不但能够使创业者清楚地意识到哪些行为模式和认知可以通往成功的道路，而且能够指导创业者怎样通过改变认知来影响决策过程进而迈向成功。

关于创业认知的测量，自从社会认知理论应用到创业领域后，创业认知的维度划分呈现多样化态势，但都紧密贴合创业认知的本质。国内外学者根据研究需要各有侧重。比如，学者米歇尔等和方卓侧重于测量创业认知的知识结构，而苗青和牛志江还另对认知过程进行了针对性的测量（表3-2）。

---

[1] 丁明磊，刘秉镰. 创业研究：从特质观到认知观的理论溯源与研究方向 [J]. 现代管理科学，2009（8）：20-22.
[2] MITCHELL R K, BUSENITZ L W, BIRD, B, et al. The central question in entrepreneurial cognition research [J]. Entrepreneurship Theory and Practice, 2007, 31（1）：1-27.
[3] 陈昀，贺远琼. 创业认知研究现状探析与未来展望 [J]. 外国经济与管理，2012, 34（12）：12-19.
[4] 王沛，谌志亮. 创业心智研究进展及其模型构建 [J]. 上海师范大学学报（哲学社会科学版），2013, 42（1）：83-90.

表3-2 国内外创业认知测度概览

| 研究者 | 测量维度 |
| --- | --- |
| 米歇尔等 | 创业准备脚本、创业意愿脚本、创业能力脚本 |
| 方卓[①] | 准备认知、能力认知 |
| 苗青[②] | 认知图式、认知基础、认知风格 |
| 牛志江[③] | 创业机会原型创业、认知偏差 |

综上，本研究出于量表本土化的考虑和实际研究需要，借鉴了学者米歇尔等和方卓对于创业认知的维度划分（分量表的内部一致性系数分别为0.876、0.926），以及牛志江对创业认知的测量题项（内部一致性系数介于0.724~0.865），并在此基础上根据研究需要进行整合修改，将我国优秀运动员自主创业认知量表划分为三个维度：要素认知、能力认知和风险认知。

## 二、创业意愿研究现状

根据计划行为理论，创业意愿是创业行为最直接的影响因素，只要创业者的创业意愿足够强烈，必然激发其创业行为的发生[④]，因此，提升创业者的创业意愿至关重要。个体的创业意愿能够通过直接与榜样接触、讨论和参与创业管理等活动得以激发，创业能力越高的个体创业意愿越强[⑤]。影响创业者创业意愿的因素有很多，不同学者从不同的角度针对不同群体进行了实证研究，结果显示，影响创业意愿的主要因素包括：年龄、性别、受教育程度、城市的打工经历等人口学因素[⑥]，创业政策和创业教育[⑦]，人力资本、社会资本以及心理

---

① 方卓.新生代农民工创业认知、创业意愿与创业决策关系研究[D].长春：吉林大学，2014.
② 苗青.企业家的认知特征对机会识别的影响方式研究[J].人类工效学，2007（4）：8-11.
③ 牛志江.认知视角下创业意向影响机制[D].杭州：浙江大学，2010.
④ 何良兴，张玉利.创业意愿与创业行为：研究述评与展望[J].外国经济与管理，2022，44（5）：64-78.
⑤ FRANCISCO L, YI-WEN CHEN. Development and cross-cultural application of a specific instrument to measure entrepreneurial intentions [J]. Entrepreneurship Theory and Practice, 2009（4）：593-617.
⑥ 侯俊华，顾新华.农民工返乡创业意愿的实证研究——基于江西调查数据[J].调研世界，2012（11）：31-33.
⑦ 何淑贞，龚英翔.创业政策影响大学生创业意愿的机制研究：一个有调节的中介模型[J].高教探索，2022（2）：113-121.

资本[1]，制度环境和创业自我效能[2]，创业认知机会、行为态度、市场机会以及预期效益[3]，家人支持、创业榜样、创业资源以及创业目的等[4]。

关于创业意愿测量工具的研究，由于研究视角不同，不同学者依据研究需要进行了不同内涵的界定，设计了不同维度的测量工具（表3-3）。

表3-3 国内外创业意愿测度概览

| 测度类型 | 研究者 | 测量题项或维度 |
| --- | --- | --- |
| 单个题项 | 威尔逊（Wilson）等[5] | 我打算在未来3年（5年）内创办新企业 |
|  | 汤普森（Thompson）[6] | 收购一个高增长的企业 |
|  |  | 在将来打算开公司 |
|  |  | 从不寻找创业机会 |
|  |  | 为开公司而存钱 |
|  |  | 从不阅读关于如何开公司的书籍 |
|  |  | 会花时间学习创业知识，不知道如何创办企业 |
| 单维度多题项 | 牛志江[7] | 我曾经考虑过自己创办企业 |
|  |  | 我认为我将来会成立自己的公司 |
|  |  | 如果有机会并且可以自由做出决定，我将选择自己创业 |

---

[1] 王辉，朱健. 农民工返乡创业意愿影响因素及其作用机制研究［J］. 贵州师范大学学报（社会科学版），2021（6）：79-89.

[2] 张秀娥，王超，李帅. 制度环境、创业自我效能感与创业意愿［J］. 科研管理，2022，43（5）：59-66.

[3] 许敏，朱爱胜，俞林. 高职院校学生创业意愿实证研究——基于人工神经网络技术［J］. 技术经济与管理研究，2014（12）：42-45.

[4] 郑永兰，邓可，信莹莹，等. 新生代农民工创业意愿及其影响因素研究——以江苏省为例［J］. 南京工程学院学报（社会科学版），2016，16（1）：8-13.

[5] WILSON F, KICKUL J, MARLINO D. Gender, entrepreneurial self-efficacy and entrepreneurial career intentions: Implications for entrepreneurship education［J］. Entrepreneurship Theory and Practice，2007，31（3）：387-406.

[6] THOMPSON E R. Individual entrepreneurial intent: Construct clarification and development of an internationally reliable metric［J］. Entrepreneurship Theory and Practice，2009，33（3）：669-694.

[7] 牛志江. 认知视角下创业意向影响机制［D］. 杭州：浙江大学，2010.

（续表）

| 测度类型 | 研究者 | 测量题项或维度 |
| --- | --- | --- |
| 多维度 | | 尽管受到现实情况和自身的限制，我仍然会选择自己创业 |
| | | 我对目前发现的创业机会充满热情 |
| | | 我准备为即将展开的创业活动投入很多精力 |
| | | 我在未来三年内创业的可能性非常高 |
| | | 我已经开始为自己将来创业进行准备 |
| | 马丁（Martin）[1] | 有条件的创业意愿、无条件的创业意愿 |
| | 范巍等[2] | 创业希求性、创业可行性 |
| | 薛永基等[3] | 个人背景、创业态度、创业信念、创业倾向 |

综上可见，创业意愿受人口统计因素（年龄、性别、受教育程度、所处的家庭背景等）、内部因素（心理资本、社会资本、人力资本、行为态度等）、外界环境（政治、经济、政策、文化环境等）的影响，涵盖面繁多，测度类型多样。综合看来，单题项方式测量太过简单，只是主观地反映了意愿的强弱。单维度多题项测量能够较为直观地反映创业意愿且易于理解，但信效度检验有待提高。多维度测量虽说可以降低测量本身的误差，但可能存在不易被施测对象所理解等问题。因此，考虑到本研究施测对象是我国优秀运动员，为了便于他们理解，能够更直观地反映他们的创业意愿，本研究拟采用单维度多题项方式设计创业意愿量表，并在借鉴学者汤普森和牛志江创业意愿量表（Cronbach's Alpha，系数为0.878）的基础上，对量表的部分题项做出了适当的修改，使其简洁、通俗易懂、没有歧义。最后初步设计了涵盖我国优秀运动员的创业考虑、可能性、机会识别、准备精力、受限制情境下的个体选择、行为期望、创业未来规划这七个方面的自主创业意愿量表。

---

[1] MARTIN L, TURNER P. Entrepreneurial universities the key ingredient in the recipe for UK innovation? Realities of working in business engagement roles in academia [J]. International Journal of Entrepreneurship and Innovation, 2010, 11（4）：273-281.

[2] 范巍，王重鸣. 创业意向维度结构的验证性因素分析 [J]. 人类工效学，2006，12（1）：14-16.

[3] 薛永基，马奔. 集体林权改革后林区农民创业意向影响因素的实证研究——个体特征与环境认知视角 [J]. 林业经济问题，2014（1）：50-55.

## 三、创业环境研究现状

目前关于创业环境的研究，主要体现在两个方面。一是关于创业环境与其他创业因素的关系研究。譬如研究发现，大学生对创业环境的认知对创业态度和倾向具有显著影响[1]；创业环境显著正向影响创业倾向和风险承担偏好[2]；创业环境对我国大学生自主创业动机的形成非常重要[3]，等等。二是关于创业环境的测度研究。其中，大多数学者根据研究的需要，对创业环境内涵和外延进行确定，将其设定为多维度模型进行测量。比如，郑炳章等将创业环境划分为内部创业环境、宏观环境、市场环境和自然环境四个维度[4]；又如，朱永跃等将创业环境划分为政府支持、高校支持、金融机构支持、创业培训机构支持和社会网络支持环境五个维度[5]。近年来对于创业环境的研究，较有代表性且被广泛使用的是GEM（Global Entrepreneurship Monitor，全球创业观察）模型。GEM模型是由著名的英国伦敦商学院和在创业教育领域全美排名第一的美国百森学院共同发起成立的国际创业研究项目，目前成员国已有100多个。我国于2002年加入该项目，由清华大学创业研究中心负责，以调查评估我国整体创业环境。它是在区域经济、政治、文化的前提下，将创业环境划分为九个维度：政府政策、金融支持、有形基础设施、政府项目、教育和培训、研究开发转移、商务环境、市场开放程度、文化社会规范[6]。其模型图如图3-1所示。

---

[1] 杜跃平，马元凯，王林雪，等.创业环境认知对创业态度和创业倾向影响的实证研究——基于西安若干高等学校大学生的调查数据[J].软科学，2016，30（8）：38-41；51.
[2] 王勇.创业环境、风险态度与新生代农民工的创业倾向[J].经济体制改革，2017（1）：67-75.
[3] 周勇，凤启龙，陈迪.创业环境对大学生自主创业动机的影响研究——基于江、浙、沪高校的调研[J].教育发展研究，2014，34（17）：33-37.
[4] 郑炳章，朱燕空，赵磊.创业环境影响因素研究[J].经济与管理，2008（9）：58-61.
[5] 朱永跃，胡蓓，孙鹏.基于因子分析法的大学生创业环境评价研究[J].黑龙江高教研究，2012，30（3）：97-101.
[6] 韦诸霞，赵国安.基于"全球创业观察"模型的广西创业环境分析[J].广西社会科学，2015（3）：16-23.

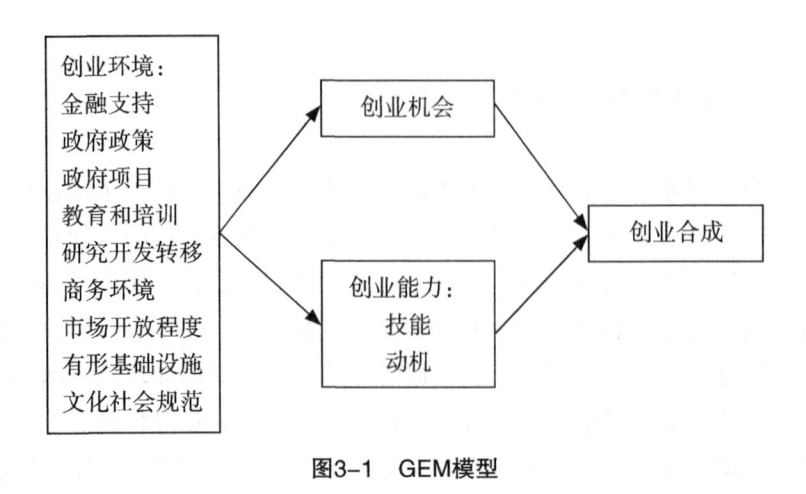

```
创业环境:
金融支持
政府政策          创业机会
政府项目
教育和培训                    创业合成
研究开发转移
商务环境          创业能力:
市场开放程度         技能
有形基础设施         动机
文化社会规范
```

图3-1 GEM模型

GEM模型较为全面地涵盖了创业活动过程中的外部环境,成为人们认识创业活动、政策、文化、资金等问题的重要信息来源,同时成为学者普遍采用的创业环境的评估方法,用以解决创业者决策、意愿及行为等方面问题[①]。

## 第三节 复杂适应系统(CAS)理论的应用

### 一、复杂适应系统理论应用现状

复杂适应系统理论发展至今,其"适应性造就复杂性"的核心思想在复杂性和适应性社会科学理论研究各领域发展中的重要基础地位和指导作用日益突出,并得到较好的应用。CAS理论的广泛应用与实践给现代人们应对复杂化的社会系统问题提供了一条崭新的理论与应用的研究途径。该理论在生物、经济等自然与社会科学领域中都进行了不同方向与程度的验证和应用[②]。将CAS理论应用于探索解决现有复杂问题,是一门初具雏形并正在不断发展壮大的交叉

---

① 王鉴忠,秦剑,陆岚,等.全球创业观察(GEM)项目研究回顾与展望[J].辽宁大学学报(哲学社会科学版),2017,45(5):71-82.
② 郝韦霞.基于复杂适应系统理论的生态预算在我国的适应性演化研究[J].系统科学学报,2015(2):94-97.

学科，该理论的应用与研究体现的是科学研究高度综合发展的大趋势。

在CAS理论的研究探索中，诸多专家学者在解决复杂系统问题方面取得了许多先进成果。因CAS理论在自然科学领域应用较多，本研究仅就其在管理科学方面的研究做简要阐述。在产业方面，李洁等仿真了生物医药产业的动力演化机制[1]；徐光志分析了文化产业的发展路径[2]；李娜等模拟了特色小镇产业的空间布局等[3]。在企业创新创业方面，张江等基于CAS理论的运用，建立并开发了数字人工生命仿真模型[4]；陈蔚珠等利用CAS理论，通过识别企业信息系统可能存在的风险因素，进一步深入分析了该信息系统项目中各类风险之间的关系，为系统风险管理提供了新的思路[5]；许小艳等运用CAS理论，分析了创业机会识别与开发的复杂动态和交互适应的内在机理，构建创业机会识别与开发过程的复杂适应模型[6]等。

在体育领域，近年来也有学者尝试运用复杂适应系统理论来解决体育领域的一些实际问题。杨建辉在分析青少年休闲体育系统特征的基础上，构建了基于CAS理论的我国青少年休闲体育回声模型，并提出了促进青少年休闲体育发展的对策建议[7]；蒋中伟等运用CAS理论的基本原理，分析了我国冰雪特色体育小镇的复杂性机理，在此基础上提出了我国冰雪特色体育小镇供给侧结构性改革的实施路径[8]；高奎亭等指出我国体育社会组织具有复杂适应系统特征，并从CAS的视角提出了我国体育社会组织的治理策略[9]；受新冠疫情影响，我

---

[1] 李洁，葛燕飞，高丽娜. 我国生物医药产业创新集群演化动力机制研究——基于复杂适应系统理论[J]. 科技管理研究，2022，42（3）：176-183.

[2] 徐光志. 复杂适应系统理论视阈下文化产业集群发展研究[J]. 社会科学战线，2019（9）：244-248.

[3] 李娜，仇保兴. 特色小镇产业发展与空间优化研究——基于复杂适应系统理论（CAS）[J]. 城市发展研究，2019，26（1）：8-12.

[4] 张江，李学伟. 基于CAS理论的区域创业系统建设研究[J]. 科技进步与对策，2008（11）：49-52.

[5] 陈蔚珠，陈禹. 以复杂适应系统理论探析企业信息系统项目风险[J]. 复杂系统与复杂性科学，2004（2）：80-86.

[6] 许小艳，李华晶. 基于复杂适应系统理论的创业机会识别与开发过程研究——以桑德集团为例[J]. 中国科技论坛，2017（2）：178-185.

[7] 杨建辉. 新时代青少年休闲体育系统特征及动态演化模式研究[J]. 吉林体育学院学报，2020，36（1）：38-42.

[8] 蒋中伟，李国强，姜明金，等. 我国冰雪特色小镇建设的复杂适应性机理与发展规划研究[J]. 天津体育学院学报，2020，35（4）：399-403.

[9] 高奎亭，陈家起，李乐虎，等. 我国体育社会组织复杂适应性治理研究[J]. 体育学研究，2020，34（6）：69-78.

国职业体育发展受阻，江慈等从CAS理论的主动性、适应性的观点出发，提出我国职业体育的运营发展策略[1]。

复杂适应系统理论的应用为我们探究复杂环境、解决复杂社会问题，提供了一条路径。现阶段，复杂适应系统理论研究大多集中在系统工程领域、经济学研究领域、社会科学研究领域以及医学研究领域等，在体育领域刚刚兴起。退役优秀运动员自主创业系统究其本质，属于一类复杂适应系统，前人的研究对退役优秀运动员自主创业研究来说具有积极的指导与引领作用。

## 二、基于复杂适应系统主体的建模与仿真

针对研究内容的方式与方法，现阶段，应用复杂适应系统理论解决复杂系统问题最有效与常用的方法就是针对复杂系统进行仿真模拟研究。采用什么样的手段研究复杂系统问题，基于主体（Agent）与多主体（Multi-Agent）的理论和技术为复杂系统建模与仿真的实现提供了一种崭新的途径，因此基于Agent的计算机仿真模型逐渐成为众多国内外专家学者的首选方式，该方法具有直观性、可操作性等特点，普遍应用于经济学、人工生命、自然现象等科学研究领域，并取得了丰硕的研究成果。

在国外，美国圣塔菲研究所在Swarm仿真平台上开发了虚拟股市，成功将基于主体的建模思想运用于股市的模拟仿真中。ASPEN是一套美国经济的仿真框架，由美国桑迪亚国家实验室开发，其建模的主要方法是多主体建模，用以模拟美国的经济运行。在研究自然现象中，马塞纳克（Marcenac）用多主体的仿真方法对地震现象进行了仿真分析，马塞纳克（Marcenac）在GEAMAS平台上对火山爆发的预测进行了仿真研究。Boid系统模拟了鸟类或鱼类的群集现象，将复杂适应系统的"涌现"现象展现了出来[2]。

在国内，诸多学者在针对复杂系统仿真建模研究当中，也进行了多领域的尝试。廖守亿等研究表明，通过计算机仿真技术的应用，结合相应的理论分析方法，在分析复杂系统问题方面具有显著效果[3]。王霞等基于CAS理论，

---

[1] 江慈，王新雷. 新冠肺炎疫情影响下中国职业体育的运营策略——基于CAS理论［J］. 河北体育学院学报，2021，35（3）：36–41.

[2] 约翰·霍兰. 隐秩序：适应性造就复杂性［M］. 周晓牧，韩晖，译. 上海：上海世纪出版集团，2011.

[3] 廖守亿，戴金海. 共享经济时代下地方政府网约车治理革新研究——基于复杂适应系统理论视角［J］. 商业经济，2020（8）：80–81；110.

通过Swarm仿真平台构建了电信客户忠诚度的复杂系统模型,得到了系统的演进过程[1];刘金朋等通过多主体建模,分析出主体与环境、多主体之间的互动机理,并进一步揭示配电网复杂适应系统分阶段动态演化进程及演化特性[2];杨城等针对复杂的系统仿真缺少层级结构的思想,提出了一个层次复杂的适应系统变迁演化的数学模型及其层次框架[3];郭鹏等构筑了基于CAS理论的西安市城市经济增长仿真模型,得到了不错的仿真模拟效果[4];朱景伟通过复杂适应系统相关理论与原理的运用,构建了电子政务系统模型[5];白世贞等利用Swarm仿真平台构建基于CAS理论的供应链复杂适应系统,并将遗传算法融入建模过程,最后进行了多情境的仿真模拟实验[6],等等。然而该方法在我国体育领域运用较少,目前仅检索到陶倩等基于复杂适应系统理论,利用多主体建模与仿真的方式,构建了体育赛事申办决策专家系统模型[7],是该方法在体育领域一次较好的尝试。

综上所述,在解决复杂系统问题方面,基于主体和多主体的仿真模拟研究方法得到广泛应用,并取得了诸多优秀研究成果。为此,本研究针对我国退役优秀运动员自主创业系统演化问题,也将运用主体建模仿真的方法,对自主创业演化系统进行仿真模拟研究,探讨该系统的内部作用机制与系统演化过程。

---

[1] 王霞.复杂适应系统理论下的大学生创业支持体系探究[J].遵义师范学院学报,2017,19(3):138-141.

[2] 刘金朋,吴澜,刘福炎,等.基于CAS理论的配电网系统多主体交互模型与动态演化研究[J].智慧电力,2022,50(5):33-39.

[3] 杨城,谢志龙.产业技术创新和技术创新人才互动支撑系统的标识[J].科技管理研究,2020,40(24):26-32.

[4] 郭鹏.基于复杂适应系统理论的韧性城市设计方法及原则[J].城市发展研究,2018,25(10):1-3.

[5] 朱景伟.基于复杂适应系统理论的可再生能源广域互补规划方法[J].电网技术,2020,44(10):3671-3681.

[6] 白世贞,郑小京.基于复杂适应系统的团队学习模型研究[J].改革与开放,2015(18):59-60.

[7] 陶倩,张林,黄海燕,等.基于多智能体的体育赛事申办决策专家系统模型的构建[J].上海体育学院学报,2012,36(5):6-10.

## 第四节　自主创业支持体系

创业是具备一定特质的创业者发现和把握机会，从而创造价值的过程[1]，它具备创新性、风险性、过程性的特点，是个人或者组织为了实现创新或者创造新价值的目的，通过发挥自身优势，整合现有资源以及挖掘潜在资源的过程[2]，而这种资源的整合是通过个人特性和人格魅力，发掘潜在机会实现的[3]，它是为实现一定的社会目标及维持自身的可持续发展而进行商业活动的社会创新形式[4]。尤其在经济新常态背景下，社会各阶层的自主创业是某种创造力的体现[5]，是校正劳动力市场供需错配的有力工具，从而形成经济增长的新动能[6]。

我国对于创业的研究起步较晚，始于20世纪90年代，近年来，国家对创新创业日益重视，众多学者也在借鉴国外创业研究成果基础上结合中国实际，从不同视角对创业进行研究和分析，其中，如何帮助创业者成功创业也成为研究的焦点之一。从风险角度来看，法国的经济学家理查德·坎蒂隆（Richard Cantillon）首次将创业者和经济中承担的风险联系在一起，即创业代表着承担风险[7]，那么构建创业支持体系就意味着更多主体来分担风险，从而提高创业成功率。在传统的观念下，创业通常被简单地理解为创办企业。随着时代背景的变迁和创业主体的变化，涌现出许多新的研究主题，形成了多侧面、多角度的丰富的研究视角，也因此创业支持体系的构建研究至今未形成一个统一的范式和清晰的框架[8]。

不同学者从不同视角提出了自主创业支持体系的构建思路，并尝试构建

---

[1] 陈成文, 孙淇庭. 大学生创业政策：评价与展望[J]. 高等教育研究, 2009, 30（7）：24-30.
[2] 曲小远. 大学生村官创业的社会支持体系研究[D]. 温州：温州大学, 2016.
[3] 陈映薇. 大学毕业生村镇创业支持体系构建研究[D]. 长沙：中南林业科技大学, 2016.
[4] 郑晓芳, 汪忠, 袁丹. 青年社会创业现状及影响因素研究[J]. 青年探索, 2015（5）：11-16.
[5] 张秀娥, 赵敏慧. 创新与创业理论研究回顾与展望[J]. 创新与创业管理, 2016（2）：1-15.
[6] 曲海慧, 冯珺. 经济新常态背景下我国自主创业的意义、现状和对策研究[J]. 学习论坛, 2019（8）：48-55.
[7] 胡萍. 国内外创业理论研究综述[J]. 浙江树人大学学报（人文社会科学版）, 2008, 8（6）：52-56.
[8] 蔡晓珊, 张耀辉. 创业理论研究：一个文献综述[J]. 产经评论, 2011（5）：55-66.

面向不同社会群体的创业支持体系。何云景认为创业支持系统的构建要从人员、资金与项目这三个方面进行，认为创业支持系统由知识支持系统、资金支持系统和政府支持系统构成[1]。潘光林认为创业支持系按照范围大小可分为宏观、中观、微观三个子系统，宏观子系统由文化背景、社会政治经济制度、基础设施建设等与公共政策密切相关的因素构成；中观子系统由创业教育、行业协会、风险投资部门构成。微观子系统由家庭环境、角色偶像、个人体验构成[2]。刘瑛等研究分析认为创业支持的效果受支持主体的构成和创业支持客体认知的影响，具体表现为通过支持内容、支持方式、支持度等三要素影响创业支持效果[3]。肖陆军提出，青年人创业支持体系应从创业领导支持体系、创业文化支持体系、创业教育支持体系、创业资金支持体系、创业孵化支持体系、创业政策支持体系及创业法治支持体系等出发来进行构建[4]。池仁勇在参考美国针对创业支持体系研究的成果的基础上，建议使用百森商学院教授提出的创业四阶段理论为基础，针对四大阶段中的创业政策进行分析，归结出学校、政府和民间这三大支持主体，并就三大主体在不同阶段所采取的支持方式和相对应的效果进行分析与讨论[5]。刘蕾等基于创业者网络关系的视角，从家庭、学校、政府和社会四个方面构建了大学生的创业支持体系，然而实证结果表明，仅有学校和社会的支持对大学生创业意愿正向影响显著[6]。

建立适合我国国情的退役运动员创业支持体系是更好解决退役运动员创业问题的法宝，许多学者从政策、理论等层面对退役运动员创业体系进行了探讨。赵冰等指出，我国要想彻底解决退役运动员安置难的问题，需要改变现有就业安置模式，在我国建立更为完善具体的运动员职业生涯规划以及符合我国国情的就创业指导体系[7]。汤介一在研究中强调我国需建立由多部门联合组成的就创业合作部门，更需要完善现有职业转型机制，转变传统就业观为创业

---

[1] 何云景.借鉴国外经验构建我国大学生创业支持系统[J].教育理论与实践，2006（4）：7-9.
[2] 潘光林.创业及持系统[J].统汁教育，2001（3）：33-34.
[3] 刘瑛，何云景.创业支持系统复杂适应性的结构维度分析[J].经济问题，2012（11）：13-16.
[4] 肖陆军.新形势下青年创业支持体系构建思考[J].人民论坛，2013（32）：146-147.
[5] 池仁勇.美国的创业支援体系剖析[J].外国经济与管理，2001（1）：8-12.
[6] 刘蕾，李静，陈绅.社会支持体系对大学生公益创业意愿的影响研究——基于创业者网络关系的视角[J].江苏高教，2020（9）：78-82.
[7] 赵冰，武胜军，杨雨凡，等.我国优秀运动员职业规划与就业创业指导体系研究[J].北京体育大学学报，2015，38（2）：87-94.

观,以符合新时期我国经济社会发展的需求[1]。徐新鹏等建议,为确保创业活动顺利进行,建议形成以政府基础、市场为主导、自主创业三位一体的就业和创业性保障制度[2]。开展关于现代我国优秀退役体育职业运动员的体育职业生涯发展规划和体育就业社会创业发展指导政策系统的课题研究,对于有效缓解现代我国优秀退役体育运动员的社会就业困难和加快构建我国"可持续发展体育人才培养体系"都具有十分重要的现实意义。

## 第五节 研究述评

通过对现有的文献分析可以看出,国外学者围绕运动员就业(包括创业)领域从政策、现状及影响因素等方面展开了深入探讨。相关研究是对国外所提出的运动员"双重职业"这一理念的深化拓展,旨在为运动员的竞技生涯中提供必要的教育与就业支持,提高个人文化水平与就业能力,推动运动员退役后顺利转型,开启新的职业生涯。国外相关研究的核心观点并非是为运动员提供直接经济援助或人事上的安排,而是通过各种途径与方式健全运动员教育与就业保障机制,培养运动员的学习能力、就业能力以及社会适应能力,这也为本研究提供了良好借鉴。然而,国外相关研究都是建立在他国语境之下,由于国情不同,尤其是在我国深化"体教融合"培养竞技体育人才的宏观大背景下,国外关于"双重职业"保障体系的研究是否适用于我国运动员就业保障有待进一步商榷。

国内对于退役运动员的研究,既有针对宏观政策的分析,也有涉及运动员的微观个体;既有对客观因素的分析,也有对主观因素的阐释,这些都为本研究提供了有益的理论借鉴。但是纵观多年来的研究,一个突出的问题是研究视角、内容、方法相对单一,缺乏科学性与针对性以及理论支撑,使研究重复性较高,缺乏创新。甚至有学者指出,"20年的研究结果与相关对策基本都未脱离1993年《我国优秀运动员退役安置情况及改进对策》一文的相关研究内容"[3]。

---

[1] 汤介一. 后奥运时期我国退役待安置运动员安置体系的构建[J]. 西安体育学院学报, 2012, 29 (6): 685-688; 701.
[2] 徐新鹏, 杨林. 公共管理视角下我国退役运动员的职业发展[J]. 中国行政管理, 2013 (5): 73-76.
[3] 佟强. 我国运动员退役研究综述[J]. 中国体育科技, 2014, 50 (3): 132-138.

CAS理论是人们在研究自然和社会复杂系统过程中形成的重要思维方式，也出现了与之对应的分析工具，但目前将CAS理论应用于体育学科领域的定量分析研究比较鲜见。CAS理论在解决复杂系统问题方面具有独特优势，且该理论在多领域的复杂系统问题研究中都发挥了积极作用。我国退役优秀运动员自主创业系统属于社会系统领域的范畴，而现有研究更倾向于创业政策、路径等方面的理论层次研究，针对创业过程中的动态变化、相互作用的机制研究相对欠缺。因此，本研究立足于退役优秀运动员自主创业系统，以CAS理论为研究工具，以基于Agent的仿真模拟为研究方法，探究退役优秀运动员自主创业系统的内部演化及相互作用机制，进一步构建退役优秀运动员创业支持体系。这将是对CAS理论应用研究的进一步拓展，同时也体现了"生成性"这一方法论的优势所在。

# 第四章

# 我国优秀运动员自主创业认知、创业意愿与创业环境

随着市场经济高速发展，劳动生产率不断提升，社会各行业就业压力逐渐增大，拉动经济增长所需的就业数量不断减少。数据显示，2015年以来，我国就业人口逐年减少，疫情三年进一步加速。2020—2022年，就业人口年均减少699万人，较2015—2019年多减287.3%。其中，城镇就业人口年均增加227万人，较2015—2019年少增79.5%，特别是2022年城镇就业人口减少842万人，为20世纪90年代以来首次[1]。同时，基于运动员职业的特殊性，在就业方面必然面临更大难度。因此，在"双创"战略以及国家大力发展体育产业的背景下，退役优秀运动员以创业带动就业是大势所趋。退役优秀运动员创业不仅可以解决自身面临的"就业难"问题，同时还能够减轻政府的安置负担，并为其他社会群体创造新的就业岗位，在某种程度上可以促进国民经济的发展和社会的和谐稳定。党的十九大报告也特别指出："要激发和保护企业家精神，鼓励更多社会主体投身创新创业"。由此看来，我国退役优秀运动员可以将自主创业看作自己的另一片赛场，它是新时代赋予运动员退役后的一种新选择，也是实现运动员个人增收和价值实现的有效途径，更是建设体育强国的时代要求。然而，受传统竞技体育发展方式的影响，我国运动员在退役安置上仍存在过分依赖国家的现象，期待国家能够"一包到底"[2]，这有可能导致运动员的创新创业认知不足、意愿不强。因此，本研究通过全国范围内大样本调研，深入了解新时代中国运动员创业认知与意愿现状，并在此基础上借鉴交叉学科理论，剖析运动员创业面临的内、外部环境，为后续研究打下基础。

---

[1]管涛. "三稳"工作中稳就业仍被重点强调［EB/OL］.［2023-03-14］. https：//baijiahao.baidu.com/s? id=1760385177798443061&wfr=spider&for=pc.
[2]杨尚剑. 我国运动员退役安置系统特征、演化及调控机制——基于复杂适应系统理论［J］.北京体育大学学报，2021，44（4）：69-81.

# 第一节 样本来源与测量工具

## 一、样本来源

本研究调研对象是我国优秀运动员。由于调研对象群体的特殊性且为了能够在有限时间内更大范围地收集研究所需要的数据，调研时本研究采取方便抽样的方法，由课题组成员借助多方力量，通过实地调研与网络调研相结合的方式，发放与回收调查量表。本研究数据收集分为两个阶段，包括预调研与正式调研。其中，预调研共计回收数据86份，其中有效数据81份，有效率为94.2%。正式调研共计回收数据1789份，其中有效数据1617份，有效率为90.4%。进行预调研的目的是为大样本调查量表的形成夯实基础，通过收集较小样本的数据，经项目分析、探索性因子分析和信度检验后，进一步修订或剔除初始量表中无效的测量题项，从而明确本研究的正式量表。剔除无效测量数据的依据主要有：①回收的量表数据存在大片空白与有遗漏题目的；②存在连续多道题目或全部选择一个选项的；③明显能看出有规律可循的或者是乱填的。

预调研结果显示，从性别特征看，男运动员有59人，占总人数的72.8%，女运动员有22人，占总人数的27.2%。从年龄特征看，最多的是16~20岁的运动员，有44人；其次是21~25岁和25岁及以上的，依次为15人和16人；最少的是16岁以下的，有6人。从所在地区特征看，预调研中运动员主要集中于西北地区，有64人；其次是华东地区，有12人。从运动项目特征看，运动员主要集中于射击，其次是赛艇和击剑项目。从运动等级特征看，一级运动员居多，有44人；其次是二级运动员，有22人；健将级和国际健将级的运动员相较前两者少一些，依次为11人和4人。从运动年限特征看，运动年限在1~3年的，有32人，4~6年、7~9年和10年及以上的运动员分别为17人、13人以及19人。从家庭成员或身边朋友有无创业经历特征看，家庭成员或身边朋友有创业经历的运动员有47人，家庭成员或身边朋友无创业经历的运动员有34人，具体如表4-1所示。

表4-1 预调研施测对象的统计学特征分布一览（N=81）

| 变量 | 标签 | 频率 | 百分比（%） |
|---|---|---|---|
| 性别 | 男 | 59 | 72.8% |
|  | 女 | 22 | 27.2% |
| 年龄 | 16岁以下 | 6 | 7.4% |
|  | 16~20岁 | 44 | 54.3% |
|  | 21~25岁 | 15 | 18.5% |
|  | 25岁以上 | 16 | 19.8% |
| 所在地区 | 华东地区（山东、江苏、安徽、浙江、福建、上海、江西） | 12 | 14.8% |
|  | 华南地区（广东、广西、海南） | 1 | 1.2% |
|  | 华中地区（湖北、湖南、河南） | 0 | 0 |
|  | 华北地区（北京、天津、河北、山西、内蒙古） | 2 | 2.5% |
|  | 西北地区（宁夏、新疆、青海、陕西、甘肃） | 64 | 79.0% |
|  | 西南地区（四川、云南、贵州、西藏、重庆） | 2 | 2.5% |
| 运动项目 | 冬季两项 | 1 | 1.2% |
|  | 击剑 | 14 | 17.3% |
|  | 男子手枪速射 | 1 | 1.2% |
|  | 女子十米气步枪 | 1 | 1.2% |
|  | 皮划艇静水 | 1 | 1.2% |
|  | 拳击 | 2 | 2.5% |
|  | 赛艇 | 13 | 16.0% |
|  | 射击 | 46 | 56.8% |
|  | 手枪慢射 | 1 | 1.2% |
|  | 篮球 | 1 | 1.2% |
| 运动等级 | 二级 | 22 | 27.2% |
|  | 一级 | 44 | 54.3% |
|  | 健将级 | 11 | 13.6% |
|  | 国际健将级 | 4 | 4.9% |
| 运动年限 | 1~3年 | 32 | 39.5% |
|  | 4~6年 | 17 | 21.0% |
|  | 7~9年 | 13 | 16.0% |
|  | 10年及以上 | 19 | 23.5% |
| 亲朋有无创业经历 | 有 | 47 | 58% |
|  | 无 | 34 | 32% |

正式调研结果显示,从性别特征看,样本中男性运动员1080人,女性运动员537人。从年龄特征看,16岁以下的运动员为150人,16~20岁的为974人,21~25岁的为274人,25岁以上的为219人。从所在地区特征看,西北地区的占比最多,其次为华东地区的。从运动项群特征看,根据项群理论,将帆船帆板、赛艇、静水皮划艇、公路自行车、冬季两项、举重、十项全能、田径等归纳到体能主导类耐力性项群(32.3%);将手球、篮球、橄榄球、羽毛球、沙滩排球等归纳到技能主导类对抗性项群(19.9%);将射击、射箭、十米气步枪、手枪慢射、手枪速射、花滑等归纳到技能主导类表现性项群(47.9%)。从运动等级特征看,二级运动员为792人,一级运动员为540人,健将级及以上运动员为285人。从运动年限看,1~3年的运动员为819人,4~6年的运动员为359人,7~9年的运动员为190人,10年及以上的运动员为249人。从家庭成员或身边朋友有无创业经历看,有创业经历的782人,无创业经历的835人。具体如表4-2所示。

表4-2 正式调研施测对象的统计学特征分布一览($N$=1617)

| 变量 | 标签 | 频率 | 百分比(%) |
| --- | --- | --- | --- |
| 性别 | 男 | 1080 | 66.8 |
|  | 女 | 537 | 33.2 |
| 年龄 | 16岁以下 | 150 | 9.3 |
|  | 16~20岁 | 974 | 60.2 |
|  | 21~25岁 | 274 | 16.9 |
|  | 25岁以上 | 219 | 13.5 |
| 所在地区 | 华东地区(包括山东、江苏、安徽、浙江、福建、上海) | 603 | 37.3 |
|  | 华南地区(包括广东、广西) | 30 | 1.9 |
|  | 华中地区(包括湖北、湖南、河南) | 36 | 2.2 |
|  | 华北地区(包括北京、天津、河北、山西) | 87 | 5.4 |
|  | 西北地区(包括宁夏、新疆、青海、陕西、甘肃) | 662 | 40.9 |
|  | 西南地区(包括四川、云南、贵州、重庆) | 187 | 11.6 |
|  | 东北地区(包括辽宁、吉林、黑龙江) | 12 | 0.7 |
| 运动项群 | 体能主导类耐力性/速度性项群 | 522 | 32.3 |
|  | 技能主导类对抗性项群 | 321 | 19.9 |
|  | 技能主导类表现性项群 | 774 | 47.9 |

(续表)

| 变量 | 标签 | 频率 | 百分比（%） |
| --- | --- | --- | --- |
| 运动等级 | 二级 | 792 | 49.0 |
|  | 一级 | 540 | 33.4 |
|  | 健将级及以上 | 285 | 17.6 |
| 运动年限 | 1~3年 | 819 | 50.6 |
|  | 4~6年 | 359 | 22.2 |
|  | 7~9年 | 190 | 11.8 |
|  | 10年及以上 | 249 | 15.4 |
| 亲友有无创业经历 | 有 | 782 | 48.4 |
|  | 无 | 835 | 51.6 |

## 二、研究工具

根据研究需要，结合前面对创业认知、创业意愿、创业环境的研究回顾，本研究在借鉴了国内外针对大学生、新生代农民工等不同群体的成熟量表和专家访谈的基础上，设计出我国优秀运动员自主创业认知与创业意愿及创业环境初始量表。初始量表包括了我国优秀运动员的基本情况以及自主创业认知、创业意愿、创业环境三个分量表，共计65道题项（详细内容见附录1）。除对基本情况的调查外，三个分量表均采用李克特5点计分进行测量，其中1=非常不符合，2=不符合，3=有点符合，4=符合，5=非常符合。具体包括以下四部分。

第一部分，我国优秀运动员的基本情况。该部分主要是对我国优秀运动员的性别、年龄、所在地区、运动项群、运动等级、运动年限、家庭成员或身边朋友有无创业经历这七个特征情况的调查。

第二部分，我国优秀运动员自主创业认知量表。我国优秀运动员自主创业认知量表，主要借鉴了学者米歇尔（Mitchell）等和方卓对于创业认知的维度划分（分量表的Cronbach's Alpha系数分别为0.876、0.926）和牛志江对创业认知的测量题项（Cronbach's Alpha系数介于0.724~0.865），并在此基础上进行整合修改，将其划分为三个维度：要素认知、风险认知和能力认知，共计23个测量题项。要素认知是我国优秀运动员创业过程前后对人力、物力、财力及信息等各种创业资源掌控的思维模式过程。风险认知是我国优秀运动员创业过程中面对相关因素依照先前经验所做出的判断过程。能力认知是我国优秀运动员是否具备创业所需的自身知识结构的主观感知过程,包括基础知识、技术技能、个人态度等。

第三部分,我国优秀运动员自主创业意愿量表。我国优秀运动员自主创业意愿量表,采用单维度多题项方式,并在借鉴学者汤普林(Thompson)和牛志江创业意愿的量表(Cronbach's Alpha系数为0.878)的基础上,对量表的部分题项作出了适当的修改,使其简洁、通俗易懂、没有歧义。确定了包含我国优秀运动员的创业考虑、可能性、机会识别、准备精力、受限制情境下的个体选择、行为期望、创业未来规划七道测量题项的自主创业意愿量表。

第四部分,我国优秀运动员自主创业环境量表。我国优秀运动员自主创业环境量表,主要基于计划行为理论(TPB)和全球创业观察模型(GEM),结合运动员这一调查对象的特殊性,设计了包括主观规范、创业态度、感知行为和外部环境四个维度28道测量题项的自主创业环境量表。内部环境基于TPB,其中主观规范是指我国优秀运动员在决定是否采取自主创业时所感受到的政策压力、社会压力、家人压力、朋友压力等;创业态度是指我国优秀运动员采取自主创业行为时的积极或消极程度,与个体行为所能产生效益结果的信念,以及个体对行为预判后果有关;感知行为是指我国优秀运动员对自主创业行为所能感受到的掌控能力,即我国优秀运动员所感受到的实施自主创业行为的难易程度。外部环境依据GEM,主要内容包含:政府政策、各方支持(资金、社会、市场、亲朋)、教育培训等。

# 第二节 我国优秀运动员自主创业认知

## 一、运动员自主创业认知初始量表的项目分析

项目分析是为了确认量表测量题项的有效性与鉴别度,主要采用极端组检验法。具体步骤如下。

第一步,对量表题项进行有无反向题的判别并计分。本量表均是正向题,故直接进行第二步。

第二步,计算各个题项总分并升序排列。

第三步，进行高低分组。分组原则：从最低分向下取总人数的27%为低分组，从最高分向上取总人数的27%为高分组。本研究预调研有效数据为81份，因此，低分组临界值为174；高分组临界值为214。

第四步，进行独立样本$t$检验。$F$用于验证高低分组方差的同质性，若$F$检验结果的显著性<0.05，表示拒绝虚无假设，此时应看"不假定等方差"$t$值的显著性水平；反之看"假定等方差"$t$检验的显著水平。若$t$检验的$Sig.$<0.05，题项予以保留，反之剔除[1]。

从表4-3可知，Q8、Q11的$F$检验结果的显著性水平小于0.05，拒绝虚无假设，表示不假定等方差，看第二行$t$值的$Sig.$；而除此之外的其他题项，均看第一行$t$值的$Sig.$。依上述要求观察发现，所有题项的$t$值的$Sig.$均小于0.05，通过显著性检验，且差异明显，表明设计的我国优秀运动员自主创业认知初始量表中的各个测量题项能够判别不同受试者的反应情况，故全部题项予以保留。

表4-3 运动员自主创业认知初始量表的独立样本$t$检验一览

| 题项 | | $F$ | 显著性 | $t$ | 自由度 | $Sig.$（双尾） |
| --- | --- | --- | --- | --- | --- | --- |
| Q8 | 假定等方差 | 14.765 | 0.000 | −7.969 | 49 | 0.000 |
| | 不假定等方差 | | | −7.522 | 33.868 | 0.000 |
| Q9 | 假定等方差 | 0.054 | 0.817 | −5.194 | 49 | 0.000 |
| | 不假定等方差 | | | −5.334 | 48.606 | 0.000 |
| Q10 | 假定等方差 | 2.558 | 0.116 | −5.014 | 49 | 0.000 |
| | 不假定等方差 | | | −4.817 | 37.455 | 0.000 |
| Q11 | 假定等方差 | 5.965 | 0.018 | −5.069 | 49 | 0.000 |
| | 不假定等方差 | | | −4.773 | 33.363 | 0.000 |
| Q12 | 假定等方差 | 2.450 | 0.124 | −4.888 | 49 | 0.000 |
| | 不假定等方差 | | | −4.791 | 41.606 | 0.000 |
| Q13 | 假定等方差 | 3.117 | 0.084 | −5.958 | 49 | 0.000 |
| | 不假定等方差 | | | −5.808 | 40.456 | 0.000 |
| Q14 | 假定等方差 | 0.161 | 0.690 | −5.522 | 49 | 0.000 |
| | 不假定等方差 | | | −5.593 | 47.273 | 0.000 |

---

[1] 吴明隆.问卷统计分析实务—操作与应用[M].重庆：重庆大学出版社，2010：159.

（续表）

| 题项 | | $F$ | 显著性 | $t$ | 自由度 | $Sig.$（双尾） |
|---|---|---|---|---|---|---|
| Q15 | 假定等方差 | 2.168 | 0.147 | −6.134 | 49 | 0.000 |
| | 不假定等方差 | | | −5.829 | 35.195 | 0.000 |
| Q16 | 假定等方差 | 2.886 | 0.096 | −4.112 | 49 | 0.000 |
| | 不假定等方差 | | | −3.923 | 36.018 | 0.000 |
| Q17 | 假定等方差 | 0.174 | 0.678 | −4.664 | 49 | 0.000 |
| | 不假定等方差 | | | −4.526 | 39.538 | 0.000 |
| Q18 | 假定等方差 | 1.205 | 0.278 | −2.837 | 49 | 0.007 |
| | 不假定等方差 | | | −2.723 | 37.249 | 0.010 |
| Q19 | 假定等方差 | 0.209 | 0.649 | −4.826 | 49 | 0.000 |
| | 不假定等方差 | | | −4.757 | 42.739 | 0.000 |
| Q20 | 假定等方差 | 0.141 | 0.708 | −4.323 | 49 | 0.000 |
| | 不假定等方差 | | | −4.357 | 46.602 | 0.000 |
| Q21 | 假定等方差 | 0.286 | 0.595 | −4.516 | 49 | 0.000 |
| | 不假定等方差 | | | −4.418 | 41.184 | 0.000 |
| Q22 | 假定等方差 | 0.270 | 0.605 | −5.351 | 49 | 0.000 |
| | 不假定等方差 | | | −5.395 | 46.657 | 0.000 |
| Q23 | 假定等方差 | 0.130 | 0.720 | −6.183 | 49 | 0.000 |
| | 不假定等方差 | | | −6.100 | 42.892 | 0.000 |
| Q24 | 假定等方差 | 1.488 | 0.228 | −6.839 | 49 | 0.000 |
| | 不假定等方差 | | | −6.996 | 48.309 | 0.000 |
| Q25 | 假定等方差 | 0.105 | 0.748 | −6.006 | 49 | 0.000 |
| | 不假定等方差 | | | −6.117 | 47.909 | 0.000 |
| Q26 | 假定等方差 | 0.241 | 0.626 | −5.894 | 49 | 0.000 |
| | 不假定等方差 | | | −5.812 | 42.775 | 0.000 |
| Q27 | 假定等方差 | 1.394 | 0.243 | −5.488 | 49 | 0.000 |
| | 不假定等方差 | | | −5.803 | 48.122 | 0.000 |
| Q28 | 假定等方差 | 0.420 | 0.520 | −6.789 | 49 | 0.000 |
| | 不假定等方差 | | | −6.693 | 42.766 | 0.000 |
| Q29 | 假定等方差 | 0.512 | 0.478 | −6.740 | 49 | 0.000 |
| | 不假定等方差 | | | −6.871 | 48.009 | 0.000 |
| Q30 | 假定等方差 | 1.631 | 0.208 | −5.860 | 49 | 0.000 |
| | 不假定等方差 | | | −5.992 | 48.292 | 0.000 |

## 二、运动员自主创业认知量表的探索性因子分析

本研究则借助SPSS 25.0统计软件，预先对初始量表进行探索性因子分析，旨在通过因子分析法中的累计方差贡献率、标准化回归系数（因素负荷量）来揭示量表的结构效度，分析量表的内部潜在结构。具体操作步骤如下。

先判别量表是否能够进行因子分析。其判断依据是：统计值KMO小于0.5，不适合；统计值KMO在0.6以上，勉强接受；统计值KMO在0.7以上，尚可。由此可见，统计值KMO越接近1，越适合做因子分析。在通过KMO检验后，再进行探索性因子分析。提取方法为主成分方法，分析方法为相关性矩阵，旋转方法为凯撒正态化最大方差法，抽取共同因子标准为特征根值大于1。此外，剔除题项要求为：①排除绝对值之差<0.5；②因子共同度<0.45；③MSA<0.5；④在两个及以上的因子上出现；⑤提取的公因子所包含题项数至少为3。剔除题项顺序为对于不符合要求的题项，从MSA最低的开始删除，每删一个题项就将剩余的题项重新进行一次因子分析；⑥如果某一题项在最先设计的原量表中归于因素A，而在修订过程中归于因素[1]。

将关于测量自主创业认知的题项（Q8～Q30）运用SPSS 25.0软件进行因子分析，结果发现：显著性概率值$P$=0.000<0.05，表示总相关矩阵间存在共同因子；统计值KMO=0.887（表4-4）表明测量题项适切性良好，适合进行因子分析。

表4-4 运动员自主创业认知初始量表的KMO和巴特利特检验一览

| KMO取样适切性量数 |  | 0.887 |
| --- | --- | --- |
|  | 近似卡方 | 1337.490 |
| 巴特利特球形度检验 | 自由度 | 253 |
|  | 显著性 | 0.000 |

---

[1]张力为，毛志雄. 体育科学常用心理量表评定手册［M］. 第二版. 北京：北京体育大学出版社，2000：311.

第一次探索性因子分析：提取了特征值大于1的四个公因子，发现Q11、Q20、Q30分别都出现在两个因子上，且公因子4仅有Q11与Q20来解释，而Q20的MSA=0.546小于Q11的MSA=0.584（表4-5），于是决定先将Q20剔除，进行第二次探索性因子分析。

表4-5 运动员自主创业认知初始量表第一次探索性因子旋转后的成分矩阵 a 一览

| 题项 | 成分 | | | |
| --- | --- | --- | --- | --- |
| | 1 | 2 | 3 | 4 |
| Q8 | 0.184 | 0.193 | 0.783 | 0.055 |
| Q9 | −0.179 | 0.182 | 0.854 | 0.063 |
| Q10 | 0.443 | −0.014 | 0.661 | −0.154 |
| Q11 | 0.266 | 0.093 | 0.588 | 0.584 |
| Q12 | 0.170 | 0.212 | 0.634 | 0.117 |
| Q13 | 0.064 | 0.363 | 0.554 | 0.266 |
| Q14 | 0.093 | 0.400 | 0.528 | −0.456 |
| Q15 | 0.326 | 0.299 | 0.613 | −0.022 |
| Q16 | 0.800 | 0.148 | 0.249 | −0.006 |
| Q17 | 0.822 | 0.223 | 0.144 | 0.024 |
| Q18 | 0.842 | 0.067 | 0.146 | 0.276 |
| Q19 | 0.819 | 0.324 | 0.142 | 0.016 |
| Q20 | 0.592 | 0.285 | 0.177 | 0.546 |
| Q21 | 0.775 | 0.415 | 0.015 | −0.062 |
| Q22 | 0.672 | 0.415 | 0.021 | 0.340 |
| Q23 | 0.532 | 0.448 | 0.271 | 0.315 |
| Q24 | 0.407 | 0.729 | 0.095 | 0.292 |
| Q25 | 0.143 | 0.783 | 0.220 | −0.111 |
| Q26 | 0.364 | 0.694 | 0.174 | 0.177 |
| Q27 | 0.251 | 0.691 | 0.265 | −0.088 |
| Q28 | 0.464 | 0.613 | 0.238 | 0.095 |
| Q29 | 0.103 | 0.676 | 0.314 | 0.101 |
| Q30 | 0.589 | 0.603 | 0.172 | 0.022 |

a. 旋转在7次迭代后已收敛。

第二次探索性因子分析：在剔除Q20后，提取了特征值大于1的三个公因子，发现Q14的MSA值全都小于0.5，Q30依旧出现在两个因子上（表4-6），根据题项剔除顺序的要求，决定先将Q14剔除，进行第三次探索性因子分析。

表4-6　运动员自主创业认知初始量表第二次探索性因子旋转后的成分矩阵a一览

| 题项 | 成分 1 | 成分 2 | 成分 3 |
| --- | --- | --- | --- |
| Q8  | 0.175  | 0.202 | 0.786 |
| Q9  | −0.191 | 0.208 | 0.847 |
| Q10 | 0.371  | 0.009 | 0.655 |
| Q11 | 0.379  | 0.045 | 0.644 |
| Q12 | 0.169  | 0.220 | 0.640 |
| Q13 | 0.113  | 0.354 | 0.569 |
| Q14 | −0.032 | 0.464 | 0.474 |
| Q15 | 0.298  | 0.312 | 0.609 |
| Q16 | 0.780  | 0.132 | 0.264 |
| Q17 | 0.816  | 0.201 | 0.160 |
| Q18 | 0.868  | 0.029 | 0.189 |
| Q19 | 0.816  | 0.301 | 0.156 |
| Q21 | 0.766  | 0.396 | 0.019 |
| Q22 | 0.743  | 0.369 | 0.058 |
| Q23 | 0.602  | 0.408 | 0.302 |
| Q24 | 0.485  | 0.695 | 0.114 |
| Q25 | 0.155  | 0.785 | 0.196 |
| Q26 | 0.422  | 0.668 | 0.183 |
| Q27 | 0.248  | 0.696 | 0.246 |
| Q28 | 0.483  | 0.601 | 0.242 |
| Q29 | 0.142  | 0.670 | 0.309 |
| Q30 | 0.598  | 0.589 | 0.173 |

*a*. 旋转在8次迭代后已收敛。

第三次探索性因子分析：在剔除Q14后，提取了特征值大于1的三个公因子，但发现Q30仍旧出现在二个因子上（表4-7），且题项Q23从最先设计的归于能力认知因素，经三次分析后仍归于风险认知因素，因此决定将Q30、Q23剔除，进行第四次探索性因子分析。

表4-7　运动员自主创业认知初始量表第三次探索性因子旋转后的成分矩阵a一览

| 题项 | 成分 | | |
|---|---|---|---|
| | 1 | 2 | 3 |
| Q8 | 0.164 | 0.203 | 0.785 |
| Q9 | −0.206 | 0.201 | 0.845 |
| Q10 | 0.390 | −0.008 | 0.646 |
| Q11 | 0.330 | 0.102 | 0.669 |
| Q12 | 0.145 | 0.235 | 0.649 |
| Q13 | 0.080 | 0.374 | 0.576 |
| Q15 | 0.290 | 0.312 | 0.609 |
| Q16 | 0.776 | 0.153 | 0.271 |
| Q17 | 0.811 | 0.223 | 0.168 |
| Q18 | 0.863 | 0.060 | 0.197 |
| Q19 | 0.806 | 0.324 | 0.164 |
| Q21 | 0.771 | 0.401 | 0.016 |
| Q22 | 0.726 | 0.398 | 0.065 |
| Q23 | 0.570 | 0.445 | 0.316 |
| Q24 | 0.442 | 0.731 | 0.129 |
| Q25 | 0.128 | 0.788 | 0.199 |
| Q26 | 0.387 | 0.694 | 0.194 |
| Q27 | 0.222 | 0.703 | 0.251 |
| Q28 | 0.460 | 0.617 | 0.248 |
| Q29 | 0.109 | 0.683 | 0.316 |
| Q30 | 0.592 | 0.591 | 0.169 |

a. 旋转在7次迭代后已收敛。

第四次探索性因子分析：剔除Q30、Q23后，最终提取特征值大于1的三个公因子，如表4-8所示，设计的我国优秀运动员自主创业认知量表具有较好的结构效度。

表4-8 运动员自主创业认知初始量表第四次旋转后公因子及累计方差贡献率一览

| 公因子 | 特征值/% | 解释变异量贡献率/% | 累积方差贡献率/% |
| --- | --- | --- | --- |
| Ⅱ1 | 4.81 | 25.60 | 25.60 |
| Ⅱ2 | 3.86 | 20.58 | 46.18 |
| Ⅱ3 | 3.77 | 20.06 | 66.24 |

根据表4-9，将Ⅱ1命名为风险认知，包含题项Q16、Q17、Q18、Q19、Q21、Q22；将Ⅱ2命名为能力认知，包含题项Q24、Q25、Q26、Q27、Q28、Q29；将Ⅱ3命名为要素认知，包含题项Q8、Q9、Q10、Q11、Q12、Q13、Q15。

表4-9 运动员自主创业认知初始量表第四次探索性因子旋转后的成分矩阵a一览

| 题项 | 成分 1 | 成分 2 | 成分 3 |
| --- | --- | --- | --- |
| Q8 | 0.153 | 0.214 | 0.780 |
| Q9 | -0.217 | 0.208 | 0.840 |
| Q10 | 0.382 | -0.024 | 0.665 |
| Q11 | 0.319 | 0.106 | 0.671 |
| Q12 | 0.150 | 0.243 | 0.652 |
| Q13 | 0.076 | 0.394 | 0.563 |
| Q15 | 0.289 | 0.320 | 0.609 |
| Q16 | 0.773 | 0.158 | 0.274 |
| Q17 | 0.812 | 0.220 | 0.178 |
| Q18 | 0.864 | 0.067 | 0.201 |

(续表)

| 题项 | 成分 | | |
|---|---|---|---|
| | 1 | 2 | 3 |
| Q19 | 0.814 | 0.336 | 0.165 |
| Q21 | 0.781 | 0.406 | 0.019 |
| Q22 | 0.716 | 0.378 | 0.077 |
| Q24 | 0.441 | 0.728 | 0.128 |
| Q25 | 0.133 | 0.798 | 0.189 |
| Q26 | 0.393 | 0.699 | 0.191 |
| Q27 | 0.227 | 0.713 | 0.243 |
| Q28 | 0.465 | 0.619 | 0.249 |
| Q29 | 0.104 | 0.669 | 0.320 |

a. 旋转在7次迭代后已收敛。

题项重新编码及具体内容汇总如表4-10所示。

表4-10 运动员自主创业认知量表的测量题项汇总

| 题项 | 状态 | 题项重新编码（T8~T26） | 维度 |
|---|---|---|---|
| Q8 | 保留 | T8.我从填补空白市场角度考虑过创业问题 | |
| Q9 | 保留 | T9.我从顾客需求角度考虑过创业问题 | |
| Q10 | 保留 | T10.我从独特富有竞争力产品角度考虑过创业问题 | |
| Q11 | 保留 | T11.我从专业财务角度考虑过创业问题 | |
| Q12 | 保留 | T12.我从核心技术可行性角度来考虑过创业问题 | 要素认知 |
| Q13 | 保留 | T13.我从政府、法律法规以及相关政策考虑过创业问题 | |
| Q14 | 剔除 | — | |
| Q15 | 保留 | T14.我了解某特定市场及目标顾客真正需求 | |

（续表）

| 题项 | 状态 | 题项重新编码（T8～T26） | 维度 |
|---|---|---|---|
| Q16 | 保留 | T15.我熟悉创业过程所涉及的财务相关问题 | |
| Q17 | 保留 | T16.我清楚创业过程中的风险控制相关问题 | |
| Q18 | 保留 | T17.我了解行业及财务专家对创业活动的看法或评价 | |
| Q19 | 保留 | T18.我可以设置并达到销售和市场份额的目标 | 风险认知 |
| Q20 | 剔除 | — | |
| Q21 | 保留 | T19.我可以开发出新的产品业务并寻找新的市场 | |
| Q22 | 剔除 | T20.我可以准确判断出竞争对手进入市场的时机 | |
| Q23 | 剔除 | — | 能力认知 |
| Q24 | 保留 | T21.我能够在创业工作压力下有效决策 | |
| Q25 | 保留 | T22.我有信心能够管理好公司的人和事 | |
| Q26 | 保留 | T23.我能够进行较好的财务战略分析和成本控制 | |
| Q27 | 保留 | T24.我能够对创业过程前后的决策和意见承担责任 | |
| Q28 | 保留 | T25.我能够科学地规划公司的战略发展 | |
| Q29 | 保留 | T26.如果我尽力做，一定能解决创业过程中的多数难题 | |
| Q30 | 剔除 | | |

### 三、运动员自主创业认知量表的信度分析

我国优秀运动员自主创业认知量表从要素认知、能力认知和风险认知三方面进行施测。如表4-11所示，总量表的Cronbach's Alpha系数为0.929，要素认知、风险认知、能力认知的Cronbach's Alpha系数依次为0.857、0.925、0.873，说明此量表的内部一致性比较高，具有非常理想的同质性信度水平。

表4-11 运动员自主创业认知初始量表的Cronbach's Alpha系数检验一览

| 量表 | Cronbach's Alpha | 项数 |
|---|---|---|
| 自主创业认知 | 0.929 | 19 |
| 要素认知 | 0.857 | 7 |
| 风险认知 | 0.925 | 6 |
| 能力认知 | 0.873 | 6 |

## 四、运动员自主创业认知量表的验证性因子分析

为进一步验证量表的结构效度,采用AMOS 22软件对我国优秀运动员自主创业认知量表进行验证性因子分析。验证性因子分析探究的是量表的因素结构模型是否与实际搜集的数据契合,指标变量是否可以有效作为潜在变量的测量变量。它的作用是为了确认量表所包含的因素是否与最初探究的构念相同,以及更加准确反映出本研究提出的相关指标与因子的关系及各种假设。采用正式调研的1617份数据进行验证性因子分析,结果显示,各项模型适配度均达到模型可接受的标准,说明自主创业认知量表结构效度的适切性和真实性较佳。模型拟合结果如表4-12所示。

表4-12 运动员自主创业认知量表验证性因子分析的整体模型适配度检验摘要一览

| 适配度指数 | 适配标准或临界值 | 检验结果 | 模型适配判断 |
| --- | --- | --- | --- |
| RMSEA | <0.08良好(若<0.05优良) | 0.068 | 是 |
| GFI | >0.90,且越接近1拟合越好 | 0.925 | 是 |
| AGFI | >0.80,且越接近1拟合越好 | 0.905 | 是 |
| NFI | >0.90,且越接近1拟合越好 | 0.941 | 是 |
| RFI | >0.90,且越接近1拟合越好 | 0.933 | 是 |

我国优秀运动员自主创业认知量表的标准化估计值模型如图4-1所示。创业认知为潜在外因变量,要素认知、风险认知、能力认知为潜在内因变量,题项T8~T26为观察内因变量,观察内因变量在初阶因素的因子载荷量值介于0.73~0.84,要素认知、风险认知、能力认知三个初阶因素在创业认知高阶因素构面的因子载荷量值分别为0.79、0.81、0.93,均比较理想,表示模型的基本适配度良好;创业认知构面可以解释要素认知、风险认知、能力认知三个潜在内因变量的变异量分别为0.62、0.66、0.87,说明创业认知高阶因素对于要素认知、风险认知、能力认知的解释力均较高。

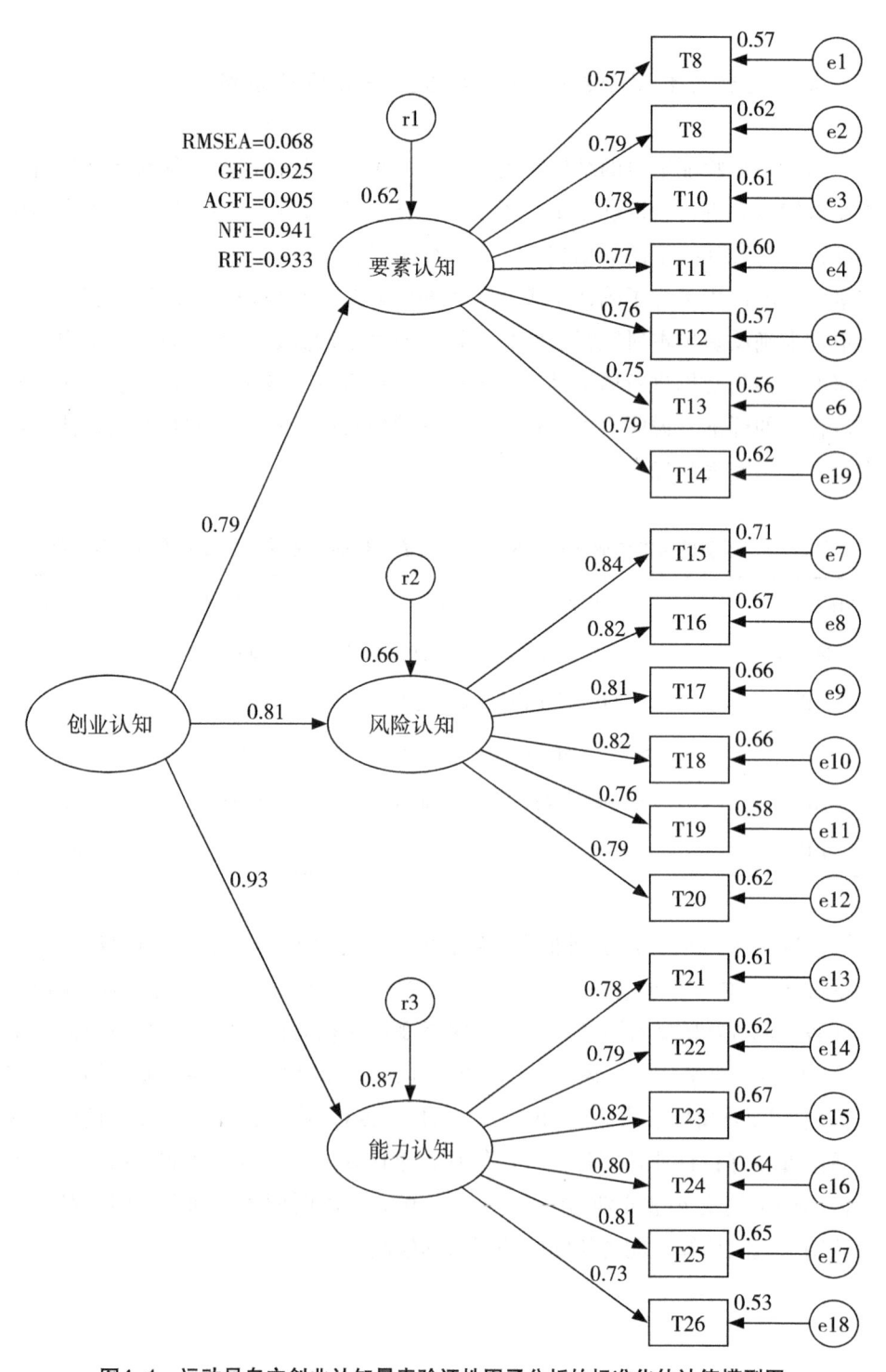

图4-1 运动员自主创业认知量表验证性因子分析的标准化估计值模型图

## 五、我国优秀运动员自主创业认知现状

### （一）描述性统计分析

对我国优秀运动员自主创业认知研究变量进行描述性统计（表4-13），结果显示，我国优秀运动员自主创业认知总体处于中等水平，均值为3.25，其中要素认知均值为3.35，风险认知均值为3.02，能力认知均值为3.38，说明我国优秀运动员在创业认知中，对风险认知最低，其次为能力认知，最高为要素认知。

表4-13 运动员自主创业认知描述性统计一览

| 研究变量 | $N$ | Min | Max | $M$ | $SD$ |
| --- | --- | --- | --- | --- | --- |
| 创业认知 | 1617 | 1 | 5 | 3.25 | 0.51 |
| 要素认知 | 1617 | 1 | 5 | 3.35 | 0.63 |
| 风险认知 | 1617 | 1 | 5 | 3.02 | 0.73 |
| 能力认知 | 1617 | 1 | 5 | 3.38 | 0.66 |

### （二）自主创业认知在不同统计学特征上的平均数差异检验

平均数差异检验的目的是反映变量在不同群体间是否存在显著性差异。对于连续性变量，通常采用独立样本$t$检验和单因素方差分析对数据进行分析。其中，独立样本$t$检验适用于两个群体类别平均数的差异检验，而单因素方差分析则适用于三个以上群体间平均数的差异检验。本研究回收的量表数据可以看作是连续性变量，因此，运用独立样本$t$检验分析我国优秀运动员自主创业认知与创业意愿在性别、家庭成员或身边朋友有无创业经历上的差异情况，运用单因素方差分析检验我国优秀运动员自主创业认知与创业意愿在年龄、所在地区、运动项群、运动等级、运动年限上的差异情况，对于存在显著性差异且通过方差齐性检验则选用LSD最小显著法对单因素方差的结果进行组间的事后比较，若未通过方差齐性检验则选用Tamhane's T2检验法

进行组间比较。创业认知在性别、年龄、地区、运动项群、运动等级、运动年限、家庭成员或身边朋友有无创业经历这七个特征上的平均数差异检验，结果汇总如表4-14所示。

表4-14 创业认知在不同统计学特征上的差异汇总一览

| 特征 | N | 平均值 | 标准差 | F | P | 方差齐性检验 | LSD or Tamhane's T2 |
|---|---|---|---|---|---|---|---|
| 性别 | | | | | | | |
| 男 | 1080 | 3.310 | 0.704 | 0.030 | 0.000 | — | — |
| 女 | 537 | 3.144 | 0.726 | | | | |
| 年龄 | | | | | | | |
| 16岁以下 | 150 | 3.310 | 0.860 | | | | 16~20岁及>25岁以上，平均值差值为0.17* |
| 16~20岁 | 974 | 3.294 | 0.666 | 5.012 | 0.004 | 0.000<0.05 未通过 | |
| 21~25岁 | 274 | 3.185 | 0.667 | | | | |
| 25岁以上 | 219 | 3.128 | 0.851 | | | | |
| 所在地区 | | | | | | | |
| 华东地区 | 603 | 3.340 | 0.727 | | | | 华东、华南、华北、西北、西南>华中，平均值差值依次为0.79*、0.78*、0.66*、0.71*、0.62* |
| 华南地区 | 30 | 3.337 | 0.341 | | | | |
| 华中地区 | 36 | 2.553 | 0.967 | 11.459 | 0.000 | 0.000<0.05 未通过 | |
| 华北地区 | 87 | 3.209 | 0.595 | | | | |
| 西北地区 | 662 | 3.258 | 0.690 | | | | |
| 西南地区 | 187 | 3.170 | 0.668 | | | | |
| 东北地区 | 12 | 2.342 | 1.017 | | | | |
| 运动项群 | | | | | | | |
| 体能主导耐力性类 | 522 | 3.200 | 0.665 | | | | |
| 技能主导类对抗性 | 321 | 3.182 | 0.887 | 5.472 | 0.083 | — | — |
| 技能主导类表现性 | 774 | 3.237 | 0.507 | | | | |
| 运动等级 | | | | | | | |
| 二级 | 792 | 3.352 | 0.664 | | | | 二级>一级、健将级，平均值差值依次为0.18*、0.22* |
| 一级 | 540 | 3.170 | 0.706 | 10.567 | 0.000 | 0.097>0.05 通过 | |
| 健将级 | 285 | 3.125 | 0.841 | | | | |

（续表）

| 特征 | N | 平均值 | 标准差 | F | P | 方差齐性检验 | LSD or Tamhane's T2 |
|---|---|---|---|---|---|---|---|
| 运动年限 | | | | | | | 4~6年>1~3年， |
| 1~3年 | 819 | 3.242 | 0.716 | | | | 4~6年、7~9年、 |
| 4~6年 | 359 | 3.353 | 0.621 | 6.939 | 0.000 | 0.005<0.05未通过 | 10年以上，平均值 |
| 7~9年 | 190 | 3.327 | 0.701 | | | | 差值为0.11*、 |
| 10年及以上 | 249 | 3.100 | 0.819 | | | | 0.25*、0.23* |
| 亲朋有无创业经历 | | | | | | | |
| 有 | 782 | 3.358 | 0.710 | 5.008 | 0.000 | — | — |
| 无 | 835 | 3.158 | 0.708 | | | | |

注：*表示平均值差值的显著性水平为0.05。

从性别特征看，创业认知在性别上存在显著性差异（$P=0.000<0.05$）。其中，男运动员的创业认知程度均值为3.310，女运动员的创业认知程度均值为3.144，平均数差值为0.166。说明男运动员自主创业认知程度显著高于女运动员。从年龄特征看，创业认知在年龄上可能存在显著性差异（$P=0.004<0.05$）。由于方差不齐（$P=0.000<0.05$），根据Tamhane's T2检验法进行事后比较汇总发现，"16~20岁"大于"25岁以上"，平均值差值为0.17。说明16~20岁运动员自主创业认知程度显著高于25岁以上。从所在地区特征看，创业认知在所在地区上可能存在显著性差异（$P=0.000<0.05$）。由于方差不齐（$P=0.000<0.05$），根据Tamhane's T2检验法进行事后比较汇总发现，"华东""华南""华北""西北""西南"大于"华中"，平均值差值依次为0.79、0.78、0.66、0.71、0.62。说明华东、华南、华北、西北、西南这五个地区的运动员自主创业认知程度显著高于华中地区。

从运动项群特征看，创业认知在运动项群上不存在显著性差异（$P=0.083>0.05$）。从运动等级特征看，创业认知在运动等级上可能存在显著性差异（$P=0.000<0.05$）。由于方差齐性（$P=0.097>0.05$），根据LSD检验法进行事后比较发现："二级"大于"一级""健将级"，平均值差值依次为0.18、0.22。说明二级运动员自主创业认知程度显著高于一级、健将级。从运动年限特征看，创业认知在运动年限上可能存在显著性差异（$P=0.000<0.05$）。由于方差不齐（$P=0.000<0.05$），根据Tamhane's T2检验法进行事后比较汇总发

现:"4~6年"大于"1~3年","4~6年""7~9年"大于"10年及以上",差值依次为0.11、0.25、0.23。说明运动年限在1~3、10年及以上的运动员自主创业认知程度显著低于4~6年、4~9年的。

从家庭成员或身边朋友有无创业经历特征看,创业认知在此特征上存在显著性差异($P=0.000<0.05$)。其中家庭成员或身边朋友有创业经历的运动员,自主创业意愿均值为3.358,家庭成员或身边朋友无创业经历的运动员自主创业意愿均值为3.158,平均数差值为0.200。说明家庭成员或身边朋友有创业经历的运动员自主创业认知程度要显著高于家庭成员或身边朋友无创业经历的。

## 第三节 我国优秀运动员自主创业意愿

### 一、运动员自主创业意愿初始量表的项目分析

采用极端组检验法对我国运动员自主创业意愿量表进行项目分析,结果如表4-15所示。根据数据输出的结果可以看出,Q31题项的$F$检验结果的显著性水平小于0.05,拒绝虚无假设,表示不假定等方差;其他六道题项$F$检验结果的显著性水平均大于0.05,表示假定等方差。所有题项的$t$值的$Sig.$均小于0.05,通过显著性检验,且差异明显,表明设计的我国优秀运动员自主创业意愿初始量表中的各个测量题项能够判别不同受试者的反应情况,故全部题项予以保留。

表4-15 自主创业意愿初始量表的独立样本$t$检验一览

| 题项 | | $F$ | 显著性 | $t$ | 自由度 | $Sig.$(双尾) |
|---|---|---|---|---|---|---|
| Q31 | 假定等方差 | 15.447 | 0.000 | −7.300 | 49 | 0.000 |
| | 不假定等方差 | | | −7.936 | 43.364 | 0.000 |
| Q32 | 假定等方差 | 0.300 | 0.586 | −5.923 | 49 | 0.000 |
| | 不假定等方差 | | | −5.947 | 46.022 | 0.000 |
| Q33 | 假定等方差 | 0.408 | 0.526 | −7.589 | 49 | 0.000 |
| | 不假定等方差 | | | −7.868 | 48.984 | 0.000 |

(续表)

| 题项 | | F | 显著性 | t | 自由度 | Sig.（双尾） |
|---|---|---|---|---|---|---|
| Q34 | 假定等方差 | 0.098 | 0.755 | −7.405 | 49 | 0.000 |
| | 不假定等方差 | | | −7.494 | 47.170 | 0.000 |
| Q35 | 假定等方差 | 1.525 | 0.223 | −5.688 | 49 | 0.000 |
| | 不假定等方差 | | | −5.566 | 41.268 | 0.000 |
| Q36 | 假定等方差 | 0.130 | 0.720 | −7.058 | 49 | 0.000 |
| | 不假定等方差 | | | −7.344 | 48.995 | 0.000 |
| Q37 | 假定等方差 | 0.162 | 0.689 | −5.774 | 49 | 0.000 |
| | 不假定等方差 | | | −5.883 | 47.946 | 0.000 |

## 二、运动员自主创业意愿量表的探索性因子分析

将关于测量创业意愿的题项（Q31~Q37）运用SPSS 25.0软件进行因子分析，结果发现，显著性概率值$P=0.000<0.05$，表示总相关矩阵间存在共同因子；统计值KMO=0.928，表明测量题项适切性极佳，可以进行因子分析（表4-16）。

表4-16 自主创业意愿初始量表的KMO和巴特利特检验一览

| KMO取样适切性量数 | | 0.928 |
|---|---|---|
| 巴特利特球形度检验 | 近似卡方 | 332.624 |
| | 自由度 | 21 |
| | 显著性 | 0.000 |

探索性因子分析结果发现，提取了基于特征值大于1的公因子一个（Ⅱ1），与最初设计的单维度多题项的假设相吻合，命名为创业意愿，且累积方差贡献率为66.76%（表4-17）。

表4-17 自主创业意愿初始量表公因子及累计方差贡献率摘要一览

| 公因子 | 特征值（%） | 解释变异量贡献率（%） | 累积方差贡献率（%） |
|---|---|---|---|
| Ⅱ1 | 4.67 | 66.76 | 66.76 |

由于只提取了一个因子，无法进行旋转，应直接从成分矩阵中观察各题项的MSA值，从表4-18可以看出，Q31～Q37这七个题项的MSA值介于0.763～0.866，从而我们可以初步判定该量表具有很好的结构效度。

表4-18　自主创业意愿初始量表探索性因子成分矩阵a一览

| 题项 | 成分 |
|---|---|
|  | 1 |
| Q31 | 0.763 |
| Q32 | 0.795 |
| Q33 | 0.855 |
| Q34 | 0.843 |
| Q35 | 0.810 |
| Q36 | 0.866 |
| Q37 | 0.782 |

a.提取了1个成分。

题项重新编码及具体内容如表4-19所示。

表4-19　我国优秀运动员自主创业意愿量表的测量题项汇总

| 题项 | 状态 | 题项重新编码（T27～T33） |
|---|---|---|
| Q31 | 保留 | T27.我曾经考虑过退役后自己创业 |
| Q32 | 保留 | T28.我认为我将来会成立自己的公司或个人品牌 |
| Q33 | 保留 | T29.如果有机会并且可以自由做出决定，我将选择自主创业 |
| Q34 | 保留 | T30.尽管受到现实情况和自身条件的限制，我仍然会选择退役后自己创业 |
| Q35 | 保留 | T31.我对目前发现的创业机会充满热情 |
| Q36 | 保留 | T32.我准备为退役后想展开的创业活动投入很多精力 |
| Q37 | 保留 | T33.我在退役后三年内创业的可能性非常高 |

## 三、运动员自主创业认知量表的信度分析

我国优秀运动员自主创业意愿量表主要从单维度多题项对调查对象进行施测。表4-20显示，自主创业意愿量表的Cronbach's Alpha系数为0.915，超过0.9，说明此量表的内部一致性非常好，即具有非常理想的同质性信度水平。

表4-20 运动员自主创业意愿初始量表Cronbach's Alpha系数检验

| 量表 | Cronbach's Alpha | 项数 |
| --- | --- | --- |
| 自主创业意愿 | 0.915 | 7 |

## 四、运动员自主创业意愿量表的验证性因子分析

为进一步验证量表的结构效度，采用AMOS 22软件对我国优秀运动员自主创业意愿量表进行验证性因子分析。以创业意愿为潜在变量，题项T27~T33为观察变量，观察变量在潜在变量的因子载荷量值介于0.71~0.89，均比较理想，表示模型的基本适配度良好（图4-2）。

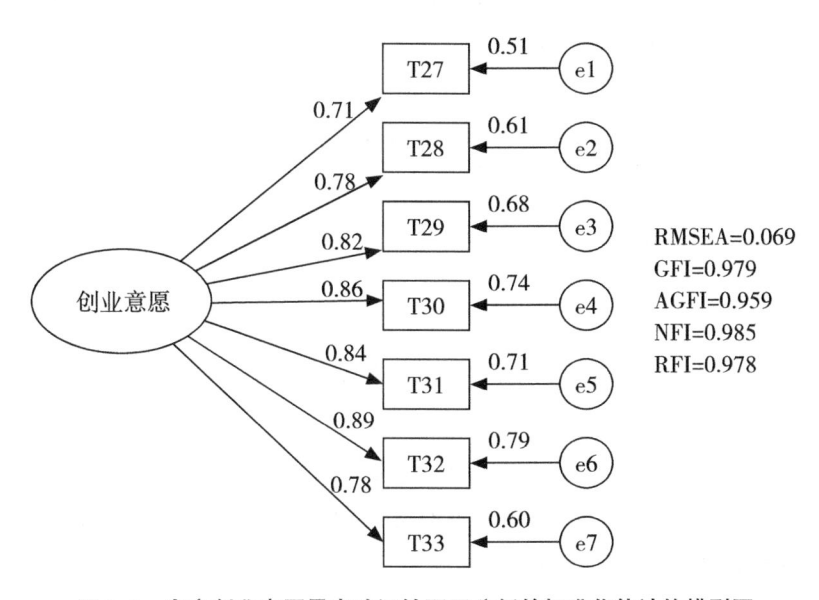

图4-2 自主创业意愿量表验证性因子分析的标准化估计值模型图

从各项模型适配度指标可以看出（表4-21），模型各项适配度均达到模型可接受的标准，说明运动员自主创业意愿量表结构效度的适切性和真实性较佳。

表4-21 自主创业意愿量表验证性因子分析的整体模型适配度检验摘要一览

| 适配度指数 | 适配的标准或临界值 | 检验结果数据 | 模型适配判断 |
| --- | --- | --- | --- |
| RMSEA | <0.08良好（若<0.05优良） | 0.069 | 是 |
| GFI | >0.90，且越接近1拟合越好 | 0.979 | 是 |
| AGFI | >0.80，且越接近1拟合越好 | 0.959 | 是 |
| NFI | >0.90，且越接近1拟合越好 | 0.985 | 是 |
| RFI | >0.90，且越接近1拟合越好 | 0.978 | 是 |

## 五、我国优秀运动员自主创业意愿现状

### （一）描述性统计分析

对我国优秀运动员自主创业认知研究变量进行描述性统计（表4-22）。结果显示，我国优秀运动员自主创业意愿均值为3.48，处于中等偏上水平，表明我国优秀运动员总体上具有较强的创业意愿。

表4-22 运动员创业意愿描述性统计一览

| 研究变量 | N | Min | Max | M | SD |
| --- | --- | --- | --- | --- | --- |
| 创业意愿 | 1617 | 1 | 5 | 3.48 | 0.72 |

### （二）自主创业意愿在不同统计学特征上的平均数差异检验

我国优秀运动员自主创业意愿在性别、年龄、地区、运动项群、运动等级、运动年限、家庭成员或身边朋友有无创业经历这七个特征上的平均数差异检验，结果汇总如表4-23所示。

表4-23 创业认知在不同统计学特征上的差异汇总一览

| 变量 | $N$ | 平均值 | 标准差 | $F$ | $P$ | 方差齐性检验 | Tamhane's T2 |
|---|---|---|---|---|---|---|---|
| 性别 | | | | | | | |
| 男 | 1080 | 3.571 | 0.851 | 10.518 | 0.000 | — | — |
| 女 | 537 | 3.283 | 0.806 | | | | |
| 年龄 | | | | | | | |
| 16岁以下 | 150 | 3.757 | 0.851 | | | | 16岁以下>16~20岁、 |
| 16~20岁 | 974 | 3.479 | 0.780 | 7.828 | 0.000 | 0.000<0.05 | 21~25岁、25岁以上差值依次为0.28*、 |
| 21~25岁 | 274 | 3.358 | 0.896 | | | | 0.40*、0.35* |
| 25岁以上 | 219 | 3.411 | 1.012 | | | | |
| 所在地区 | | | | | | | 华东、华南、华中、华北、西北地区>3, |
| 华东地区 | 603 | 3.443 | 0.959 | | | | 差值为1.04*、1.05*、 |
| 华南地区 | 130 | 3.457 | 0.463 | | | | 1.15*、1.16*、1.06*; |
| 华中地区 | 136 | 2.405 | 0.817 | 13.062 | 0.000 | 0.000<0.05 | 华东、华南、华中、华北、西北地区>7, |
| 华北地区 | 87 | 3.557 | 0.604 | | | | 差值为0.66*、0.67*、 |
| 西北地区 | 362 | 3.567 | 0.780 | | | | 0.77*、0.78*、0.68* |
| 西南地区 | 187 | 3.466 | 0.683 | | | | |
| 东北地区 | 112 | 2.786 | 0.224 | | | | |
| 运动项群 | | | | | | | |
| 体能主导类耐力性 | 522 | 3.466 | 0.758 | | | | |
| 技能主导类表现性 | 321 | 3.441 | 0.711 | 5.266 | 0.135 | — | — |
| 技能主导类对抗性 | 774 | 3.496 | 0.778 | | | | |
| 运动等级 | | | | | | | |
| 二级 | 792 | 3.550 | 0.807 | | | | 二级、一级>健将及以上,差值依次为 |
| 一级 | 540 | 3.456 | 0.849 | 7.515 | 0.000 | 0.000<0.05 | 0.28*、0.19* |
| 健将及以上 | 285 | 3.269 | 0.936 | | | | |
| 运动年限特征 | | | | | | | 1~3年、4~6年、7~9年、10年及以上, |
| 1~3年 | 819 | 3.513 | 0.814 | | | | 差值依次为0.31*、 |
| 4~6年 | 359 | 3.543 | 0.806 | 10.169 | 0.000 | 0.005<0.05 | 0.34*、0.33* |
| 7~9年 | 190 | 3.538 | 0.826 | | | | |
| 10年及以上 | 249 | 3.207 | 0.971 | | | | |

(续表)

| 变量 | N | 平均值 | 标准差 | F | P | 方差齐性检验 | Tamhane's T2 |
|---|---|---|---|---|---|---|---|
| 亲朋创业经历 | | | | | | | |
| 有 | 782 | 3.646 | 0.852 | 11.421 | 0.000 | — | — |
| 无 | 835 | 3.315 | 0.810 | | | | |

注：*表示平均值差值的显著性水平为0.05。

从性别特征看，创业意愿在性别上存在显著性差异（$P=0.000<0.05$）。其中，男运动员的创业意愿均值为3.571，女运动员的创业意愿均值为3.283，说明男运动员创业意愿要显著高于女运动员。从年龄特征看，创业意愿在年龄上差异显著（$P=0.000<0.05$），由于方差不齐（$P=0.000<0.05$），根据Tamhane's T2检验法进行事后比较汇总发现，"16以下"大于"16~20岁""21~25岁""25岁以上"，平均值差值为0.17，说明16岁以下运动员创业意愿显著高于16岁及以上运动员。从所在地区特征看，创业意愿在地区上存在显著性差异（$P=0.000<0.05$），Tamhane's T2事后比较发现，"华东""华南""华北""西北""西南"大于"华中"，平均值差值依次为1.04、1.05、1.15、1.16、1.06，"华东""华南""华北""西北""西南"大于"东北"，平均值差值依次为0.66、0.67、0.77、0.78、0.68，说明华东、华南、华北、西北、西南这五个地区的运动员创业意愿显著高于华中、东北地区。从运动项群特征看，创业意愿在运动项群上差异不显著（$P=0.135>0.05$）。从运动等级特征看，创业意愿在运动等级上存在显著性差异（$P=0.000<0.05$），Tamhane's T2事后比较发现，"二级""一级"大于"健将及以上"，平均值差值依次为0.28、0.19，说明二级、一级运动员的创业意愿显著高于健将及以上级别运动员。从运动年限特征看，创业意愿在运动年限上存在显著性差异（$P=0.000<0.05$），Tamhane's T2事后比较发现，"1~3年""4~6年""7~9年"大于"10年及以上"，平均数差异值分别为0.31、0.34、0.33，说明运动年限在10年及以上的运动员创业意愿显著低于1~9年的。从家庭成员或身边朋友有无创业经历特征看，家庭成员或身边朋友有创业经历的运动员自主创业意愿均值为3.646，家庭成员或身边朋友无创业经历的运动员创业意愿均值为3.315，平均数差值为0.331，存在显著性差异（$P=0.000<0.05$），说明家庭成员或身边朋友有创业经历的运动员创业

意愿要显著高于家庭成员或身边朋友无创业经历的运动员。

## 第四节 我国优秀运动员自主创业环境

### 一、运动员自主创业环境初始量表的项目分析

采用极端组检验法对我国运动员自主创业意愿量表进行项目分析（表4-24）。根据输出的结果可以看出，Q38、Q39、Q44、Q45、Q47、Q52这6个题项的$F$检验结果的显著性水平小于0.05，应拒绝虚无假设，表示不假定等方差，看第二行$t$值的$Sig.$；而除此之外的其他题项，均看第一行$t$值的$Sig.$。表4-23显示，所有题项的$t$值的$Sig.$均小于0.05，通过显著性检验，且差异明显，表明设计的我国优秀运动员自主创业环境量表中的各个测量题项能够判别不同受试者的反应情况，故全部题项予以保留。

表4-24 自主创业环境初始量表的独立样本$t$检验一览

| 题项 | | $F$ | 显著性 | $t$ | 自由度 | $Sig.$（双尾） |
|---|---|---|---|---|---|---|
| Q38 | 假定等方差 | 4.593 | 0.037 | −5.400 | 49 | 0.000 |
| | 不假定等方差 | | | −5.040 | 31.681 | 0.000 |
| Q39 | 假定等方差 | 5.271 | 0.026 | −5.911 | 49 | 0.000 |
| | 不假定等方差 | | | −5.580 | 33.873 | 0.000 |
| Q40 | 假定等方差 | 0.747 | 0.392 | −4.138 | 49 | 0.000 |
| | 不假定等方差 | | | −4.120 | 44.573 | 0.000 |
| Q41 | 假定等方差 | 1.862 | 0.179 | −6.774 | 49 | 0.000 |
| | 不假定等方差 | | | −6.721 | 43.963 | 0.000 |
| Q42 | 假定等方差 | 1.158 | 0.287 | −7.548 | 49 | 0.000 |
| | 不假定等方差 | | | −7.894 | 48.882 | 0.000 |
| Q43 | 假定等方差 | 3.103 | 0.084 | −7.488 | 49 | 0.000 |
| | 不假定等方差 | | | −8.196 | 41.695 | 0.000 |
| Q44 | 假定等方差 | 9.152 | 0.004 | −7.951 | 49 | 0.000 |
| | 不假定等方差 | | | −8.696 | 41.919 | 0.000 |

（续表）

| 题项 | | F | 显著性 | t | 自由度 | Sig.（双尾） |
|---|---|---|---|---|---|---|
| Q45 | 假定等方差 | 17.265 | 0.000 | −6.788 | 49 | 0.000 |
| | 不假定等方差 | | | −7.415 | 42.213 | 0.000 |
| Q46 | 假定等方差 | 0.187 | 0.667 | −8.393 | 49 | 0.000 |
| | 不假定等方差 | | | −8.722 | 49.000 | 0.000 |
| Q47 | 假定等方差 | 11.279 | 0.002 | −5.920 | 49 | 0.000 |
| | 不假定等方差 | | | −6.346 | 46.220 | 0.000 |
| Q48 | 假定等方差 | 2.018 | 0.162 | −5.708 | 49 | 0.000 |
| | 不假定等方差 | | | −5.888 | 48.846 | 0.000 |
| Q49 | 假定等方差 | 0.943 | 0.336 | −6.460 | 49 | 0.000 |
| | 不假定等方差 | | | −6.357 | 42.374 | 0.000 |
| Q50 | 假定等方差 | 3.102 | 0.084 | −5.858 | 49 | 0.000 |
| | 不假定等方差 | | | −5.668 | 38.887 | 0.000 |
| Q51 | 假定等方差 | 1.388 | 0.244 | −5.716 | 49 | 0.000 |
| | 不假定等方差 | | | −5.413 | 34.469 | 0.000 |
| Q52 | 假定等方差 | 4.692 | 0.035 | −5.797 | 49 | 0.000 |
| | 不假定等方差 | | | −5.665 | 40.984 | 0.000 |
| Q53 | 假定等方差 | 0.526 | 0.472 | −8.259 | 49 | 0.000 |
| | 不假定等方差 | | | −8.360 | 47.190 | 0.000 |
| Q54 | 假定等方差 | 0.252 | 0.618 | −8.182 | 49 | 0.000 |
| | 不假定等方差 | | | −8.381 | 48.430 | 0.000 |
| Q55 | 假定等方差 | 1.875 | 0.177 | −7.496 | 49 | 0.000 |
| | 不假定等方差 | | | −7.659 | 48.215 | 0.000 |
| Q56 | 假定等方差 | 0.045 | 0.833 | −7.889 | 49 | 0.000 |
| | 不假定等方差 | | | −8.023 | 47.749 | 0.000 |
| Q57 | 假定等方差 | 0.058 | 0.811 | −9.673 | 49 | 0.000 |
| | 不假定等方差 | | | −9.733 | 46.353 | 0.000 |
| Q58 | 假定等方差 | 2.040 | 0.160 | −4.812 | 49 | 0.000 |
| | 不假定等方差 | | | −4.749 | 42.985 | 0.000 |

（续表）

| 题项 | | F | 显著性 | t | 自由度 | Sig.（双尾） |
|---|---|---|---|---|---|---|
| Q59 | 假定等方差 | 4.183 | 0.046 | −3.894 | 49 | 0.000 |
| | 不假定等方差 | | | −3.655 | 32.723 | 0.001 |
| Q60 | 假定等方差 | 3.087 | 0.085 | −5.228 | 49 | 0.000 |
| | 不假定等方差 | | | −4.863 | 31.035 | 0.000 |
| Q61 | 假定等方差 | 2.343 | 0.132 | −5.860 | 49 | 0.000 |
| | 不假定等方差 | | | −5.546 | 34.405 | 0.000 |
| Q62 | 假定等方差 | 0.344 | 0.560 | −7.105 | 49 | 0.000 |
| | 不假定等方差 | | | −6.924 | 40.410 | 0.000 |
| Q63 | 假定等方差 | 2.617 | 0.112 | −3.659 | 49 | 0.001 |
| | 不假定等方差 | | | −3.488 | 35.860 | 0.001 |
| Q64 | 假定等方差 | 6.011 | 0.018 | −6.616 | 49 | 0.000 |
| | 不假定等方差 | | | −6.293 | 35.385 | 0.000 |
| Q65 | 假定等方差 | 0.037 | 0.849 | −6.384 | 49 | 0.000 |
| | 不假定等方差 | | | −6.463 | 47.196 | 0.000 |

## 二、运动员自主创业环境量表的探索性因子分析

我国优秀运动员自主创业环境量表的探索性因子分析步骤同自主创业认知、创业意愿量表相同，因此这里不再详细列表描述，只将前三次的探索性因子分析结果进行简要叙述。

首先，将关于创业环境的测量题项（Q38~Q65）进行第一次探索性因子分析，KMO值=0.876，题项Q50出现在两个因子上，予以剔除；之后进行第二次探索性因子分析，结果发现，Q65的MSA值<0.5，予以剔除；于是进行第三次因子分析，结果发现，经三次分析后，题项Q49从最先设计的归于创业态度跑到感知行为，题项Q51从最先设计的归于感知行为跑到外部环境，因此予以剔除。而后进行第四次因子分析，输出结果为KMO值=0.889，显著性概率值$P=0.000<0.05$（表4-25）。

表4-25　自主创业环境初始量表的KMO和巴特利特检验

| KMO取样适切性量数 | | 0.889 |
|---|---|---|
| 巴特利特球形度检验 | 近似卡方 | 1709.367 |
| | 自由度 | 276 |
| | 显著性 | 0.000 |

经四次因子分析后,旋转提取基于特征值大于1的公因子四个,这与预初设计的想法一致,累积方差贡献率为73.45%,剩余题项的MSA值均超过0.5的临界点,可见自主创业环境量表具有较好的结构效度(表4-26)。

表4-26　自主创业环境初始量表四个公因子及累计方差贡献率

| 公因子 | 特征值/% | 解释变异量贡献率/% | 累积方差贡献率/% |
|---|---|---|---|
| Ⅱ1 | 5.38 | 22.22 | 22.22 |
| Ⅱ2 | 4.88 | 20.18 | 42.40 |
| Ⅱ3 | 3.91 | 17.13 | 59.53 |
| Ⅱ4 | 3.35 | 13.92 | 73.45 |

根据维度释义,结合表4-27,将Ⅱ1命名为创业态度,包含题项Q42、Q43、Q44、Q45、Q46、Q47、Q48;将Ⅱ2命名为感知行为,包含题项Q52、Q53、Q54、Q55、Q56、Q57;将Ⅱ3命名为外部环境,包含题项Q58、Q59、Q60、Q61、Q62、Q63、Q64;将Ⅱ4命名为主观规范,包含题项Q38、Q39、Q40、Q41。

表4-27　自主创业环境初始量表第四次探索性因子旋转后的成分矩阵a一览

| 题项 | 成分 | | | |
|---|---|---|---|---|
| | 1 | 2 | 3 | 4 |
| Q38 | 0.312 | 0.130 | 0.388 | 0.530 |
| Q39 | 0.214 | 0.244 | 0.059 | 0.825 |
| Q40 | 0.117 | 0.194 | 0.219 | 0.743 |
| Q41 | 0.272 | 0.274 | 0.192 | 0.707 |
| Q42 | 0.607 | 0.427 | 0.107 | 0.293 |
| Q43 | 0.629 | 0.317 | 0.271 | 0.327 |

（续表）

| 题项 | 成分 | | | |
|---|---|---|---|---|
| | 1 | 2 | 3 | 4 |
| Q44 | 0.856 | 0.245 | 0.074 | 0.227 |
| Q45 | 0.899 | 0.142 | 0.074 | 0.113 |
| Q46 | 0.817 | 0.235 | 0.299 | 0.000 |
| Q47 | 0.919 | 0.108 | 0.067 | 0.181 |
| Q48 | 0.849 | 0.156 | 0.049 | 0.142 |
| Q52 | 0.230 | 0.769 | 0.082 | 0.040 |
| Q53 | 0.193 | 0.724 | 0.279 | 0.258 |
| Q54 | 0.209 | 0.758 | 0.204 | 0.331 |
| Q55 | 0.189 | 0.828 | 0.271 | 0.204 |
| Q56 | 0.318 | 0.800 | 0.130 | 0.261 |
| Q57 | 0.232 | 0.769 | 0.325 | 0.256 |
| Q58 | 0.352 | 0.190 | 0.562 | 0.245 |
| Q59 | 0.209 | 0.047 | 0.861 | 0.001 |
| Q60 | 0.207 | 0.084 | 0.846 | 0.271 |
| Q61 | −0.010 | 0.422 | 0.767 | 0.192 |
| Q62 | 0.144 | 0.326 | 0.545 | 0.493 |
| Q63 | −0.069 | 0.360 | 0.665 | 0.128 |
| Q64 | 0.065 | 0.363 | 0.509 | 0.483 |

a. 旋转在6次迭代后已收敛。

具体题项内容及题项重新编码，如表4-28所示。

表4-28 我国优秀运动员自主创业环境量表的测量题项汇总

| 题项 | 状态 | 题项重新编码（T34~T57） | 维度 |
|---|---|---|---|
| Q38 | 保留 | T34.我父母支持我退役后创业 | 主观规范 |
| Q39 | 保留 | T35.我最好的朋友支持我退役后创业 | |
| Q40 | 保留 | T36.我最熟悉的教练对我退役后创业表示支持 | |
| Q41 | 保留 | T37.周围的队友认为创业是一个不错的选择 | |

（续表）

| 题项 | 状态 | 题项重新编码（T34～T57） | 维度 |
|---|---|---|---|
| Q42 | 保留 | T38.我希望通过创业检测自己的看法与能力 | |
| Q43 | 保留 | T39.我喜欢享受创业过程中带来的挑战 | |
| Q44 | 保留 | T40.我很希望通过创业能够实现个人成就 | |
| Q45 | 保留 | T41.我希望通过创业能够实现个人经济相对独立与自由 | 创业态度 |
| Q46 | 保留 | T42.我希望通过创业得到社会各界的认可 | |
| Q47 | 保留 | T43.我希望通过创业积累金钱和财富 | |
| Q48 | 保留 | T44.我希望通过创业对家庭、国家做出贡献 | |
| Q49 | 剔除 | — | |
| Q50 | 剔除 | — | |
| Q51 | 剔除 | — | |
| Q52 | 保留 | T45.对我来说，退役后创业是一件风险不大的事情 | |
| Q53 | 保留 | T46.对我来说，创业机会是无处不在的 | |
| Q54 | 保留 | T47.以我的能力，定能处理好创业过程中的各种人际关系 | |
| Q55 | 保留 | T48.我总能有效地利用和分配手中的各种资源帮助我创业 | 感知行为 |
| Q56 | 保留 | T49.如果我尽力去做的话，总是能够解决创业遇到的大多数问题及难题 | |
| Q57 | 保留 | T50.我能冷静地面对创业中的各种风险，因为我相信自己处理问题的能力 | |
| Q58 | 保留 | T51.国家有很多支持退役后创业的政策 | |
| Q59 | 保留 | T52.所在省体育局有关于退役后创业的教育和培训 | |
| Q60 | 保留 | T53.所在省市有利于创业的基础设施不断完善 | |
| Q61 | 保留 | T54.金融公司可以给我提供创业需要的资金 | 外部环境 |
| Q62 | 保留 | T55.亲人朋友有在创业，退役后创业受到他们的支持 | |
| Q63 | 保留 | T56.政府提供一定的创业资金支持 | |
| Q64 | 保留 | T57.我所要创业的项目很容易进入市场 | |
| Q65 | 剔除 | — | |

## 三、运动员自主创业环境量表的信度分析

我国优秀运动员自主创业环境量表从主观规范、创业态度、感知行为、外部环境四方面进行施测。如表4-29所示，总量表的Cronbach's Alpha系数为0.949，主观规范、创业态度、感知行为、外部环境的Cronbach's Alpha系数依次为0.824、0.942、0.935、0.885，可见该整体量表的内部一致性非常好，即具有非常理想的同质性信度水平。

**表4-29　自主创业环境初始量表的Cronbach's Alpha系数检验**

| 量表 | Cronbach's Alpha | 项数 |
| --- | --- | --- |
| 自主创业环境 | 0.949 | 24 |
| 主观规范 | 0.824 | 4 |
| 创业态度 | 0.942 | 7 |
| 感知行为 | 0.935 | 6 |
| 外部环境 | 0.885 | 7 |

## 四、运动员自主创业环境量表的验证性因子分析

为进一步自主创业环境量表的结构效度，需要根据探索性因子分析结果在AMOS 22软件中建构自主创业环境量表的验证性因子模型。如图4-3所示，创业环境为潜在外因变量，主观规范、创业态度、感知行为、外部环境为潜在内因变量，题项T34~T57为观察内因变量，观察内因变量在初阶因素的因子载荷量值介于0.73~0.88，主观规范、创业态度、感知行为、外部环境四个初阶因素在创业环境高阶因素构面的因子载荷量值分别为0.84、0.74、0.81、0.76，均比较理想，表示模型的基本适配度良好；创业环境构面可以解释主观规范、创业态度、感知行为、外部环境四个潜在内因变量的变异量分别为0.71、0.55、0.65、0.57，说明创业环境高阶因子对于主观规范、创业态度、感知行为、外部环境的解释力均较高。

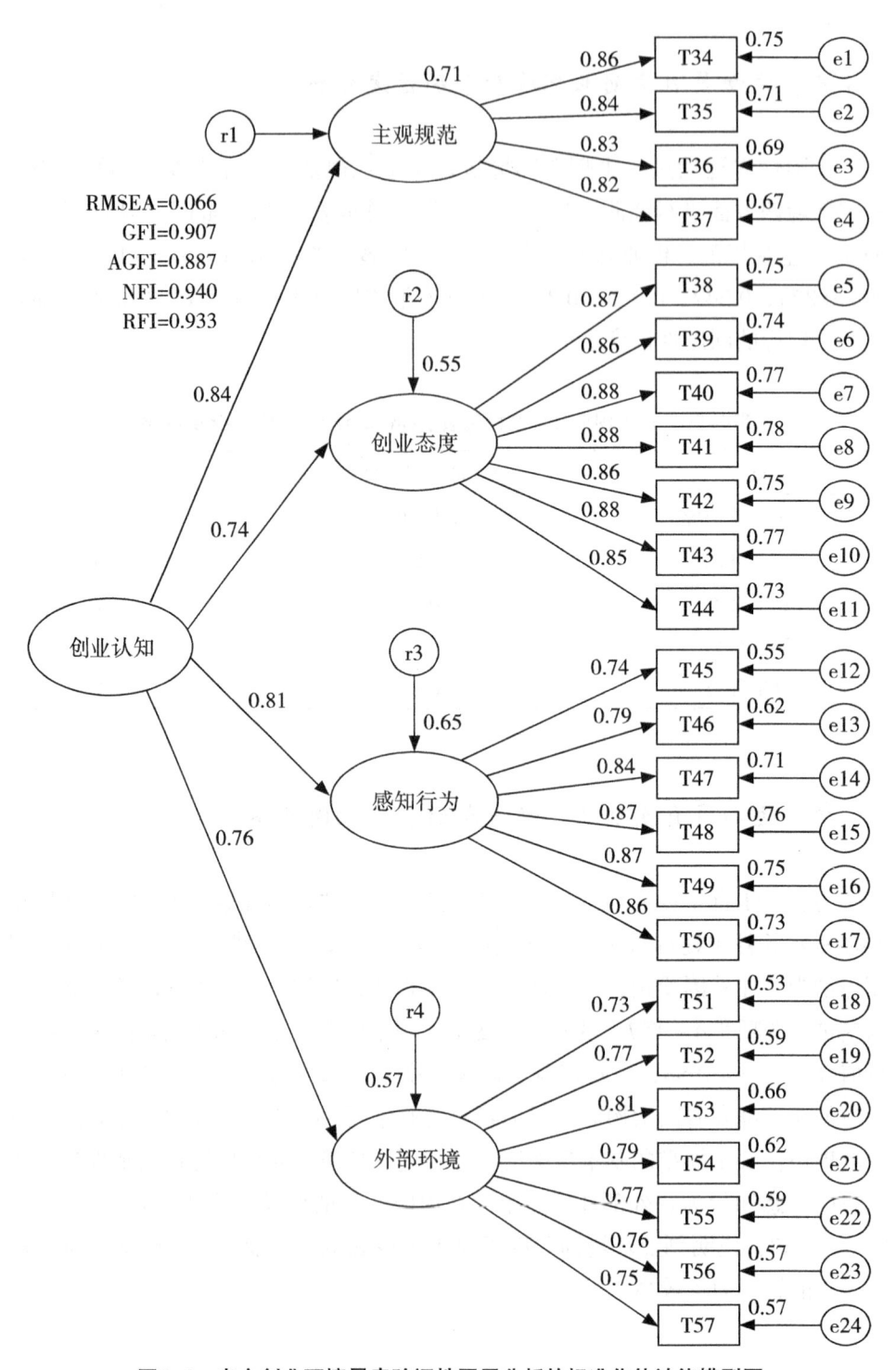

图4-3 自主创业环境量表验证性因子分析的标准化估计值模型图

通过表4-30整理的各项模型适配度可以看出，各项模型适配度均达到模型可接受的标准，说明自主创业环境量表结构效度的适切性和真实性较佳。

表4-30  自主创业环境量表验证性因子分析的整体模型适配度检验摘要一览

| 适配度指数 | 适配的标准或临界值 | 检验结果数据 | 模型适配判断 |
| --- | --- | --- | --- |
| RMSEA | <0.08良好（若<0.05优良） | 0.066 | 是 |
| GFI | >0.90，且越接近1拟合越好 | 0.907 | 是 |
| AGFI | >0.80，且越接近1拟合越好 | 0.887 | 是 |
| NFI | >0.90，且越接近1拟合越好 | 0.940 | 是 |
| RFI | >0.90，且越接近1拟合越好 | 0.933 | 是 |

## 五、我国优秀运动员自主创业环境描述性统计

对我国优秀运动员自主创业环境研究变量进行描述性统计（表4-31），结果显示自主创业环境均值为3.43，其创业态度均值最高，为3.78，主观规范、感知行为、外部环境均值依次为3.50、3.26、3.20。

表4-31  运动员自主创业环境描述性统计一览

| 研究变量 | Min | Max | $M$ | $SD$ |
| --- | --- | --- | --- | --- |
| 创业环境 | 1 | 5 | 3.43 | 0.49 |
| 主观规范 | 1 | 5 | 3.50 | 0.83 |
| 创业态度 | 1 | 5 | 3.78 | 0.76 |
| 感知行为 | 1 | 5 | 3.26 | 0.69 |
| 外部环境 | 1 | 5 | 3.20 | 0.65 |

# 第五节　我国优秀运动员自主创业认知、意愿与环境的关系

## 一、理论模型与假设

### （一）创业认知与创业意愿的关系

创业认知与创业意愿在很大程度上密切相关。国外学者研究认为，自身认知水平的高低将决定创业意愿的强弱[1]；目标意愿促使创业者增强对创业机会的感知，而实施意愿促使创业者提高对行为执行力的感知[2]；并有学者进一步基于完备理论和可靠的经验证据，提出了创业认知模型，解释如何通过感知创业机会来提升创业意愿[3]。国内学者的研究结果同样表明，创业认知与创业意愿之间关系密切。吴旭梦的研究表明，大学生对于农村创业的认知偏差，是影响大学生返乡创业的重要因素[4]；闫丽英等运用分布式认知理论对乡村振兴背景下社区居民旅游创业意愿进行了研究，结果表明，地域认知和文化认知是影响旅游创业的重要因素[5]；郭金丰通过对大学生村官的创业意愿进行研究指出，大学生村官的认知特征是影响其创业意愿的重要因素之一[6]；乐国安等的研究表明，创业教育和创业环境认知的引入对于预测大学生的创业意向均有增

---

[1] SHOOK C L, PRIEM R L, MCGEE J E. Venture creation and the enterprising individual: A review and synthesis [J]. Journal of Management, 2003, 29 (3): 379-399.
[2] OETTINGEN G, GRANT H, SMITH P K, et al. Nonconscious goal pursuit: Acting in an explanatory vacuum [J]. Journal of Experimental Social Psychology, 2006, 42 (5): 668-675.
[3] KRUEGER N F. The cognitive infrastructure of opportunity emergence [J]. Entrepreneurship Theory and Practice, 2007 (24): 185-206.
[4] 吴旭梦. 乡村振兴背景下大学生回乡创业意愿研究 [J]. 农业经济, 2021 (5): 112-114.
[5] 闫丽英, 孙永龙, 张静. 乡村振兴背景下社区居民旅游创业意愿研究——基于分布式认识理论 [J]. 资源开发与市场, 2021, 37 (2): 251-256.
[6] 郭金丰. 大学生村官创业意向影响因素的实证分析 [J]. 江西社会科学, 2018, 38 (3): 225-232.

量效度，能够在个体的主客观条件以外解释个体创业意向的变异[①]。据此，本研究提出如下假设。

H1：我国优秀运动员自主创业认知显著正向影响创业意愿。

## （二）创业意愿与创业环境的关系

创业意愿会受到微观环境（个人）、中观环境（组织）以及宏观环境（社会）三个方面的影响。其中，个人层面包括家庭条件优越程度、教育背景、性别、个人工作经历以及产业经历等创业者个人背景因素；组织层面即个人之前所处的工作环境；社会层面主要包括社会氛围、社会规范、政策环境、经济水平等[②]。随着研究的不断深入，学者们尝试通过建立创业意愿影响因素模型，以便更好地解释和预测创业意愿。其中，最早被应用到该领域的是国外学者夏皮罗（Shapero）提出的创业事件模型（Model of the Entrepreneurial Event，SEE），认为可以通过感知期望、行动倾向和感知可行性三个变量对创业意愿进行解释[③]。而较为典型的且被国内外学者广泛接受的是学者阿杰恩（Ajzen）基于计划行为理论提出的TPB模型。它由创业态度、主观规范和感知行为规范三部分组成。比较两者，SEE模型中的变量界定比TPB模型相对模糊，且有交叉。比如，TPB模型中的主观规范与SEE模型中的感知期望相似。随后学者克鲁格（Krueger）对TPB进行了修正，提出了价值期望、规范信念、自我效能感三个相应的测量维度[④]。国内学者李永强等基于TPB模型，通过对中国学生的实证研究发现，TPB模型能够解释创业意愿变异的46.9%，主观规范、创业态度和感知行为控制均与创业意愿呈正相关关系，并且主观规范、创业态度、感知行为控制到创业意愿的标准路径系数分别为：0.289、0.430和0.136[⑤]。张利

---

[①] 乐国安，张艺，陈浩. 当代大学生创业意向影响因素研究［J］. 心理学探新，2012，32（2）：146-152.

[②] 肖为群，赵延东. 科技工作者创业意愿类型及其影响因素研究［J］. 科研管理，2021，42（6）：25-31.

[③] LICHT A N, SIEGEL J I. The social dimensions of entrepreneurship［J］. Technovation，2005，25（8）：939-946.

[④] KRUEGERJR N F, REILLY M D, CARSRUD A L. Competing models of entrepreneurial intentions［J］. Journal of Business Venturing，2000，15（5）：411-432.

[⑤] 李永强，白璇，毛雨，等. 基于TPB模型的学生创业意愿影响因素分析［J］. 中国软科学，2008（5）：122-128.

利基于计划行为理论和GEM模型研究发现，新生代农民工回乡创业个人的工作年限、婚姻状况、教育背景、性别等特征变量显著影响新生代农民工回乡创业的意愿，且主观规范变量、创业态度变量、感知行为变量和外部环境变量显著影响新生代农民工回乡创业的意愿[1]。一项针对粤港澳大湾区的创业意愿研究证实，创业态度、主观规范、知觉行为控制及创业环境对内地高校港澳学生的创业意愿有显著正向影响[2]。据此，本研究提出以下假设。

H2：主观规范显著正向影响我国优秀运动员的创业意愿。

H3：创业态度显著正向影响我国优秀运动员的创业意愿。

H4：感知行为显著正向影响我国优秀运动员的创业意愿。

H5：外部环境显著正向影响我国优秀运动员的创业意愿。

## （三）创业认知与创业环境的关系

个人因素、社会环境和文化价值影响创业认知，从而进一步影响创业者的创业意愿[3]；创业自我效能、他人评价和外在评价感知会对创业认知产生影响[4]；在大学生的认知中，客观背景资源、外部宏观环境和主观能力经验对创业成功有影响，其中主观能力经验的影响最为重要显著[5]；内部（创业者的价值观、受教育程度和身心素质）、外部（政策和法律构成政治环境）信息生态环境因素会影响创业者的创业认知，且创业者认为自己掌握的资源与机会越多、阻碍越少，则对创业行为的感知越强，越能够提升对信息掌握数量、能力的认知层次[6]；大学生创业认知既有内在因素，包括个体特质、自我效能感、外在评价感知的影响，也有外在因素，包括他人评价、社会环境以及国家政策等的影响[7]。

---

[1] 张利利.青岛市新生代农民工回乡创业意愿和影响因素实证研究［D］.青岛：中国海洋大学，2012.

[2] 梁燕，王嘉茵.粤港澳大湾区建设背景下内地高校港澳学生创业意愿影响因素研究——基于培养创新型人才视角［J］.科技管理研究，2021，41（12）：149-156.

[3] 刘忠明，魏立群，Lowell B.企业家创业认知的理论模型及实证分析［J］.经济界，2003（6）：57-62.

[4] 徐小洲，叶映华.大学生创业认知影响因素与调整策略［J］.教育研究，2010，31（6）：83-88.

[5] 乐国安，张艺，陈浩.当代大学生创业意向影响因素研究［J］.心理学探新，2012，32（2）：146-152.

[6] 张秀娥，方卓，毛刚.基于信息生态学的创业认知边界研究［J］.科技进步与对策，2015，32（15）：91-97.

[7] 屈家安，刘菲.创业认知视域下大学生创业能力提升研究［J］.中国成人教育，2018（4）：66-68.

可见，创业认知受内、外部因素的影响繁多，与创业环境（主观规范、创业态度、感知行为、外部环境）交叉融合。据此，本研究提出以下假设。

H6：主观规范显著正向影响我国优秀运动员的创业认知。

H7：创业态度显著正向影响我国优秀运动员的创业认知。

H8：感知行为显著正向影响我国优秀运动员的创业认知。

H9：外部环境显著正向影响我国优秀运动员的创业认知。

## （四）创业认知在创业意愿与创业环境间的中介作用

创业环境可能通过影响创业者的认知，进而影响创业者的创业意愿。王辉等研究显示，农民工返乡的创业意愿受到其教育资本和社会资本的影响，而这个影响过程中，农民工的乡土情结和心理资本起到中介作用[1]。这其中，教育资本和社会资本属于创业环境范畴，而乡土情结和心理资本属于认知范畴。叶映华通过建立关系模型证实了个体人格特质、社会资源、先前知识、创业认知与创业意愿显著正相关，且创业认知在人格特质、社会资源和先前知识对创业意愿的影响中起到中介作用[2]。韩力争研究得出大学生对创业环境的认知不同，导致了大学生在对创业的整体把握和自信心等方面有所不同，从而影响了他们的创业态度和创业倾向[3]。牛志江研究证实创业者在创业决策过程中所表现出独特的认知方式会显著正向影响机会识别过程，并且创业效能感和控制错觉等认知方式之间的交互作用也会显著正向影响机会识别过程，此外还能通过识别机会来进一步影响个体的创业意向[4]。在企业家的决策过程中，其独特的认知风格，如企业家效能和控制幻觉，以及认知风格之间的相互作用，对机会识别过程具有非常显著的积极影响，并通过识别来进一步影响个人的创业意图。陈昀和贺远琼提出了一个创业认知研究分析框架，主要选取追根溯源的方式，基于创业认知图式、创业自我效能感、创业意愿的发展过程，反向寻找创业意愿产生的缘由。结果表明，驱动意愿的关键是态度（自我效能感），而

---

[1]王辉，朱健.农民工返乡创业意愿影响因素及其作用机制研究［J］.贵州师范大学学报（社会科学版），2021（6）：79-89.

[2]叶映华.大学生创业意向影响因素研究［J］.教育研究，2009，30（4）：73-77.

[3]韩力争.大学生创业自我效能感结构研究［D］.南京：南京师范大学，2011.

[4]牛志江.认知视角下创业意向影响机制［D］.浙州：浙江大学，2010.

个体建构知识表征的更深层次结构（认知图式）是态度形成的影响因素[①]。据此，本研究提出以下假设。

H10：创业认知在主观规范和创业意愿之间存在中介作用。

H11：创业认知在创业态度和创业意愿之间存在中介作用。

H12：创业认知在感知行为和创业意愿之间存在中介作用。

H13：创业认知在外部环境和创业意愿之间存在中介作用。

依据上文，汇总本文所有的研究假设，如表4-32所示。

表4-32 本文所提出的研究假设汇总一览

| 类别 | 研究假设 |
| --- | --- |
| 创业认知 VS 创业意愿 | H1：我国优秀运动员自主创业认知显著正向影响创业意愿 |
| 创业环境 VS 创业意愿 | H2：主观规范显著正向影响我国优秀运动员的创业意愿<br>H3：创业态度显著正向影响我国优秀运动员的创业意愿<br>H4：感知行为显著正向影响我国优秀运动员的创业意愿<br>H5：外部环境显著正向影响我国优秀运动员的创业意愿 |
| 创业环境 VS 创业认知 | H6：主观规范显著正向影响我国优秀运动员的创业认知<br>H7：创业态度显著正向影响我国优秀运动员的创业认知<br>H8：感知行为显著正向影响我国优秀运动员的创业认知<br>H9：外部环境显著正向影响我国优秀运动员的创业认知 |
| 创业认知与创业意愿 及创业环境 | H10：创业认知在主观规范和创业意愿之间存在中介作用<br>H11：创业认知在创业态度和创业意愿之间存在中介作用<br>H12：创业认知在感知行为和创业意愿之间存在中介作用<br>H13：创业认知在外部环境和创业意愿之间存在中介作用 |

---

[①] 陈昀，贺远琼.创业认知研究现状探析与未来展望[J].外国经济与管理，2012，34（12）：12-19.

根据研究假设，本研究提出的理论模型如图4-4所示。

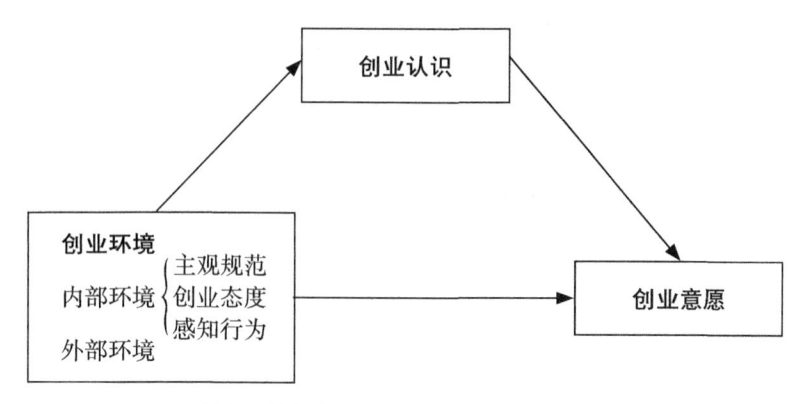

图4-4 创业环境与创业认知及创业意愿关系假设模型

## 二、相关分析

相关分析是对两个及以上变量间相关性程度的分析，通过分析判断变量间的相关性是否显著，从而初步判断研究假设的成立情况，它是进行回归分析的前提。本研究通过判断Pearson相关系数来分析我国优秀运动员自主创业认知、创业意愿、创业环境间的相关关系。判别变量间的关联程度如下：相关系数若小于0.40，为低度相关；介于0.40~0.70，为中度相关；大于0.70，为高度相关。

从表4-33可知，性别、年龄、所在省份、运动项目、运动等级、亲朋有无创业经历均与创业认知相关性显著；性别、年龄、运动项目、运动等级、运动年限、亲朋有无创业经历均与创业意愿存在相关性显著；性别、运动项目、运动等级、亲朋有无创业经历均与创业环境存在相关性显著。创业认知和创业意愿在0.01水平上相关性显著，相关系数为0.367，表明创业认知与创业意愿两者关系为低度正相关。创业环境中的内部环境、外部环境均与创业认知在0.01水平上相关性显著，相关系数依次为0.385、0.289，表明创业环境中的内部环境、外部环境均与创业认知低度正相关。创业环境中的内部环境、外部环境均与创业意愿在0.01水平上相关性显著，相关系数依次为0.564、0.252，表明创业环境中的内部环境与创业意愿中度正相关，外部环境与创业意愿低度正相关。

表4-33 创业认知与创业意愿及创业环境的相关分析结果一览

| 研究变量 | 1 | 2 | 3 | 4 | 5 | 6 | 7 | 8 | 9 | 10 | 11 |
|---|---|---|---|---|---|---|---|---|---|---|---|
| 1.性别 | 1 | | | | | | | | | | |
| 2.年龄 | 0.108** | 1 | | | | | | | | | |
| 3.所在省份 | –0.052* | –0.246** | 1 | | | | | | | | |
| 4.运动项目 | 0.073** | –0.009 | –0.339** | 1 | | | | | | | |
| 5.运动等级 | 0.090** | 0.541** | –0.038 | –0.263** | 1 | | | | | | |
| 6.运动年限 | 0.150** | 0.706** | –0.337** | –0.047 | 0.597** | 1 | | | | | |
| 7.亲朋有无创业经历 | 0.044 | –0.101** | 0.091** | –0.094** | –0.031 | –0.015 | 1 | | | | |
| 8.创业认知 | –0.106** | –0.069** | –0.112** | 0.106** | –0.118** | –0.005 | –0.149** | 1 | | | |
| 9.创业意愿 | –0.168** | –0.069** | 0.018 | 0.088** | –0.075** | –0.058** | –0.204** | 0.367** | 1 | | |
| 10.内部环境 | –0.137** | –0.047 | –0.009 | 0.093** | –0.113** | –0.077** | –0.227** | 0.385** | 0.564** | 1 | |
| 11.外部环境 | –0.086** | –0.186** | –0.092** | 0.011 | –0.199** | –0.139** | –0.085** | 0.289** | 0.252** | 0.395** | 1 |

注：**在0.01水平上相关性显著，*在0.05水平上相关性显著。

## 三、创业认知中介作用的process法分析

中介作用指的是自变量X会对因变量Y产生影响，如果自变量X通过影响变量M来影响因变量Y，则称M为中介变量[1]。中介作用检验最先沿用的是依次检验法，即层次回归分析。但是近些年随着研究的深化，中介作用检验出现了一种更新的验证方式，逐渐得到国内外学者的广泛应用。它主要是依照国外学者Hayes编制的SPSS宏（process）中的Model 4（简单的中介模型）来直接检验系数乘积的显著，即由最先的"部分中介"和"完全中介"转化为"中介效应"占比，使检验结果得到更加直观的呈现。

我国优秀运动员的性别、年龄、所在地区、运动项群、运动等级、运动年限、家庭成员或身边朋友有无创业经历这七个人口学特征均与运动员自主创业认知、创业环境以及创业意愿均有不同程度的相关。因而，本研究在使用

---

[1]温忠麟，张雷，侯杰泰，等.中介效应检验程序及其应用[J].心理学报，2004（5）：614–620.

Hayes编制的SPSS宏中的Model 4程序分析时，将其作为控制变量纳入模型，并进一步检验创业认知在创业意愿及创业环境间的中介作用。

## （一）创业认知在主观规范和创业意愿之间的中介作用分析

采用Hayes编制的SPSS宏中的Model4，在纳入性别、年龄、所在地区、运动项群、运动等级、运动年限、家庭成员或身边朋友有无创业经历这些控制变量后，对创业认知在主观规范与创业意愿之间的中介效应进行检验，结果如表4-34所示。

表4-34 创业认知在主观规范和创业意愿之间的中介作用process法分析一览

| 变量 | 创业意愿 β | t | P | 创业认知 β | t | P | 创业意愿 β | t | P |
|---|---|---|---|---|---|---|---|---|---|
| 性别 | −0.112 | −3.257 | 0.001 | −0.072 | −2.151 | 0.032 | −0.084 | −2.625 | 0.009 |
| 年龄 | −0.049 | −1.703 | 0.089 | −0.099 | −3.500 | 0.001 | −0.010 | −0.378 | 0.705 |
| 所在地区 | 0.021 | 2.386 | 0.017 | −0.025 | −3.000 | 0.003 | 0.031 | 3.833 | 0.000 |
| 运动项群 | 0.019 | 1.928 | 0.054 | 0.008 | 0.827 | 0.409 | 0.016 | 1.743 | 0.082 |
| 运动等级 | −0.002 | −0.072 | 0.943 | −0.067 | −2.516 | 0.012 | 0.025 | 0.974 | 0.330 |
| 运动年限 | 0.026 | 1.043 | 0.297 | 0.083 | 3.463 | 0.001 | −0.007 | −0.319 | 0.750 |
| 亲朋有无创业经历 | −0.122 | −3.728 | 0.000 | −0.067 | −2.093 | 0.037 | −0.096 | −3.160 | 0.002 |
| 主观规范 | 0.584 | 32.286 | 0.000 | 0.462 | 20.615 | 0.000 | 0.440 | 23.444 | 0.000 |
| 创业认知 | | | | | | | 0.396 | 16.796 | 0.000 |
| $R^2$ | 0.443 | | | 0.257 | | | 0.526 | | |
| F | 159.570 | | | 69.429 | | | 197.982 | | |

从表4-34可以看出，主观规范对创业意愿的预测作用显著（$\beta=0.584$，$t=32.286$，$P<0.001$），假设H2通过验证。当放入中介变量创业认知后，主观规范对创业意愿的直接预测作用依然显著（$\beta=0.440$，$t=23.444$，$P<0.001$）。主观规范对创业认知的正向预测作用显著（$\beta=0.462$，$t=20.615$，$P<0.001$），创业认知对创业意愿的正向预测作用也显著（$\beta=0.396$，$t=16.796$，$P<0.001$），假设H6和H1通过验证。此外，从表4-35可以看出，主

观规范对创业意愿影响的直接效应及创业认知的中介效应的Bootstrap 95%置信区间的上、下限均不包含0。表明主观规范不仅能够直接预测创业意愿，而且能够通过创业认知的中介作用间接影响创业意愿。该中介效应（0.144）和直接效应（0.440）分别占总效应（0.584）的24.67%和75.33%，假设H10通过验证。

表4-35 创业认知在主观规范和创业意愿之间的总效应、直接效应及中介效应一览

| 项目 | 效应值 | 标准误 | BootLLCI | BootULCI | 效应占比 |
|---|---|---|---|---|---|
| 创业认知的中介效应 | 0.144 | 0.016 | 0.114 | 0.177 | 24.67% |
| 直接效应 | 0.440 | 0.028 | 0.383 | 0.496 | 75.33% |
| 总效应 | 0.584 | 0.018 | 0.549 | 0.619 | |

## （二）创业认知在创业态度和创业意愿之间的中介作用分析

采用Hayes编制的SPSS宏中的Model 4，在控制性别、年龄、所在地区、运动项群、运动等级、运动年限、家庭成员或身边朋友有无创业经历这七个特征后，对创业认知在创业态度与创业意愿之间的中介效应进行检验，结果如表4-36所示。

表4-36 创业认知在创业态度和创业意愿之间的中介作用process法分析一览

| 变量 | 创业意愿 β | t | P | 创业认知 β | t | P | 创业意愿 β | t | P |
|---|---|---|---|---|---|---|---|---|---|
| 性别 | −0.126 | −3.943 | 0.000 | −0.092 | −2.716 | 0.007 | −0.092 | −3.128 | 0.002 |
| 年龄 | −0.064 | −2.408 | 0.016 | −0.109 | −3.845 | 0.000 | −0.025 | −0.990 | 0.322 |
| 所在地区 | 0.006 | 0.679 | 0.497 | −0.033 | −3.841 | 0.000 | 0.018 | 2.340 | 0.019 |
| 运动项群 | 0.019 | 2.038 | 0.042 | 0.010 | 1.011 | 0.312 | 0.015 | 1.785 | 0.074 |
| 运动等级 | 0.002 | 0.096 | 0.924 | −0.069 | −2.530 | 0.012 | 0.027 | 1.165 | 0.244 |
| 运动年限 | −0.004 | −0.165 | 0.869 | 0.067 | 2.763 | 0.006 | −0.028 | −1.338 | 0.181 |
| 亲朋有无创业经历 | −0.056 | −1.840 | 0.066 | −0.048 | −1.485 | 0.138 | −0.039 | −1.370 | 0.171 |
| 创业态度 | 0.672 | 38.389 | 0.000 | 0.363 | 19.515 | 0.000 | 0.539 | 30.058 | 0.000 |
| 创业认知 | | | | | | | 0.365 | 16.861 | 0.000 |
| $R^2$ | 0.521 | | | 0.240 | | | 0.593 | | |
| F | 218.248 | | | 63.561 | | | 259.760 | | |

从表4-36可以看出，创业态度对创业意愿的预测作用显著（$\beta=0.672$，$t=38.389$，$P<0.001$），假设H3通过验证。当放入创业认知中介变量后，创业态度对创业意愿的直接预测作用依然显著（$\beta=0.539$，$t=30.058$，$P<0.001$）。创业态度对创业认知的正向预测作用显著（$\beta=0.363$，$t=19.515$，$P<0.001$），创业认知对创业意愿的正向预测作用也显著（$\beta=0.365$，$t=16.861$，$P<0.001$），假设H7通过验证。此外，从表4-37可以看出，创业态度对创业意愿影响的直接效应及创业认知的中介效应的Bootstrap 95%置信区间的上、下限均不包含0，表明创业态度不仅能够直接预测创业意愿，而且能够通过创业认知的中介作用间接影响创业意愿。该中介效应（0.132）和直接效应（0.539）分别占总效应（0.671）的19.73%和80.37%，假设H11通过验证。

表4-37 创业认知在创业态度和创业意愿之间的总效应、直接效应及中介效应一览

| 项目 | 效应值 | 标准误 | BootLLCI | BootULCI | 效应占比 |
| --- | --- | --- | --- | --- | --- |
| 创业认知的中介效应 | 0.132 | 0.016 | 0.104 | 0.165 | 19.73% |
| 直接效应 | 0.539 | 0.021 | 0.321 | 0.402 | 80.37% |
| 总效应 | 0.671 | 0.017 | 0.637 | 0.706 | |

## （三）创业认知在感知行为和创业意愿之间的中介作用分析

采用Hayes编制的SPSS宏中的Model 4，在控制性别、年龄、所在地区、运动项群、运动等级、运动年限、家庭成员或身边朋友有无创业经历这七个特征后，对创业认知在感知行为与创业意愿之间的中介效应进行检验，结果如表4-38所示。

表4-38 创业认知在感知行为和创业意愿之间的中介作用process法分析一览

| 变量 | 创业意愿 $\beta$ | $t$ | $p$ | 创业认知 $\beta$ | $t$ | $p$ | 创业意愿 $\beta$ | $t$ | $p$ |
| --- | --- | --- | --- | --- | --- | --- | --- | --- | --- |
| 性别 | −0.178 | −4.961 | 0.000 | −0.095 | −3.072 | 0.002 | −0.140 | −4.150 | 0.000 |
| 年龄 | −0.053 | −1.762 | 0.078 | −0.095 | −3.643 | 0.000 | −0.016 | −0.551 | 0.582 |
| 所在地区 | 0.020 | 2.238 | 0.025 | −0.027 | −3.483 | 0.001 | 0.031 | 3.629 | 0.000 |
| 运动项群 | 0.039 | 3.767 | 0.000 | 0.020 | 2.150 | 0.032 | 0.032 | 3.222 | 0.001 |

(续表)

| 变量 | 创业意愿 β | t | p | 创业认知 β | t | p | 创业意愿 β | t | p |
|---|---|---|---|---|---|---|---|---|---|
| 运动等级 | −0.012 | −0.418 | 0.676 | −0.067 | −2.684 | 0.007 | 0.014 | 0.527 | 0.598 |
| 运动年限 | 0.022 | 0.855 | 0.393 | 0.080 | 3.604 | 0.000 | −0.010 | −0.395 | 0.693 |
| 亲朋有无创业经历 | −0.200 | −5.879 | 0.000 | −0.088 | −2.996 | 0.003 | −0.165 | −5.151 | 0.000 |
| 感知行为 | 0.572 | 28.302 | 0.000 | 0.477 | 27.253 | 0.000 | 0.384 | 16.721 | 0.000 |
| 创业认知 |  |  |  |  |  |  | 0.394 | 14.533 | 0.000 |
| $R^2$ |  | 0.387 |  |  | 0.357 |  |  | 0.458 |  |
| $F$ |  | 126.724 |  |  | 111.696 |  |  | 150.838 |  |

从表4-38可以看出，感知行为对创业意愿的预测作用显著（$\beta=0.572$，$t=28.302$，$P<0.001$），假设H4通过验证。当放入中介变量后，感知行为对创业意愿的直接预测作用依然显著（$\beta=0.384$，$t=16.721$，$P<0.001$）。感知行为对创业认知的正向预测作用显著（$\beta=0.477$，$t=27.253$，$P<0.001$），创业认知对创业意愿的正向预测作用也显著（$\beta=0.394$，$t=14.533$，$P<0.001$），假设H8通过验证。此外，从表4-39可以看出，感知行为对创业意愿影响的直接效应及创业认知的中介效应的Bootstrap 95%置信区间的上、下限均不包含0，表明感知行为不仅能够直接预测创业意愿，而且能够通过创业认知的中介作用间接影响创业意愿。该中介效应（0.188）和直接效应（0.384）分别占总效应（0.572）的32.82%和67.18%，假设H12通过验证。

表4-39 创业认知在感知行为和创业意愿之间的总效应、直接效应及中介效应一览

| 项目 | 效应值 | 标准误 | BootLLCI | BootULCI | 效应占比 |
|---|---|---|---|---|---|
| 创业认知的中介效应 | 0.188 | 0.021 | 0.147 | 0.230 | 32.82% |
| 直接效应 | 0.384 | 0.021 | 0.435 | 0.518 | 67.18% |
| 总效应 | 0.572 | 0.020 | 0.533 | 0.612 |  |

## （四）创业认知在外部环境和创业意愿之间的中介作用分析

采用Hayes编制的SPSS宏中的Model 4，在控制性别、年龄、所在地区、运动项群、运动等级、运动年限、家庭成员或身边朋友有无创业经历这七个特征上对创业认知在外部环境与创业意愿之间的中介效应进行检验，结果如表4-40所示。

表4-40　创业认知在外部环境和创业意愿之间的中介作用process法分析一览

| 变量 | 创业意愿 β | t | p | 创业认知 β | t | p | 创业意愿 β | t | p |
|---|---|---|---|---|---|---|---|---|---|
| 性别 | -0.220 | -5.624 | 0.000 | -0.127 | -3.864 | 0.000 | -0.155 | -4.366 | 0.000 |
| 年龄 | -0.004 | -0.123 | 0.902 | -0.049 | -1.740 | 0.082 | 0.021 | 0.693 | 0.488 |
| 所在地区 | 0.055 | 5.511 | 0.000 | 0.004 | 0.420 | 0.674 | 0.053 | 5.903 | 0.000 |
| 运动项群 | 0.069 | 6.022 | 0.000 | 0.046 | 4.773 | 0.000 | 0.046 | 4.362 | 0.000 |
| 运动等级 | 0.026 | 0.808 | 0.419 | -0.030 | -1.142 | 0.254 | 0.041 | 1.439 | 0.150 |
| 运动年限 | 0.021 | 0.753 | 0.452 | 0.079 | 3.360 | 0.001 | -0.019 | -0.767 | 0.443 |
| 亲朋有无创业经历 | -0.252 | -6.835 | 0.000 | -0.126 | -4.066 | 0.000 | -0.188 | -5.602 | 0.000 |
| 外部环境 | 0.479 | 20.351 | 0.000 | 0.435 | 22.000 | 0.000 | 0.256 | 10.562 | 0.000 |
| 创业认知 |  |  |  |  |  |  | 0.513 | 19.133 | 0.000 |
| $R^2$ |  | 0.269 |  |  | 0.278 |  |  | 0.405 |  |
| $F$ |  | 74.104 |  |  | 77.280 |  |  | 121.497 |  |

从表4-40可以看出，外部环境对创业意愿的预测作用显著（$\beta=0.479$，$t=20.351$，$P<0.001$），假设H5通过验证。且当放入中介变量后，外部环境对创业意愿的直接预测作用依然显著（$\beta=0.256$，$t=10.562$，$P<0.001$）。外部环境对创业认知的正向预测作用显著（$\beta=0.435$，$t=22.000$，$P<0.001$），创业认知对创业意愿的正向预测作用也显著（$\beta=0.513$，$t=19.133$，$P<0.001$），假设H9通过验证。此外，从表4-41可以看出，外部环境对创业意愿影响的直接效应及创业认知的中介效应的Bootstrap 95%置信区间的上、下限均不包含0，表明外部环境不仅能够直接预测创业意愿，而且能够通过创业认知的中介作用间接影响创业意愿。该中介效应（0.223）和直接效应（0.256）分别占总效应（0.479）的46.56%和53.44%，假设H13通过验证。

表4-41　创业认知在外部环境和创业意愿之间的总效应、直接效应及中介效应一览

| 项目 | 效应值 | 标准误 | BootLLCI | BootULCI | 效应占比 |
| --- | --- | --- | --- | --- | --- |
| 创业认知的中介效应 | 0.223 | 0.023 | 0.180 | 0.271 | 46.56% |
| 直接效应 | 0.256 | 0.024 | 0.208 | 0.303 | 53.44% |
| 总效应 | 0.479 | 0.024 | 0.433 | 0.525 | |

通过上述数据结果分析，本研究所提出的研究假设全部得以验证，现汇总如表4-42所示。

表4-42　研究假设检验汇总一览

| 研究假设 | 检验结果 |
| --- | --- |
| H1：我国优秀运动员自主创业认知显著正向影响创业意愿 | 通过 |
| H2：主观规范显著正向影响我国优秀运动员的创业意愿 | 通过 |
| H3：创业态度显著正向影响我国优秀运动员的创业意愿 | 通过 |
| H4：感知行为显著正向影响我国优秀运动员的创业意愿 | 通过 |
| H5：外部环境显著正向影响我国优秀运动员的创业意愿 | 通过 |
| H6：主观规范显著正向影响我国优秀运动员的创业认知 | 通过 |
| H7：创业态度显著正向影响我国优秀运动员的创业认知 | 通过 |
| H8：感知行为显著正向影响我国优秀运动员的创业认知 | 通过 |
| H9：外部环境显著正向影响我国优秀运动员的创业认知 | 通过 |
| H10：创业认知在主观规范和创业意愿之间存在中介作用 | 通过 |
| H11：创业认知在创业态度和创业意愿之间存在中介作用 | 通过 |
| H12：创业认知在感知行为和创业意愿之间存在中介作用 | 通过 |
| H13：创业认知在外部环境和创业意愿之间存在中介作用 | 通过 |

## 第六节　分析与讨论

### 一、研究工具的有效性讨论

我国优秀运动员自主创业认知量表是基于社会认知理论并借鉴学者米歇尔

（Mitchell）等和方卓以及牛志江等人成熟量表基础上所设计的。自主创业认知初始量表的内部一致性系数为0.929，经四次探索性因子分析后，剩余19道因子载荷均在0.56以上的测量题项，且它们被包含在要素认知、风险认知、能力认知三个维度中，初步表明自主创业认知量表具有较好的信度和效度。再经验证性因子分析发现，各项模型适配度均达到模型可接受的标准，更加表明了该量表具有较好的结构效度。因此，可以认定本研究设计的自主创业认知量表能够适用于测量我国优秀运动员的自主创业认知程度。

我国优秀运动员自主创业意愿量表是在借鉴学者汤普森（Thompson）等成熟量表基础上所设计的单维度量表。自主创业意愿量表的内部一致性系数为0.915，经一次探索性因子分析发现，自主创业意愿量表七道测量题项的因子载荷均达到0.75以上，初步表明自主创业意愿量表具有较好的信度和效度。再经验证性因子分析发现，各项模型适配度均达到模型可接受的标准，更加表明了该量表结构效度的适切性和真实性较佳。因此，本研究设计的单维度的自主创业意愿量表能够作为测量我国优秀运动员自主创业意愿的有效工具。

我国优秀运动员自主创业环境量表是基于计划行为理论，结合GEM模型设计而成的。自主创业环境初始量表的内部一致性系数为0.949，经四次探索性因子分析后，剩余24道因子载荷均在0.50以上的测量题项，且它们被包含在主观规范、创业态度、感知行为、外部环境四个维度中，初步表明自主创业环境量表具有较好的信度和效度。再经验证性因子分析发现，各项模型适配度均达到模型可接受的标准，更加表明该量表结构效度的适切性和真实性较佳。因此，本研究设计的我国优秀运动员自主创业环境量表能够作为测量我国优秀运动员自主创业环境的有效工具。

## 二、创业意愿在不同统计学特征上的平均数差异性讨论

从性别特征看，男运动员的创业意愿要显著高于女运动员，这与现有的创业性别差异研究结果相一致。究其原因，主要是受到社会性别观念和现代性的交友特质影响[1]。对于女性来说，她们不仅需要面临男性化的创业规范，还需要应对女性身份代表的社会期望，正是规范与期望之间的不协调导致中国女性

---

[1] 龙静，苏湘. 男性是否更适合创业：创业领域的性别差异问题研究[J]. 扬州大学学报（人文社会科学版），2020，24（3）：88-101.

的创业意愿要显著低于男性[1]。而从全球范围来看，女性创业比例连续增长，增长速度甚至超过男性。据统计，仅从2014年到2016年，全球女性创业活动就增长了10%[2]。因此，对于我国运动员来说，重点提升女运动员的创业认知与意愿是一项崭新课题。

从年龄特征看，16岁以下运动员的创业意愿显著高于16岁以上运动员，而16岁以上各年龄段运动员创业意愿无显著差异。本文认为，这主要与我国运动员的创业认知程度有关。实证研究表明，20岁之前个体的认知能力会随着年龄的增长而发展[3]。当运动员年龄偏低时极易产生认知偏差，这可能会为其创业思维过程和创业决策提供认知捷径，降低创业风险感知，从而提升创业意愿。因此创业认知水平较低的个体反而会因为对自己能力水平的高估而具有较高的创业意向[4]。此外，现有研究显示，无论是农民群体还是大学生群体，都有其创业"黄金期"[5][6]，因此，今后我们要积极探索聚焦运动员的创业"黄金期"，为退役优秀运动员的成功创业提供更加"精准"的服务。

从所在地区特征看，华中、东北地区的运动员创业意愿显著低于华东、华南、华北、西北、西南地区的运动员。究其原因，可能是由于创业意愿作为一种主观心理活动，非常容易受到创业大环境熏陶。《全球创业观察2017/2018中国报告》显示，北京、上海、天津、广东、浙江和江苏六省市每万名成年人在过去三年中新增的私营企业数量较其他地区显著，造成创业活动区域差异的主要因素是创业文化氛围、产业结构变化、人力资本和技术发展水平[7]，因此以这些省

---

[1] 李赋薇，杨俊.女性创业者身份认同策略选择及其行为影响：理论模型与未来议题[J].外国经济与管理，2020，42（12）：17-29.

[2] 全球创业观察.全球女性创业活动繁荣发展，但需要有针对性的支持[EB/OL].[2018-11-14]. https://www.prnasia.com/story/229196-1.shtml.

[3] 杨碧秀，王志强，曹磊明，等.认知能力发展与年龄的关系[J].临床精神医学杂志，2015（5）：316-318.

[4] 胡望斌，焦康乐，张亚会.创业认知能力：概念、整合模型及研究展望[J].外国经济与管理，2019，41（10）：125-140.

[5] 郑秀芝，邱乐志，张益丰.农民创业绩效影响因素分析和实证检验[J].统计与决策，2019，35（15）：109-111.

[6] 汪梦姗，伍银多，丁小浩.何时创业好？——毕业到创业的间隔时间对企业生存状况的影响[J].教育与经济，2019（2）：28-36；87.

[7] 清华大学二十国集团创业研究中心.全球创业观察2017—2018中国报告发布[EB/OL].[2018-11-24]. https://www.sohu.com/a/277488650_641792.

市为代表的华东、华南、华北地区运动员创业意愿高也在情理之中。西北、西南地区在国家西部大开发等政策影响下，重点区域和重点产业的发展达到新水平，创业扶持力度也在不断增强，这也可能导致运动员的创业意愿较高。而东北地区和华中地区作为全国重要的老牌工业和农业基地，创业环境、氛围等可能相对没有其他地区浓厚，导致运动员的创业意愿较其他地区低。此外，运动员产生的创业意愿也会与当地政府、体育部门、体育院校等开展的创业宣传、教育情况有关。

从运动项群特征看，各项群之间不具有显著性差异。究其原因，可能是在国家"双创"战略以及"全民健身"战略的影响下，运动员的创业热情得到了很好的激发[1]。不仅社会化程度高的诸如篮、排、足、乒、网、羽等技能主导类对抗性项群运动员创业意愿较高，而且体能类项群（田径、游泳、滑雪等）和技能类表现性项群（体操、跳水、武术、蹦床等）运动员也具有较高创业意愿。再加上体操运动员陈一冰、冰雪运动员庞清和佟健等冠军运动员成功创业的激励示范，以及国家体育总局退役运动员创业孵化基地的建设引领，许多社会化程度不高项目的运动员创业意愿高涨也在情理之中。

从运动等级和运动年限特征看，二级、一级运动员创业意愿显著高于健将及以上运动员，运动年限在10年及以上的运动员创业意愿显著低于1~3年、4~6年以及7~9年的。运动年限越长，往往运动等级越高，根据国家现行退役运动员安置政策，健将及以上级别运动员退役后较一级、二级运动员的出路更广，包括入学深造、高校教师、省市级以上教练、事业单位安置等，再加上运动年限长的运动员伤病也会随之增多，因此，运动年限长、运动等级高的运动员可能更愿意选择一条平稳的退役安置出路，而不会轻易选择自主创业。

从家庭成员或身边朋友有无创业经历特征看，家庭成员或身边朋友有创业经历的运动员创业意愿显著高于家庭成员或身边朋友无创业经历的运动员。这也与最近的一项针对大学生创业的研究结果相一致，该研究指出家庭成员或朋友的创业经历会显著影响大学生返乡创业的意愿[2]。这可以用创业自我效能理论来解释。创业自我效能是指创业者在特定环境下对自己能否成功创业的主观

---

[1] 冠军基金.重磅|中国运动员创业现状与需求调查报告发布［EB/OL］.［2017-11-23］.https：//www.sohu.com/a/206173027_505467.
[2] 赵雪梅.大学生返乡电商创业意愿的影响因素分析——基于农村创业环境视角［J］.商业经济研究，2021（7）：103-106.

判断、自我认知和自信程度[1],它能够显著预测个体的创业意愿[2][3],而与自己水平相当的他人成功创业的"替代性经验"能够显著提高创业者的自我效能,因而家庭成员或身边朋友有创业经历的比无创业经历的运动员具有更浓厚的创业意愿。

### 三、创业认知与创业意愿的关系讨论

依据前文分析结果显示,创业认知与创业意愿在0.01水平上相关性显著,创业认知显著正向影响创业意愿,假设H1成立,表明我国优秀运动员自主创业认知程度越高,则其创业意愿越强烈。创业认知由要素认知、能力认知以及风险认知三个因素组成,要素认知是个体知觉的对人力、物力、财力及信息等创业资源的掌控能力,能力认知是个体知觉的是否具备创业所需的自身知识结构(基础知识、技术技能等),风险认知是个体在创业前后面对外部因素依照先前经验所做出的判断过程。

实证研究发现,我国优秀运动员自主创业认知程度与创业意愿情况处于中等偏上水平。近年来,国家"一包到底"的组织安置模式逐渐淡化,不再完全覆盖退役运动员的安置,而是政府帮扶与个体选择双轨并行,逐步实现退役运动员的再就业,从体育系统内向社会各行业延伸,呈现多样化、市场化、社会化的态势。同时在"大众创业、万众创新"的新时代背景影响下,我国优秀运动员根据政策、环境等的变化,退役后对未来职业有了更多的考虑与抉择,开始有意识地接触创业、了解创业,不断加强个体对自身所拥有或即将能够拥有的创业资源、知识、技术技能的判断与评定,增强个体对创业外部可能存在风险的识别能力,从而使创业意愿不断提升。该研究结果也与其他领域研究结果相一致。一项针对我国大学生创业意愿的研究结果显示,通过双创竞赛的举办,使大学生在持续备赛、参赛的过程中,提升了自身的创业认知,进而提高

---

[1] KICKUL J, WILSON F, D MARLINO, et al. Are misalignments of perceptions and self-efficacy causing gender gaps in entrepreneurial intentions among our nation's teens? [J]. Journal of Small Business & Enterprise Development, 2008, 15(2): 321-335.

[2] MCGEE J E, PETERSON M, MUELLER S L, et al. Entrepreneurial self-Efficacy: Refining the measure [J]. Entrepreneurship Theory & Practice, 2010, 33(4): 965-988.

[3] 闫昱新. 退役运动员成就动机与创业意向的关系 [D]. 天津:天津体育学院,2020.

了大学生毕业后的创业意愿[1]。这也启示我们要多举办面向运动员的创新创业竞赛，在竞赛活动中展示新时代运动员的风采，提升运动员的创业认知，增强运动员的创业意愿。

### 四、创业环境与创业意愿的关系讨论

实证研究结果显示，主观规范、创业态度、感知行为及外部环境均与创业意愿在0.01水平上相关性显著，且创业态度、主观规范、感知行为显著正向影响创业意愿，即假设H2、H3、H4成立。主观规范是运动员在决定是否采取创业行为时所感受到的社会压力，运动员在选择创业时感受的社会压力越小，其创业意愿就会越高；创业态度是运动员准备采取创业行为的积极或消极程度，运动员创业态度越积极，其创业意愿也就越强烈；感知行为是运动员所能感知的对创业行为风险的掌控能力，运动员感知的对创业风险掌控能力越大，其创业意愿也就越高。该研究结果表明，TPB能够很好地解释我国运动员的创业意愿，运动员的创业意愿主要受到内部因素的影响。这也与其他领域的研究成果相一致。已有研究表明，TPB能够较好地解释中国情境下不同群体的创业意愿。比如，通过对中国大学生群体的研究发现，TPB模型能够解释创业意愿变异的46.9%，创业态度、主观规范及感知行为均对创业意愿有显著正相关关系[2]；此外，TPB对农民工回乡创业意愿[3]、高校教师离职创业意愿[4]等同样具有较好的解释力。

外部环境对创业意愿呈显著正向影响，假设H6成立。创业外部环境的重要性不言而喻，一项针对大学生村官创业意愿的研究显示，创业环境是影响大学生创业意愿最重要的外部因素[5]。此外，针对运动员的研究同样显示，外部环境（国家创业政策、资金、设施、家庭、社会、市场等）越有利，越能促进

---

[1] 章曼娜，王佳桐，阚明坤. 双创竞赛提升了高职学生的创业意愿吗？——基于认知灵活性和创业警觉性视角的实证研究[J]. 职业技术教育，2022，43（5）：75-80.

[2] 李永强，白璇，毛雨，等. 基于TPB模型的学生创业意愿影响因素分析[J]. 中国软科学，2008（5）：122-127.

[3] 张利利. 青岛市新生代农民工回乡创业意愿和影响因素实证研究[D]. 青岛：中国海洋大学，2012.

[4] 朱永跃，欧阳晨慧，白光林. 基于TPB的高校教师离岗创业行为意愿影响因素实证研究[J]. 科技进步与对策，2017，34（24）：131-136.

[5] 郭金丰. 大学生村官创业意向影响因素的实证分析[J]. 江西社会科学，2018，38（3）：225-232.

运动员创业意愿的提升[①]。然而由于运动员是一个相对封闭的群体,这就可能导致其对创业的外部环境,比如金融支持、政府政策、扶持项目、研究开发转移、商务环境、市场行情以及基础设施建设状况等知之甚少,因此,加强运动员的创业教育就显得尤为关键。但是就目前而言,运动员的创业教育是缺失的[②],其实不仅是运动员群体,最近的一项调查结果显示,大学生的创业教育也远未达到理想成效[③]。因此,加强运动员的创业教育,满足新时代运动员创业的个性化需求,提升运动员对创业外部环境的理解和认知势在必行。

### 五、创业环境与创业认知的关系讨论

依据前文分析结果显示,创业环境中的内部环境、外部环境不仅均与创业认知在0.01水平上相关性显著,且创业环境中的主观规范、创业态度、感知行为、外部环境均显著正向影响创业认知,即我国优秀运动员在决定是否采取自主创业行为时所感受到的各界压力对于创业认知具有重要影响;我国优秀运动员采取自主创业行为时的积极或消极程度对于创业认知具有重要影响;我国优秀运动员对自主创业行为所能感受到的掌控能力对于创业认知具有重要影响;是否具备利于创业的条件对于创业认知具有重要影响,假设H6、H7、H8、H9均成立。这可以解释为创业个体认为自身根本没有能力解决创业过程中的各种问题,承受着巨大的压力且态度消极是不太会选择去创业的,而运动员个体在心理内部环境压力小、负担轻的情况下,更会积极地考虑自主创业,且能够最大程度地发挥出自身的主观能动性,自觉地去学习认知创业过程中的要素与环节,不断地学习创业知识,加强创业的关键能力,主动向周围有创业经历的人了解创业活动并从中得到启发,并且努力地去了解、熟悉自主创业的政策、资源、资金等外部环境,并为之所用。

社会认知理论认为,个体的社会认知功能是由个体心理、个体行为及外

---

[①] 任荣伟,康涛.我国退役运动员就业创业研究——基于创业机会理论的视角[J].技术经济与管理研究,2019(12):35–40.

[②] 杨尚剑,马帅星.我国退役运动员创业支持体系研究——基于退役军人创业支持体系解构[J].体育文化导刊,2020(8):41–47.

[③] 刘海宁,刘畅,方园.高校工科毕业生创业驱动影响因素研究:基于定性比较分析的方法[J].现代教育管理,2021(3):36–43.

部环境之间的共同作用而形成的,个体认知是环境作用的产物[1]。因此,本研究认为,个体心理属于内部环境,外部环境是由金融支持、政府政策、扶持项目、研究开发转移、商务环境、市场行情以及基础设施建设状况等构成,运动员创业的内部和外部环境能够对运动员的创业认知产生影响。这也与现有的研究结果相一致,胡望斌等的研究指出,创业认知受到个体层面、组织层面以及环境层面三者的影响[2],其中个体层面主要指的是个体的内部环境,环境层面即为个体创业的外部环境,个体层面和环境层面通过创业学习来影响创业者的创业认知(图4-5)。

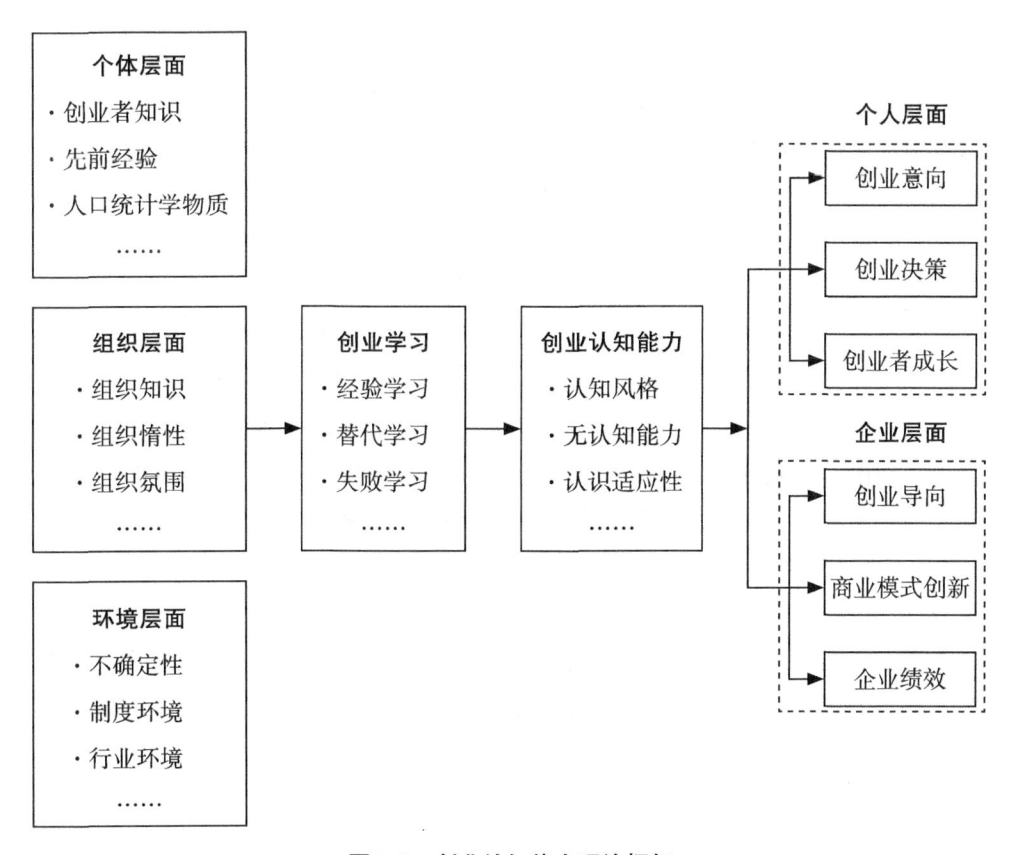

**个体层面**
· 创业者知识
· 先前经验
· 人口统计学物质
……

**组织层面**
· 组织知识
· 组织惰性
· 组织氛围
……

**环境层面**
· 不确定性
· 制度环境
· 行业环境
……

**创业学习**
· 经验学习
· 替代学习
· 失败学习
……

**创业认知能力**
· 认知风格
· 无认知能力
· 认识适应性
……

**个人层面**
创业意向
创业决策
创业者成长

**企业层面**
创业导向
商业模式创新
企业绩效

图4-5 创业认知能力理论框架

---

[1] BANDURA A. social cognitive theory of mass communication [J]. Media Psychology, 2001, 3(3): 265-299.
[2] 胡望斌, 焦康乐, 张亚会. 创业认知能力: 概念、整合模型及研究展望 [J]. 外国经济与管理, 2019, 41(10): 125-140.

## 六、创业认知的中介作用讨论

研究结果显示，创业认知是主观规范与创业意愿、创业态度与创业意愿、感知行为与创业意愿、外部环境与创业意愿间的中介变量，假设H10、H11、H12、H13均成立。说明创业环境（主观规范、创业态度、感知行为、外部环境）不仅直接对创业意愿产生影响，而且可以通过创业认知对创业意愿间接产生影响。究其缘由，主观规范、创业态度、感知行为这些内在环境因素能使我国优秀运动员体会到外在的压力，意识到自主创业的情绪，了解到采取自主创业行为前所能感受到的掌控能力，同时这些又能够最大程度地调动我国优秀运动员的主观能动性，自觉地去学习与认知创业过程中的要素与环节，进一步增强我国优秀运动员自主创业的意愿。即我国优秀运动员在无外界压力、创业态度积极、自我感觉有能力掌握创业过程中的各种问题和拥有利于创业的外部条件时，会更主动地提高自主创业认知，进而表现出更浓厚的创业意愿。这也与现有的一些研究成果相一致。一项针对乡村振兴背景下农户创业的研究显示，政府通过制定政策、法规、制度等（外部环境），能够影响农户的创业认知，进而影响其创业意愿[1]。另有一项针对大学科研人员创业的研究显示，制度环境通过影响大学科研人员创业的自我效能，进而影响其创业意愿[2]，而根据社会认知理论，自我效能属于认知的范畴，因此本研究也验证了该研究成果。此外，国外的一项研究显示，通过创业教育获得的创业认知，在主观规范、创业态度、感知行为与创业意愿的关系之间起到重要作用，而这其中创业态度的培养至关重要，并且该研究强调，对于创业态度的培养应该在儿童和青少年阶段[3]，这也启示我们对于运动员创业态度的培养要趁早，最好贯穿运动员整个运动生涯，而非把注意力仅放在运动员退役前的简单培训。

---

[1] 于丽卫, 孔荣. 政府规制如何影响农户绿色创业意愿？——基于有调节的中介效应模型[J]. 干旱区资源与环境, 2022, 36（4）: 8-14.

[2] 鞠伟, 周小虎. 学术创业与制度环境——制度激励下的大学科研人员创业意愿实证研究[J]. 南京社会科学, 2021（4）: 41-50.

[3] MAES J, LEROY H, SELS L. Gender differences in entrepreneurial intentions: A TPB multi-group analysis at factor and indicator level[J]. European Management Journal, 2014, 32（5）: 784-794.

## 本章小结

在"大众创业、万众创新"的新时代背景下，创业可以说是运动员的另一片赛场，是新时代给予运动员退役后的一种新选择。那么，我国优秀运动员的创业认知程度如何？自主创业意愿情况怎样？创业环境、创业认知与创业意愿的关系如何？这些问题正是笔者力图通过本研究去了解的。为此，本研究以我国优秀运动员自主创业意愿现状及其与创业环境、创业认知之间的关系为研究重点，基于社会认知理论和计划行为理论，结合GEM模型，设计出了我国优秀运动员自主创业认知与创业意愿及创业环境量表，通过描述性统计分析了解了我国优秀运动员自主创业认知与创业意愿情况，通过平均数差异检验探讨了包括性别、年龄、所在地区、运动项群、运动年限、家庭成员或身边朋友有无创业经历这七个特征在内的我国优秀运动员自主创业认知与创业意愿的差异情况，通过相关分析与回归分析等检验了提出的研究假设与研究模型，并从中得到了一些具有启发意义的实证结论。

①本研究设计的自主创业认知量表包含要素认知、风险认知、能力认知三个维度，共19道测量题项；自主创业意愿量表包含一个维度，共七道测量题项；自主创业环境量表包含主观规范、创业态度、感知行为、外部环境四个维度，共24道测量题项，均具有良好的信度和效度，可以作为测量我国优秀运动员自主创业认知与创业意愿及创业环境的心理学工具。

②我国优秀运动员自主创业认知程度与创业意愿情况总体处于中等偏上水平，并且我国优秀运动员自主创业认知与创业意愿在统计学特征上存在显著性差异。

③我国优秀运动员感知的外界压力越小、创业态度越积极、掌控能力越强，创业条件越有利，其自主创业认知与创业意愿越高；同时我国优秀运动员自主创业认知程度越高，越有利于创业意愿的提升；创业认知在创业环境对创业意愿的影响路径中起到中介作用。

# 第五章

# 基于CAS理论的我国退役优秀运动员自主创业系统的演化

在第四章中，本研究对我国优秀运动员自主创业意愿的现状及其与创业环境、创业认知之间的关系进行了详细的研究，对运动员创业意愿现状和机制有了一个比较清晰的把握。那么，当优秀运动员退役后选择自主创业活动，其创业活动究竟是如何开展？自主创业系统内部有什么样的演化机制？本章将以退役优秀运动员创业主体的"学习行为"为逻辑起点，分析解释我国退役优秀运动员自主创业的演化过程。针对传统研究范式在退役优秀运动员自主创业演化过程中的局限性，从运动员的自主创业特点出发，按照CAS理论"自下而上"的研究范式，对自主创业系统内主体"适应性造就复杂性"的行为特点进行刻画。采用Agent建模方法与Repast仿真平台建立基于主体的仿真实验模型，通过仿真模拟展示退役优秀运动员自主创业系统的演化过程，为探究现实情境下的运动员创业活动提供理论依据与方法借鉴。

## 第一节 我国退役优秀运动员自主创业主体行为的理论阐释

### 一、退役优秀运动员自主创业主体的构成

创业不是运动员片面的、单一的主体活动，创业活动的主体处于复杂的政策、制度、社会及市场环境中，具备复杂性特点。那么，运动员的创业除了自身主体的学习行为外，还应涵盖哪些主体参与呢？三螺旋理论认为创业者的创业支持包含政府、社会、学校三大主体[1]，政府为创业提供政策支持引领，营造一种良好的创业环境与氛围；社会提供创业技能实践平台，提供服务、资金等支持；学校建立完整的创业培养体系，提供知识创新，并着力培养创业者的

---

[1] ETZKOWITZ, HENRY. Innovation in innovation: The triple helix of university-industry-government relations [J]. Social Science Information, 2003, 42 (3): 293-337.

创业能力、创业技巧及提高创业者的创业素质等，提升创业成功率。政府、社会、学校三大主体之间共同作用、交互扶持，相互迭交，共同推动创新创业发展。国发〔2015〕32号《国务院关于大力推进大众创业万众创新若干政策措施的意见》指出，应从创业制度、财政税收、金融服务、融资模式、知识产权保护以及人才培养等方面着手[1]，支持广大创业者实现成功创业，这也充分证实了政府、社会及学校三大主体的重要作用。

除此之外，本研究认为我国退役优秀运动员的自主创业行为还应当包括运动员的家庭主体。运动员退役后回归家庭，家庭对其创业的态度，提供的物质、资金，以及社会资本等方面的帮助，对于运动员创业的重要性不言而喻。黄谦等指出，家庭支持是提升退役优秀运动员职业转换自信心的必要条件[2]，父母的职业、受教育程度以及社会关系能够显著影响运动员退役后的就业质量[3]。基于此，我国退役优秀运动员自主创业应该涵盖政府、学校、家庭、社会以及运动员自身五大主体。其中，退役优秀运动员自身是"学习行为"的主体，政府、社会、学校和家庭都是外部环境主体和利益相关者。对于本系统内的研究主体不能使用同一标准进行划分，需根据现实情况设置不同类型的主体的属性、行为规则等，进而开展相关研究。本研究从功能视角对运动员创业系统主体进行简单阐释。

（1）政府。各级人民政府是政策的制定部门，政策辐射到创业的各个方面，没有政府政策的有力支持，创业活动只能流于形式。

（2）社会。创业实践活动的举办和开展与良好的经济社会条件有着密切的联系，社会可为退役优秀运动员创业提供创业孵化、资金支持及创业服务。此外，全社会形成一种"我创业，我光荣"的共识和氛围，有利于广大退役优秀运动员积极参与到创业这个伟大的事业中，实现自己人生的目标和价值。

（3）学校。通过多种创业课程的设立，激发退役优秀运动员的创业意愿，促使其掌握创业知识技能，培养其创业能力，提高其创业成功率。

---

[1]国务院.国务院关于大力推进大众创业万众创新若干政策措施的意见［EB/OL］.［2015-06-16］.http://politics.people.com.cn/n/2015/0616/c1001-27162352.html.

[2]黄谦，熊优，崔书琴，等.社会支持、退役准备与运动员退役应对积极性［J］.体育学研究，2021，35（3）：19-29；39.

[3]邹德新，姜翀.退役运动员就业质量影响因素的实证研究［J］.体育学研究，2021，35（3）：11-18.

（4）家庭。良好的家庭氛围以及提供的有力创业支持是影响退役优秀运动员选择创业的重要原因，家庭方面物质与精神的支持是创业项目成功实施的源动力。可见有了家庭在创业过程中强有力的支持，退役优秀运动员才会将坚定的信念和无限的热情投入就业创业实践中。

（5）退役优秀运动员。退役优秀运动员是自主创业活动最基本的单元，是否选择创业、怎样创业很大程度上都是由运动员自身决定的。退役优秀运动员的创业活动是依据自身创业能力，同时以外部提供的创业条件为依托进行的。

## 二、退役优秀运动员自主创业复杂适应系统特征

复杂适应系统理论认为，流、聚集、多样性、非线性、标识、构建块、内部模型是CAS理论的七个基本特征，这七个基本特征是研究复杂适应系统的基础，也是CAS理论的充分必要条件[1]。CAS理论认为，系统总是由多层次的多个主体组成的，在适当条件下，主体以一定的"活性"参与到环境及其他主体随机进行的交互作用过程，借助其他主体进行合作竞争，以实现自身利益的延续和最大化[2]。从这一视角来看，退役优秀运动员的创新创业也不是某一单一主体行为，而是在我国政策、经济、社会等外界环境影响下，政府、社会、高校以及家庭等不同主体之间的交互作用的复杂行为[3]。因此，在复杂性科学视角下，我国退役优秀运动员创业系统的基本特征与复杂适应系统有较高的契合度，是一个集多维目标、多主体和多子系统于一体的开放性复杂巨系统（表5-1）。

---

[1] HOLLAND J H. Emergence：From chaos to order [J]. Quarterly Review of Biology，2001，31（1）：113-122.

[2] NIAZI M A. Introduction to the modeling and analysis of complex systems：A review [J]. Complex Adaptive Systems Modeling，2016，4（1）：1-3.

[3] 杨尚剑. 我国运动员退役安置系统特征、演化及调控机制——基于复杂适应系统理论 [J]. 北京体育大学学报，2021，44（4）：69-81.

表5-1 我国退役优秀运动员创业系统的复杂适应系统特征

| 基本特征 | 基本特征释义 | 退役优秀运动员创业系统的CAS特征 |
| --- | --- | --- |
| 流 | 流是主体间相互作用过程中传递的物质，主体—环境—其他适应主体以物质流、能量流和信息流等形式交互作用 | 我国退役优秀运动员创业系统是一个政策制度—社会环境—市场经济耦合的多层次网络，需要通过物质流、能量流和信息流等形式实现要素转化 |
| 聚集 | 聚集是一些简单主体相互作用"涌现"出更高层次主体的过程，它本质上反映了系统演化由量变到质变的过程 | 我国退役优秀运动员创业系统的演化离不开主体的聚集，其创业政策、安置形式也随着主体聚集的多少而产生一系列社会效应 |
| 多样性 | 由于主体在适应过程中，其经历和演化条件不同，主体间的差别会发展和扩大，呈现主体特征多样性 | 宏观层面：不同时期运动员退役安置特征和作用机制具有多样性。微观层面：主体行为和"学习"方式等的多样性 |
| 非线性 | 主体—环境—其他适应主体的交互作用过程是相互交叉、相互影响的复杂关系，而非一种简单的线性关系 | 我国退役优秀运动员创业系统的形成与发展是主体适应性行为的结果，在该过程中有诸多不确定性因素，单一的线性模型无法解释 |
| 标识 | 标识可以使不同主体在混沌中进行选择，协调不同类型的行为主体进行分层归类 | 我国退役优秀运动员创业系统演化发展的诸多要素有相似性特征，需要分析主体—环境—其他适应主体的标识特征并进行分层归类 |
| 构建块 | 构建块是组成复杂适应系统的最简单元素，相对独立的不同元素间组合呈现多元化 | 我国退役优秀运动员创业系统多元素组合模式不一且环境适应性有别，造就了它们之间既相互独立又相互联系 |
| 内部模型 | 内部模型描述的是事物在不同条件下输入或输出的表现，能够预测主体未来活动的方向 | 我国退役优秀运动员创业系统多主体在交互作用过程中有能量传输特征，具备建构系统演化内部模型条件 |

（1）流。退役优秀运动员进行自主创业活动的方式都是以其他创业活动为主要依据的，各个主体之间都拥有长期持久性的创业资源互动，系统和外部环境之间都存在着资源的流通，两种资源互动路径对于退役优秀运动员进行自主创业活动系统的各个主体行为都存在着明显的影响。流在提高退役优秀运动员自主创业主体的适应能力及整体发展方面具有非常显著的意义。

（2）聚集。创业活动开展的前提条件是创业要素与创业资源支持产生聚集效应。我国退役优秀运动员自主创业系统的整个演化过程具有显著的聚集特征：发展初期只在有限的条件与空间之内产生少量创业主体，之后伴随其他创业主体与创业培训机构的进入和集聚的进一步发展，最终形成政府、社会、学校、家庭与退役优秀运动员主体组成的聚集体。

（3）多样性。首先退役优秀运动员自主创业的种类具有多样性：一是主体多样性，由于退役优秀运动员之间相对的时空位置、功能地位不同，造就了退役优秀运动员自主创业主体具备多样性。二是自主创业活动的主体交互方式具备多样性。三是自主创业主体聚集的多样性。四是创业环境的多样性。

（4）非线性。已有研究表明，要想形成复杂适应系统，那么要素之间需要存在动态的交互过程，已知的交互过程包括线性和非线性两种，只有非线性才能产生非加和效果以及具有复杂性的强涌现行为。退役优秀运动员自主创业过程同样伴随多种非线性作用。通过非线性的关系影响，最终形成创业涌现现象，推动退役优秀运动员参与到自主创业活动本身的可持续发展和演进。

（5）标识。在退役优秀运动员自主创业系统中，促使不同主体间产生联系的条件统称为标识，系统内分散的主体借助标识功能完成主体聚集。

（6）构建块。在退役优秀运动员自主创业系统中，整个系统可以看作是由政府、社会、学校、家庭以及运动员主体作为类似"积木"的构建块组成的，处在不同地位与作用的积木所产生的影响和作用都不同。

（7）内部模型。退役优秀运动员自主创业系统内的主体受到外界条件刺激后产生适应性行为，通过对外界创业环境的不断适应，使主体结构发生改变，塑造成为内部模型，以预测主体未来发展的方向。

通过对退役优秀运动员自主创业系统的七个基本特征分析可知，我国退役优秀运动员创业系统本质是一类复杂适应系统，因此可以运用复杂适应系统理论的研究方法对该系统进行研究。

## 三、基于演化的退役优秀运动员自主创业系统建模

从复杂适应系统理论的七个基本特征来看，退役优秀运动员自主创业系统是一个复杂适应系统，因此，该系统中涉及的Agent可以作为独立的个体，个体自身具有自主学习与不断适应能力，在主体自身不断学习与适应的过程中，个体又可以与其他Agent相互协调配合。基于此，本研究运用演化算法与多主体仿真的研究方法来探究系统的演化过程是科学且合理的。因此，本研究依据复杂适应性系统理论的基本理论，运用演化算法刻画主体的适应性行为，形成退役优秀运动员自主创业系统的建模方法——基于演化的自主创业系统建模方法。

### （一）演化算法概述

#### 1. 概念

演化算法是在不断模仿与利用现代自然生物信息系统的各种演化处理机制而逐渐发展产生的一种具有进化性的计算科学理论。其原理是在模拟建立的由诸多主体组成的群体在演化过程中存在随机选择、变异与重组活动，使整个群体在规定的有限空间内演化得到最佳结果。

#### 2. 演化算法的优势

演化算法与一般算法相比较而言，自身具备独特的研究优势。演化算法模拟的不是单纯展示最终结果，而是其内部过程，过程中充分展现"适者生存，优胜劣汰"，同样，在退役优秀运动员自主创业系统中，所涉及主体均处于社会复杂环境中，演化算法的应用可以更好地展示复杂系统内部的发展活动过程。演化算法具备以下特点。

（1）进化选择时具有一定的概率性，创业优势条件的搜索具有不确定性。

（2）演化算法通过运用自然进化机制表现复杂现象，过程不涉及其他理论。

（3）演化计算具有适应性、学习性特点。

### 3. 演化算法的基本框架

演化算法的应用是依据不同的编码、贡献度和遗传算子相互组合而构成的，可构成不同类型的演化算法，演化算法的基本框架如图5-1所示。

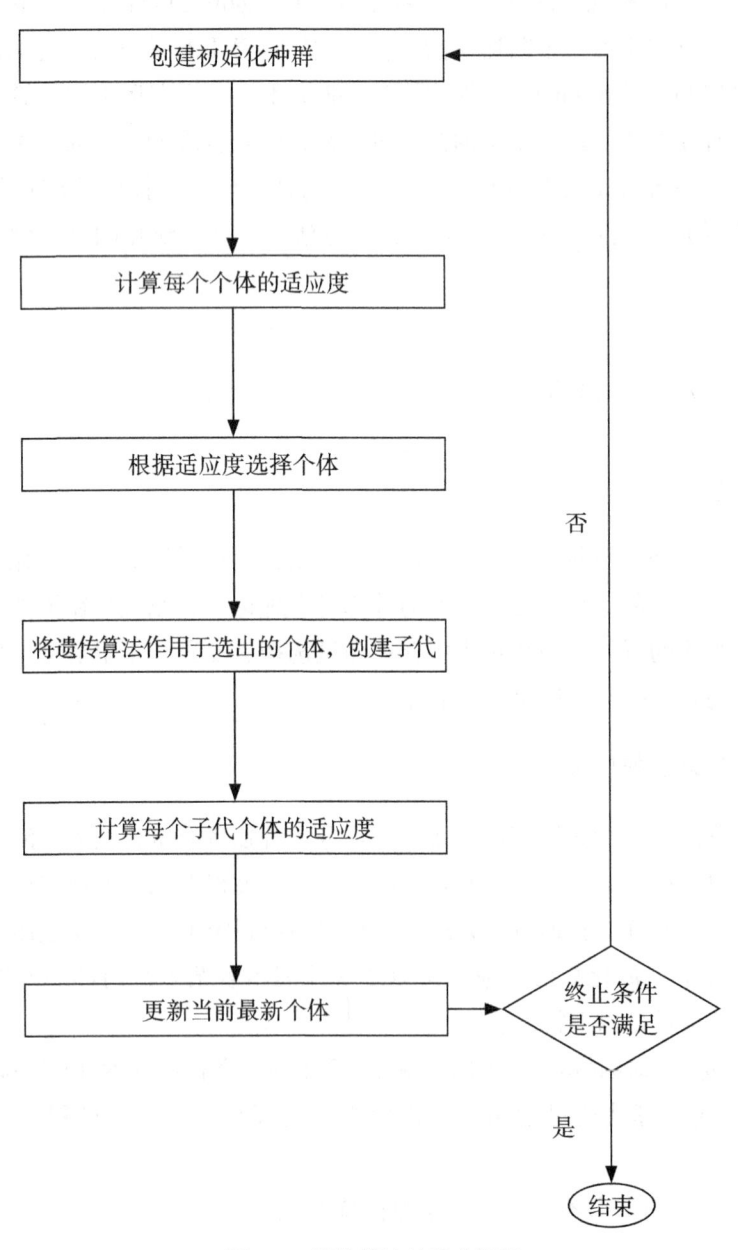

图5-1 演化算法的基本框架

从图5-1可以看到，演化算法的运用类比于退役优秀运动员自主创业系统中来，首先从一组随机产生的创业初始条件中开始搜索，创业初始条件也就是图中的初始化种群，在创业活动的开展过程中，既要用适应度来衡量各创业初始条件是否符合创业要求，将适应度高的创业条件保留下来；部分相关性较低的条件暂时继续保留，以保持种群也就是初始条件的大小与数量的稳定；最终经过一段时间的"繁衍"，算法自动选择适应度最高的创业条件，此创业条件就是问题研究的最优解[1]。因此，将其引入退役优秀运动员自主创业系统中，便可明晰系统内部运行过程，从而更好地解决问题。

### （二）Agent的刻画原理

#### 1. 个体Agent的抽象

针对退役优秀运动员自主创业系统的特点，个体Agent的抽象过程是以现实状态下主体行为、特点及属性为基础，总结凝练核心内容，对主体进行规则的刻画描述。在Agent的刻画描述过程中，过于抽象与细致都会导致仿真过程的简单化与复杂化。

#### 2. Agent的演化

在该系统中实现要想实现Agent的功能表达，需要运用前文介绍的知识进化论与演化算法来共同实现，主要包括Agent的演化机制设计及其演化过程中的行为优化设计。

（1）本研究对Agent的演化描述，借鉴生物个体在自然界中的特点，就能让系统中的各个主体具备进化性质，通过对系统内退役优秀运动员自主创业个体进行选择、变异和重组等选择过程实现Agent的更新换代，其系统内运动员主体具备现实中生命演化的功能和特点。

死亡：类比到退役优秀运动员自主创业系统中，就是在创业过程一个阶段结束后没有符合仿真设计条件的主体从自主创业系统中淘汰掉。

---

[1] 王瑞，袁勤俭. 协同演化理论及其在信息系统研究中的应用与展望［J］. 现代情报，2020，40（10）：152-158.

繁殖：在退役优秀运动员自主创业系统中，运动员主体可以选择单独创业，也可以选择合作创业，基于此，系统内相互合作的主体组成新的Agent继续投入创业活动中，经历自然选择过程。

整个Agent演化过程是在依据现实系统设计的不确定环境中模拟完成的，通过适应性学习与进化不断产生新的创业主体，最终实现个体Agent的演化过程，进化模式如图5-2所示。

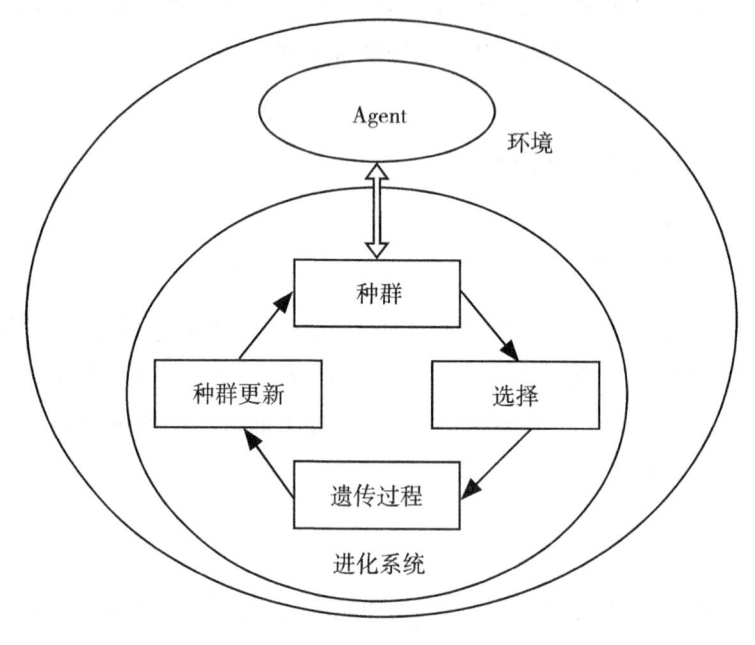

图5-2　Agent进化模式图

（2）要想顺利进行上述Agent的演化过程，就需要对退役优秀运动员自主创业系统内在创业过程中的参与主体的行为进行优化，其目的在于让系统的主体在参与创业活动的过程中表现得更加智能化。因此，对于行为的优化可分为两个部分：一是外界对个体Agent的直接影响，也就是操作界面参数优化；二是Agent设计师内部行为规则的优化，内部行为规则设计用到的是本研究所引入的演化算法。利用演化算法独有的自主性特征，让系统演化过程中的主体更好地按照既定规则与方向演变，最终达到系统演化的目的。对于系统内部主体行为规则的学习优化，是通过独立的分类器学习系统CS-1实现的，其结构组成是由执行子系统、信用分派子系统、规则发现子系统三部分组成的，其内部结构如图5-3所示。

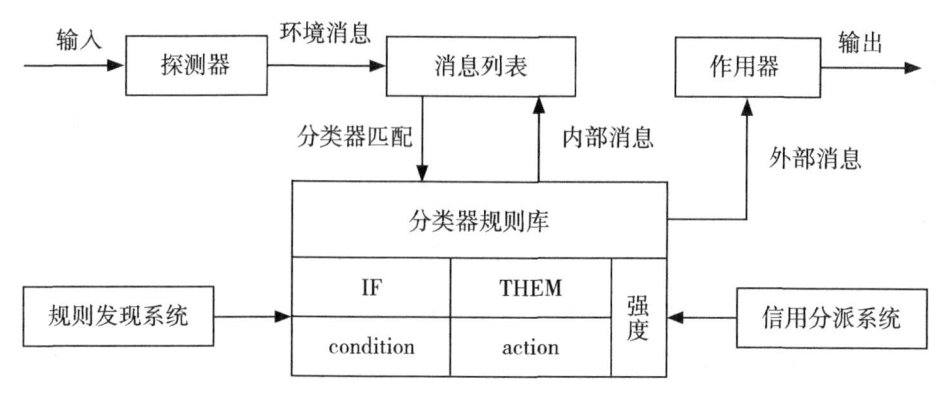

图5-3　分类器结构关系图

## （三）演化Agent的结构和模型设计

多主体模型的构建是通过三元组来描述刻画的，三元组包括"Agent，环境，参数"。Agent是系统中所有微观个体的集合；环境则是对现实环境的编程描述，为各Agent之间提供交互的基础；参数就是对系统的各种条件、因素和数量关系界定的集合，实现对系统运行的参数控制。在三元组设计过程中，最重要的是对Agent的描述与刻画，它决定了该系统的主体在仿真过程中是否具备学习、适应与不断进化的能力，Agent的刻画描述可以通过"标识、类型、知识库、规则集、属性、参数"的编程来达到仿真要求[①]。

（1）标识：即仿真模型中每个Agent的身份编码，演化系统中的每个独立Agent有且只有一个身份编码。

（2）类型：本系统中的类型是指主体所处的位置，诸如国家、学校等分别属于不同的类型设计，类型的设计是与标识同步进行的，用于区分各主体之间的关系。

（3）知识库：表示Agent自身所具备的创业知识集合。设置过程中没有两个Agent的知识库是完全一样的。

---

① 王宇星，朱伏平，曹婷婷. 基于多主体建模的药品质量损失涌现模型［J］. 西南科技大学学报，2019，34（2）：83-91.

（4）规则集：Agent在系统中接收外部影响因素后做出响应行为反应的运行规则的表述。

（5）属性：主要是指Agent自身的固定参数，在本系统中涉及诸如运动员的创业知识、技能和财富等属性，设置过程中没有两个Agent的属性是完全一样的。

（6）参数：主要是指Agent中可以变化、调控的变量。

Agent的演化机制模型如图5-4所示，根据演化机制的结构模型，对系统内相应主体进行规则描述与刻画，并根据具体研究问题的需要，采取相应的参数处理。

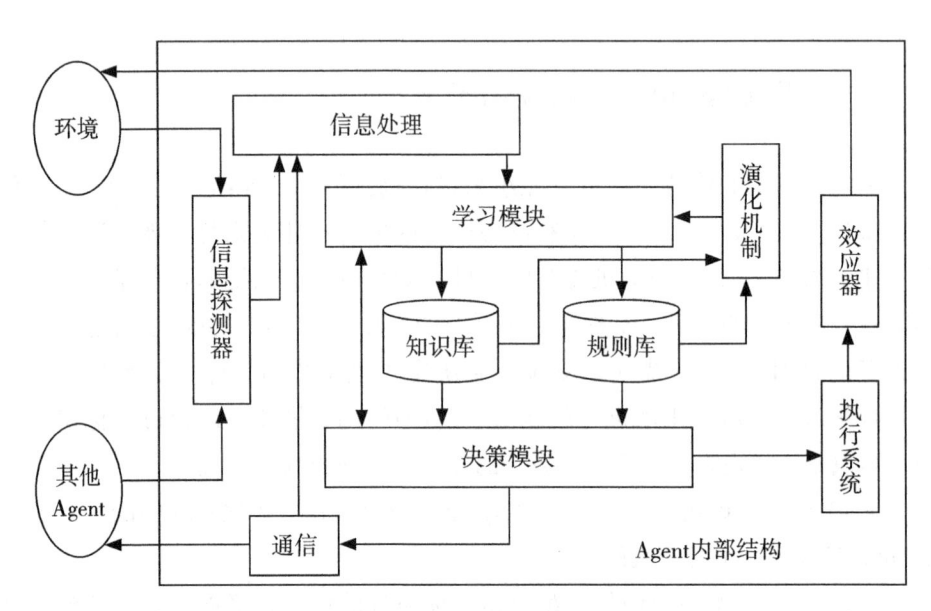

图5-4 Agent的演化机制模型

#### （四）建模流程

我国退役优秀运动员自主创业系统的构建涉及多方面问题，前文描述的是单个主体的设计演化过程，回归到整个系统的设计，它是由诸多微观个体相互连接作用构成的，建模过程如图5-5所示。

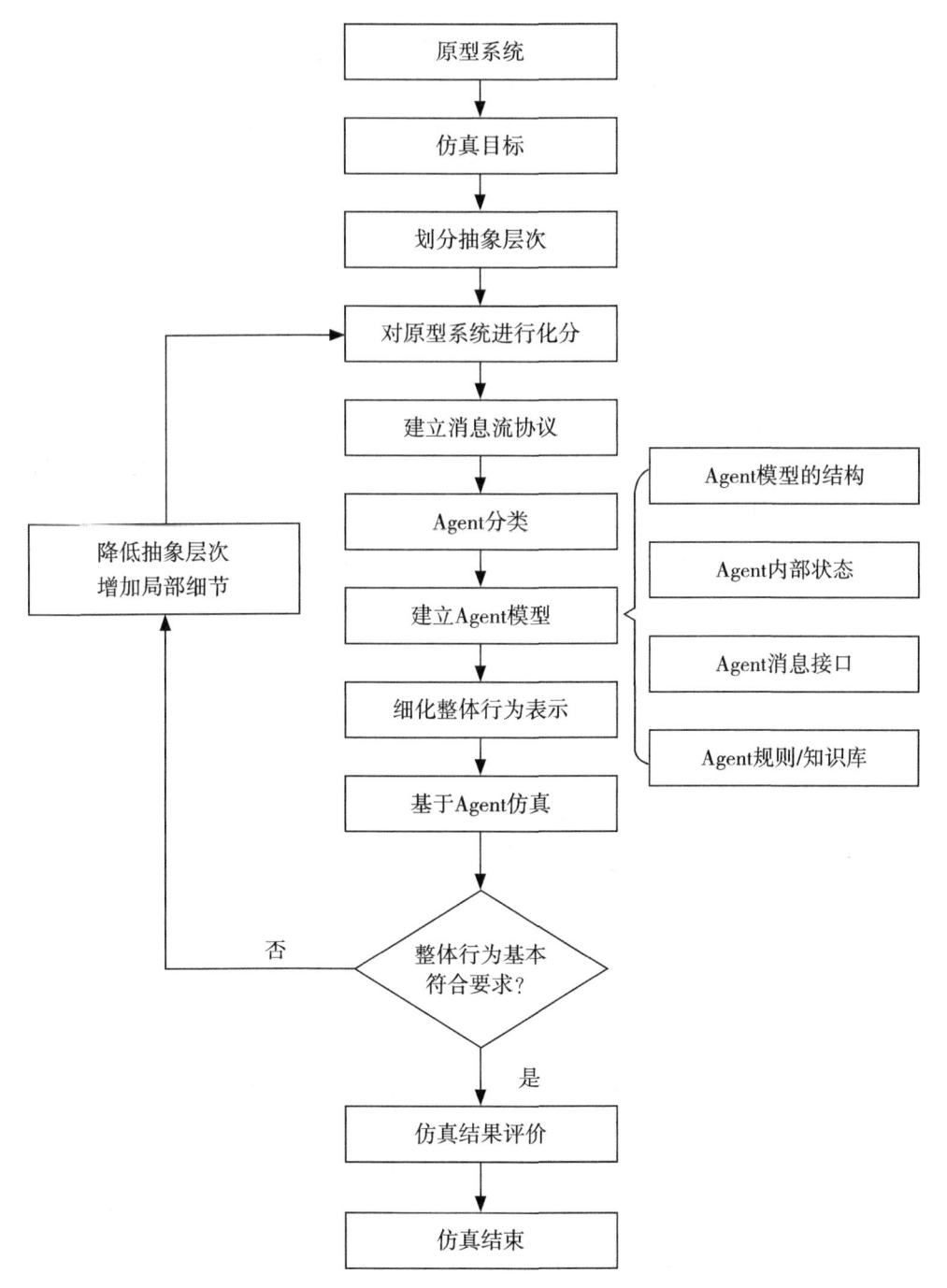

图5-5 基于Agent的自主创业系统演化建模流程图

（1）系统分析。在该阶段，对现实系统进行观察和分析，通过整体把握，利用前文介绍的理论与方法，建立初始化的仿真模型。

（2）构造微观主体模型。在整体模型框架下，对创业主体的内部结构、演化机制进行抽象刻画，并与系统内的实体活动相匹配。

（3）整体仿真模型的构造。在多主体系统中设计内部规则层的时候，设计主要集中于整体宏观层面的构造。

## 四、我国退役优秀运动员自主创业系统演化研究的理论框架

理论模型的构架是以CAS理论为基础，设计构建我国退役优秀运动员自主创业系统演化的理论模型框架，构建过程中将演化算法、知识进化论等研究方法运用到模型构建过程中，期间包括系统中各微观Agent的结构描述与刻画，同时构建了基于CAS理论的我国退役优秀运动员自主创业系统演化的基本框架，为下文更为细致的系统演化研究奠定模型基础。本章的总体研究框架如图5-6所示。

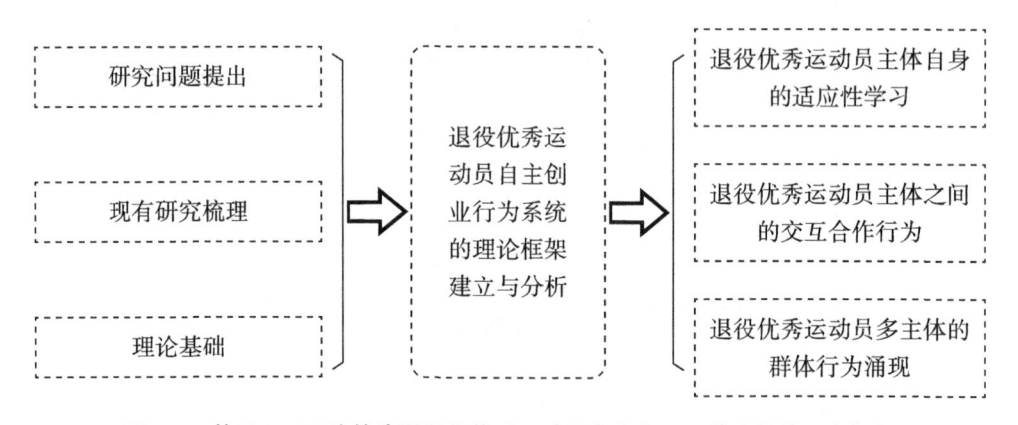

图5-6 基于CAS理论的我国退役优秀运动员自主创业系统演化的研究框架

基于此，本研究针对优秀退役运动员自主创业的主体行为，运用了生物学、计算机等相关技术领域的基础理论与方法，针对"适应性如何影响退役优秀运动员自主创业主体行为而涌现复杂性"这一研究问题，分别从系统内部的适应性学习行为过程研究、在此基础上的主体交互合作行为研究，以及最后在整体层面展现的群体行为涌现研究这个三个维度，探究在多主体参与下的我国退役优秀运动员自主创业演化过程。

## 第二节 我国退役优秀运动员自主创业主体适应性学习行为

### 一、NK模型的引入

NK模型最早是用于进化生物学中基因系统的研究，其通过结构化仿真的方法解决基因如何快速适应性搜寻，以达到自身最优化的问题。近年来，NK模型被引入组织管理领域，用以研究主体在复杂系统下通过不断创新"搜寻""攀爬"，以获得绩效最优值[1]。本研究将NK模型引入研究过程，用以阐述退役优秀运动员在整个创业系统演化过程中是如何表现主体的适应性学习行为的。NK模型的运用可以更为便捷地对退役优秀运动员主体在创业环境下的适应性学习行为进行分析讨论，演化过程中，退役优秀运动员主体的适应性学习行为可以描述为主体为寻求更高绩效的发展空间，不断地在"适应度景观"上搜寻更优的系统状态，并最终到达"适应度景观"的最高峰。

NK模型的主要参数，由名称便可看出，即参数$N$和$K$，$N$为自主创业系统中影响因素的数量，$K$为自主创业系统中影响因素的数量$N$与系统中其余$K$个影响因素之间存在相互关联。该模型是通过计算生物在给定环境的适应度来阐释主体自身的一个适应性学习行为，计算公式为：

$$W = \frac{1}{N} \sum_{i=1}^{N} W_i \qquad （公式5-1）$$

式中，$W$为系统中主体的适应度；$N$为系统中影响因素的数量；$W_i$为第$i$个影响因素对整体适应度的表现。

可理解为：在退役优秀运动员自主创业系统主体适应性学习过程中，其中一项随机变量产生自身变异或者是与系统内存在的其他变量因相互影响作用而

---

[1] 余浩,程思慧. NK模型在战略管理中的应用[J]. 浙江工业大学学报（社会科学版），2018，17（3）：333-339.

发生变异时，产生的结果是从集合$i$（0，1）中随机得到的随机数，得到的这个随机数就是这个随机变量对系统整体层面适应度的贡献值$W_i$。

因此，本研究通过借用NK模型的这一特性，通过设置大数据量的模拟分析，并在此基础上比较不同等位创业影响因素组合对全系统适应度的影响，通过数据的分析规整，将系统内各不同等位创业影响因素组合与其对应的适应度值映射在三维坐标上，绘制关于退役优秀运动员自主创业系统的适应性学习的适应度景观图，如图5-7所示。在适应度景观图的表达上，横坐标为演化系统中部分影响主体适应性学习过程的因素组合，纵坐标为除横坐标影响因素外的剩余因素的组合结果，由横纵坐标共同组成的平面上的点对应的是系统内$N$个影响因素的等位因素组合，此点位到达基础平面的距离就表示这一组影响因素组合的适应度值，因此可以利用不同因素的组合及点位所处位置的高低来探讨不同影响因素的最佳组合路径。

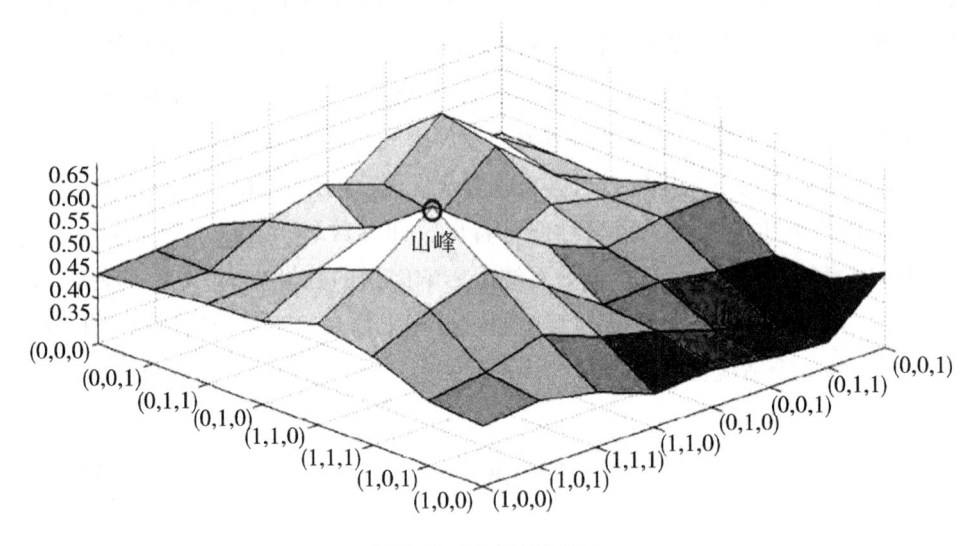

图5-7　适应度景观图

针对退役优秀运动员自主创业系统中单一主体在创业活动中的适应性学习行为的研究，引入NK模型及适应度景观图，对退役优秀运动员自主创业程中关键要素通过系统的适应度值进行适应度评价，最终获取单一主体的适应性学习发展模式，也就是本研究所要阐释的在退役优秀运动员自主创业系统中，单一主体是如何在复杂多变的创业情境下进行适应性学习的。

NK模型构建的基础是确定要素的数量$N$，本研究在第四章依据计划行为理论（TPB）以及全球创业观察（GEM）模型，确立了影响我国运动员创业意愿的要素由创业主观规范、创业态度、感知创业行为及创业外部环境四个部分组成，基于此，本章也将从以上四个要素进行分析（表5-2）。

表5-2 影响要素构成及内涵

| 要素 | 要素内涵 | 要素依据 |
| --- | --- | --- |
| 创业主观规范 | 运动员在决定是否采取创业行为时所感受到的社会压力 | TPB理论 |
| 创业态度 | 运动员准备采取创业行为的积极或消极程度 | |
| 感知创业行为 | 运动员所能感知的对创业行为风险的掌控能力 | |
| 创业外部环境 | 运动员对于政府政策、金融支持、创业基础设施、政府项目、创业教育和培训、研究开发转移、商务环境、市场开放程度、文化社会规范等的认知程度 | GEM模型 |

创业主观规范是运动员在决定是否采取创业行为时所感受到的社会压力；创业态度是运动员准备采取创业行为的积极或消极程度；感知创业行为是运动员所能感知的对创业行为风险的掌控能力；创业外部环境是运动员对于政府政策、金融支持、创业基础设施、政府项目、创业教育和培训、研究开发转移、商务环境、市场开放程度、文化社会规范等的认知程度。正是四种基本要素之间的相互依赖与交换，形成了退役优秀运动员自主创业主体本身对于其他相关主体的适应性学习行为的总体基因模式。具体的过程如下：主体不断调节适应性学习的主要影响因素，并且借助不同影响因素的状态替换来提升彼此所需的相互依赖水平，最终促使主体通过适应性学习的过程朝着某种完全满意的状态继续演变。因此，我们可以借鉴适应性景观理论来对退役优秀运动员的自主创业活动中的适应性学习行为过程进行刻画。其原则就是：在主观规范、创业态度、感知行为及外部环境等要素之间会持续产生相互影响的作用与相互依赖的关系，形成了一个形态多样化的状况组合，构成了主体的基因类型空间，最终产生高低不等的适宜性景观。

关于NK模型的编程，本研究借鉴孝夫曼（Kauffman）生物进化的NK模型计算方式[1]，对其进行合理化演变，编程过程中将各个要素贡献度的平均值作

---

[1] KAUFFMAN S. The origins of order：Self-organization and selection in evolution [M]. New York：Oxford University Press，1993.

为衡量退役优秀运动员自主创业主体适应性学习的适应度的标准。由此对公式5-1进行转变，主体整体适应度$AW$表示为

$$AW=\frac{1}{N}\sum aw_i(X_{i1}, X_{i2}, \cdots, X_{ik})\qquad（公式5-2）$$

式中，$AW$为系统中创业主体的适应度；

$aw_i$为影响因素对主体整体适应度的贡献；

$N$为主体适应性学习过程中的影响因素的数量；

$X_{ik}$为适应性学习过程中与第$i$个影响因素作用的第1-$k$个因素。

整个NK模型的编程过程中，用于规定计算相关数值的内部计算过程，都是通过公式5-2来实现的。

## 二、退役优秀运动员主体适应性学习行为的NK模型应用

为得到本研究所需结果，通过对NK模型不同数值参数的设定，得到多种不同影响因素组合下的适应度景观，通过相关参考资料的查阅可知，在NK模型关键参数设置相同的情形下，仿真得到的所有适应度景观都具有相同的规律[1]，基于此特性，本研究只计算一种适应度景观作为研究范例。

### （一）NK模型的参数设定

基于NK模型关键参数设置后其多种结果具备相同规律的特性，本研究所需的相关参数设置如下。

（1）$N$值参数设置：与退役优秀运动自主创业主体适应性学习行为相关的影响因素的数量值，它们分别是创业主观规范、创业态度、感知创业行为、创业外部环境，此处$N$值取值为4。

（2）要素之间相互作用关系的数量$K$取值：因其多情情境下适应度景观具有相同规律，为使研究更加简便与明了，在研究中仅模拟一种最简单的理想情况，即$K$取值为0，意义为影响主体适应性学习的要素之间不存在关联性；但在

---

[1] 唐建民，黄菊. 基于适应度景观的组织知识创新绩效提升路径研究 [J]. 科技管理研究，2016，36（6）：181-186.

自相关系数和方差分析时，本研究会对$K$取值为0，1，2，3的情况分别进行对比研究。

（3）影响因素所有可能组合数量$A$值设置：根据NK模型的基本原理，为清晰地表达每个要素的状态关系，此处简单地认为影响要素$i$只处于两种状态，分别为0或1时，本文得出复杂适应系统各构成要素的状态组合共$2^4=16$种可能。因此，退役优秀运动员自主创业主体适应度的空间设计如表5-3所示。

表5-3 退役优秀运动员自主创业主体的适应度空间设计

| 编号 | 创业主观规范 | 创业态度 | 感知创业行为 | 创业外部环境 |
| --- | --- | --- | --- | --- |
| 1 | 0 | 0 | 0 | 0 |
| 2 | 1 | 0 | 0 | 0 |
| 3 | 0 | 1 | 0 | 0 |
| 4 | 0 | 0 | 1 | 0 |
| 5 | 0 | 0 | 0 | 1 |
| 6 | 1 | 1 | 0 | 0 |
| 7 | 0 | 1 | 1 | 0 |
| 8 | 0 | 0 | 1 | 1 |
| 9 | 1 | 0 | 1 | 0 |
| 10 | 0 | 1 | 0 | 1 |
| 11 | 1 | 0 | 0 | 1 |
| 12 | 1 | 1 | 1 | 0 |
| 13 | 0 | 1 | 1 | 1 |
| 14 | 1 | 0 | 1 | 1 |
| 15 | 1 | 1 | 0 | 1 |
| 16 | 1 | 1 | 1 | 1 |

（二）NK模型应用过程

运用NK模型中的适应度景观对退役优秀运动员自主创业系统中主体的适应性学习行为进行研究，其最终目的是利用不同因素的组合及点位所处位置的高低来探讨不同影响因素的最佳组合路径[①]。通过探究退役优秀运动员自主创业主体适应性学习的过程,在此基础上对其复杂性特征进行研究分析。为此本研究借鉴自相关系数、适应度方差等函数关系对其进行定量分析。

1. 适应度景观

根据表5-2的参数设定,本研究以$K=0$研究为例,对其应用过程进行阐述。

(1)利用R软件获取研究数据。NK模型仿真程序的R软件已有固定的编程程序,只需改变程序中的目标名称即可,程序运行可以得到四个要素的仿真数据,数据反映的是系统内退役优秀运动员自主创业主体的适应性学习行为在不同影响因素组合状态下获取适应度局部最优的不同组合状态,组合结果如表5-4所示。

表5-4 构成要素的适应度模拟结果

| 编号 | 创业主观规范 | 创业态度 | 感知创业行为 | 创业外部环境 |
| --- | --- | --- | --- | --- |
| 1 | 0.3728 | 0.3861 | 0.9076 | 0.0338 |
| 2 | 0.4546 | 0.5768 | 0.7226 | 0.7109 |
| 3 | 0.5075 | 0.5274 | 0.5164 | 0.8539 |
| 4 | 0.2489 | 0.1195 | 0.6429 | 0.0964 |
| 5 | 0.4497 | 0.8375 | 0.1721 | 0.2459 |
| 6 | 0.0859 | 0.3673 | 0.3113 | 0.6480 |
| 7 | 0.3745 | 0.5508 | 0.5062 | 0.8661 |
| 8 | 0.4424 | 0.6352 | 0.1502 | 0.5365 |
| 9 | 0.5948 | 0.9530 | 0.6241 | 0.2696 |
| 10 | 0.0137 | 0.3553 | 0.4528 | 0.3507 |
| 11 | 0.9444 | 0.3165 | 0.1944 | 0.8621 |
| 12 | 0.4235 | 0.3631 | 0.1748 | 0.2132 |
| 13 | 0.8690 | 0.3039 | 0.6366 | 0.5263 |
| 14 | 0.8895 | 0.1042 | 0.5782 | 0.6578 |

---

[①] 张延禄,杨乃定,刘效广.企业技术创新系统的自组织演化机制研究[J].科学学与科学技术管理,2013,34(6):58-65.

（续表）

| 编号 | 创业主观规范 | 创业态度 | 感知创业行为 | 创业外部环境 |
| --- | --- | --- | --- | --- |
| 15 | 0.5524 | 0.2669 | 0.0467 | 0.0686 |
| 16 | 0.5399 | 0.0963 | 0.4533 | 0.4585 |
| 17 | 0.1641 | 0.0867 | 0.4763 | 0.0753 |
| 18 | 0.5762 | 0.9933 | 0.0039 | 0.5980 |
| 19 | 0.0571 | 0.3568 | 0.4366 | 0.4055 |
| 20 | 0.9821 | 0.6486 | 0.4395 | 0.7161 |
| 21 | 0.8842 | 0.7978 | 0.5734 | 0.1355 |
| 22 | 0.1652 | 0.9963 | 0.5604 | 0.9985 |
| 23 | 0.5971 | 0.9442 | 0.8137 | 0.6058 |
| 24 | 0.3679 | 0.2143 | 0.5071 | 0.0837 |
| 25 | 0.2687 | 0.2442 | 0.1441 | 0.7143 |
| 26 | 0.9694 | 0.6629 | 0.9438 | 0.9748 |
| 27 | 0.6965 | 0.8692 | 0.0844 | 0.5571 |
| 28 | 0.8457 | 0.3498 | 0.0356 | 0.6754 |
| 29 | 0.2649 | 0.6787 | 0.7976 | 0.6846 |
| 30 | 0.4559 | 0.1773 | 0.9072 | 0.9061 |
| 31 | 0.6486 | 0.1663 | 0.3470 | 0.7079 |
| 32 | 0.2293 | 0.7569 | 0.7370 | 0.9332 |
| 33 | 0.9230 | 0.7263 | 0.7250 | 0.7578 |
| 34 | 0.4964 | 0.0660 | 0.0133 | 0.9146 |
| 35 | 0.0745 | 0.0021 | 0.6168 | 0.4764 |
| 36 | 0.8560 | 0.4721 | 0.0947 | 0.2070 |
| 37 | 0.3771 | 0.1874 | 0.0660 | 0.4847 |
| 38 | 0.4084 | 0.7912 | 0.8175 | 0.9478 |
| 39 | 0.6741 | 0.7563 | 0.1982 | 0.6278 |
| 40 | 0.1769 | 0.7448 | 0.5287 | 0.6042 |
| 41 | 0.7579 | 0.2729 | 0.4185 | 0.4670 |
| 42 | 0.1396 | 0.4926 | 0.8655 | 0.3842 |

（续表）

| 编号 | 创业主观规范 | 创业态度 | 感知创业行为 | 创业外部环境 |
| --- | --- | --- | --- | --- |
| 43 | 0.3639 | 0.6323 | 0.2141 | 0.2677 |
| 44 | 0.7420 | 0.0835 | 0.1634 | 0.6942 |
| 45 | 0.7058 | 0.0425 | 0.6258 | 0.1870 |
| 46 | 0.5489 | 0.9855 | 0.3953 | 0.9044 |
| 47 | 0.6158 | 0.9070 | 0.0645 | 0.0199 |
| 48 | 0.0980 | 0.1425 | 0.1360 | 0.3743 |
| 49 | 0.4459 | 0.1347 | 0.2878 | 0.2667 |
| 50 | 0.4385 | 0.1529 | 0.2259 | 0.8544 |

（2）数据处理。数据处理过程就是计算每个要素的平均值，初始数据与所得平均值进行对比。对比结果低于平均值，记为0；结果高于平均值，标记为1，结果如表5-5所示。

表5-5 数据的标准化处理结果

| 编号 | 创业主观规范 | 创业态度 | 感知创业行为 | 创业外部环境 |
| --- | --- | --- | --- | --- |
| 1 | 0 | 0 | 1 | 0 |
| 2 | 0 | 1 | 1 | 1 |
| 3 | 1 | 1 | 1 | 1 |
| 4 | 0 | 0 | 1 | 0 |
| 5 | 0 | 1 | 0 | 0 |
| 6 | 0 | 0 | 0 | 1 |
| 7 | 0 | 1 | 1 | 1 |
| 8 | 0 | 1 | 0 | 1 |
| 9 | 1 | 1 | 1 | 0 |
| 10 | 0 | 0 | 1 | 0 |
| 11 | 1 | 0 | 0 | 1 |
| 12 | 0 | 0 | 0 | 0 |
| 13 | 1 | 0 | 1 | 0 |

## 第五章 基于CAS理论的我国退役优秀运动员自主创业系统的演化

（续表）

| 编号 | 创业主观规范 | 创业态度 | 感知创业行为 | 创业外部环境 |
| --- | --- | --- | --- | --- |
| 14 | 1 | 0 | 1 | 1 |
| 15 | 1 | 0 | 0 | 0 |
| 16 | 1 | 0 | 1 | 0 |
| 17 | 0 | 0 | 1 | 0 |
| 18 | 1 | 1 | 0 | 1 |
| 19 | 0 | 0 | 1 | 0 |
| 20 | 1 | 1 | 1 | 1 |
| 21 | 1 | 1 | 1 | 0 |
| 22 | 0 | 1 | 1 | 1 |
| 23 | 1 | 1 | 1 | 1 |
| 24 | 0 | 0 | 1 | 0 |
| 25 | 0 | 0 | 0 | 1 |
| 26 | 1 | 1 | 1 | 1 |
| 27 | 1 | 1 | 0 | 1 |
| 28 | 1 | 0 | 0 | 1 |
| 29 | 0 | 1 | 1 | 1 |
| 30 | 0 | 0 | 1 | 1 |
| 31 | 1 | 0 | 0 | 1 |
| 32 | 0 | 1 | 1 | 1 |
| 33 | 1 | 1 | 1 | 1 |
| 34 | 1 | 0 | 0 | 1 |
| 35 | 0 | 0 | 1 | 0 |
| 36 | 1 | 1 | 0 | 0 |
| 37 | 0 | 0 | 0 | 0 |
| 38 | 0 | 1 | 1 | 1 |
| 39 | 1 | 1 | 0 | 1 |
| 40 | 0 | 1 | 1 | 1 |
| 41 | 1 | 0 | 0 | 0 |
| 42 | 0 | 1 | 1 | 0 |

(续表)

| 编号 | 创业主观规范 | 创业态度 | 感知创业行为 | 创业外部环境 |
|---|---|---|---|---|
| 43 | 0 | 1 | 0 | 0 |
| 44 | 1 | 0 | 0 | 1 |
| 45 | 1 | 0 | 1 | 0 |
| 46 | 1 | 1 | 0 | 1 |
| 47 | 1 | 1 | 0 | 0 |
| 48 | 0 | 0 | 0 | 0 |
| 49 | 0 | 0 | 0 | 0 |
| 50 | 0 | 0 | 0 | 1 |

（3）表5-5结果的适应度求解。当N值为4时，会存在16种不同组合状态。过程中，通过计算各组合的平均值，可以得到本研究所需的退役优秀运动员自主创业系统演化过程中自适应演化的适应度值，结果如表5-6所示。

表5-6 不同组合状态的适应度值结果

| 编号 | 创业主观规范 | 创业态度 | 感知创业行为 | 创业外部环境 | 适应度 |
|---|---|---|---|---|---|
| 1 | 0 | 0 | 0 | 0 | 0.3699 |
| 2 | 1 | 0 | 0 | 0 | 0.4517 |
| 3 | 0 | 1 | 0 | 0 | 0.4600 |
| 4 | 0 | 0 | 1 | 0 | 0.4583 |
| 5 | 0 | 0 | 0 | 1 | 0.4293 |
| 6 | 1 | 1 | 0 | 0 | 0.5788 |
| 7 | 0 | 1 | 1 | 0 | 0.5954 |
| 8 | 0 | 0 | 1 | 1 | 0.6121 |
| 9 | 1 | 0 | 1 | 0 | 0.5617 |
| 10 | 0 | 1 | 0 | 1 | 0.4926 |
| 11 | 1 | 0 | 0 | 1 | 0.4879 |
| 12 | 1 | 1 | 1 | 0 | 0.6100 |
| 13 | 0 | 1 | 1 | 1 | 0.6600 |

第五章 基于CAS理论的我国退役优秀运动员自主创业系统的演化

（续表）

| 编号 | 创业主观规范 | 创业态度 | 感知创业行为 | 创业外部环境 | 适应度 |
| --- | --- | --- | --- | --- | --- |
| 14 | 1 | 0 | 1 | 1 | 0.6995 |
| 15 | 1 | 1 | 0 | 1 | 0.6606 |
| 16 | 1 | 1 | 1 | 1 | 0.7741 |

在这里本研究利用NK模型刻画了退役优秀运动员自主创业系统中主体的适应性学习行为的适应度景观，在同一研究的不同适应度景观图中，只要仿真模拟有相同的关键参数，模拟的所有结果都具有相同规律的特征，在此过程中，另有$K$取值为1、2、3时三种不同情况，具体分析过程相同，在此不展开说明，仅对$K$取值为0时的适应度景观进行分析，如图5-8所示。$K$值表示了不同构成要素之间的上位程度，$K$值越大，表示该系统内部的运动员创业主体的适应性演化过程越复杂。

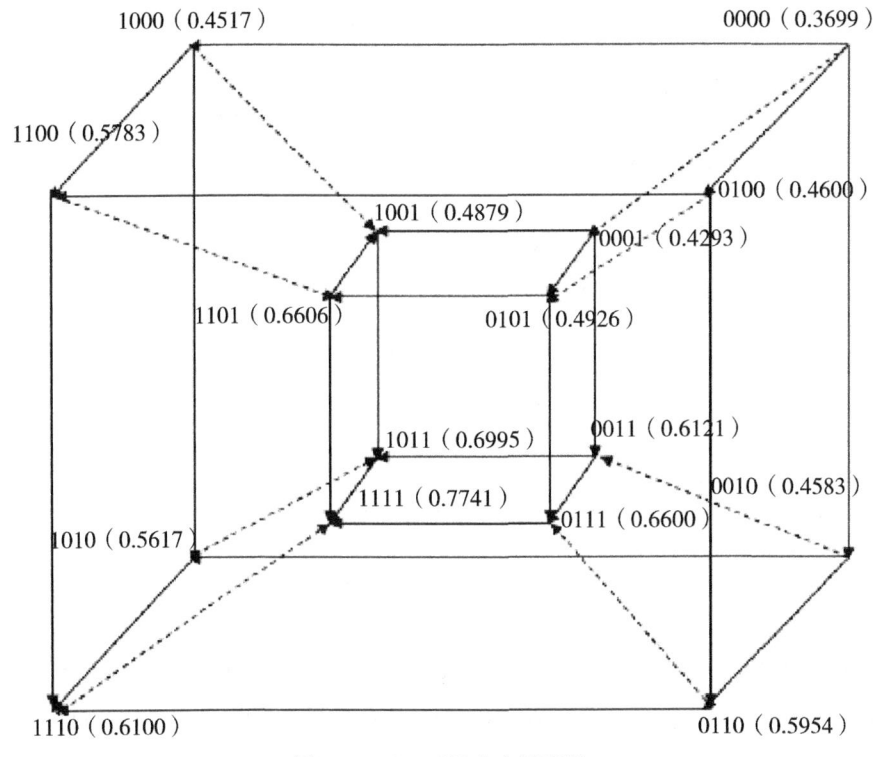

图5-8　$K$=0时适应度景观图

## 2. 自相关系数

自相关系数反映的是退役优秀运动员自主创业主体适应性学习行为的复杂适应性，其计算公式为

$$P(d) = \frac{(N-K)(N-K-1)\cdots(N-K-d+1)}{N(N-1)\cdots(N-d+1)} = \frac{(N-K)!(N-D)}{N!(N-K-d)!} \quad (公式5-3)$$

自相关系数的计算原理是自相关系数设置为$P(d)$，同时"汉明距离"（Hamming Distance）设定为$d$，即退役优秀运动员自主创业主体适应性学习过程中不同影响因素自由组合频率。最终目的就是计算影响因素值$N$在经历$d$次自由组合之后，单个影响因素对整个适应度贡献不变的可能性。

系统内部各影响因素之间是存在相互联系的，为自相关系数的应用奠定了基础，自相关系数的变化能够很好地反映出适应度景观的复杂变化程度，前文已经对$K$取值为0的情况进行了相关分析，此处自相关系数的研究从$K$取值为1开始计算，公式中$N$取值为4，$d$取值为1~4，分别计算不同$K$值和$d$值的对应情况，此处仅对$d$取值为1时进行研究，结果如图5-9所示。

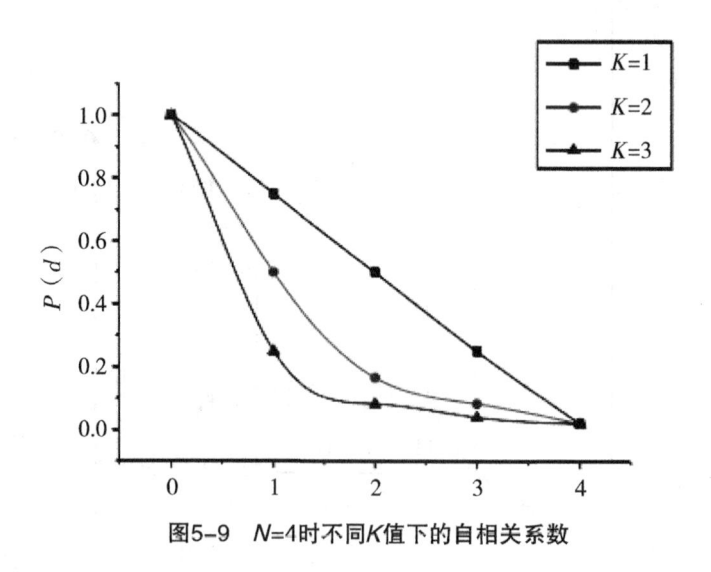

图5-9 $N=4$时不同$K$值下的自相关系数

从图中我们可以得到，当$K$取值为1时，曲线坡度最小，说明自主创业主体的适应度地形比较平缓，意味着退役优秀运动员自主创业主体的适应性学习过程中涉及的影响因素组合相对较少，复杂性特征相对较弱；之后随着$K$取值的

增大，曲线坡度增大，说明适应度地形越来越崎岖，表示退役优秀运动员自主创业主体的适应性学习过程中涉及的影响因素组合在不断增加，复杂性特征也在不断增强。

### 3. 适应度方差

同样，适应度方差也可以很好地说明在退役优秀运动员自主创业主体的适应性学习过程中，不同创业影响因素组合状态作用下，主体适应性学习行为的复杂程度。通过设置不同$K$值，得到0、1、2、3这四种取值状态下的方差值，分析不同$K$值对自主创业主体适应度变化的影响，结果如图5-10所示。

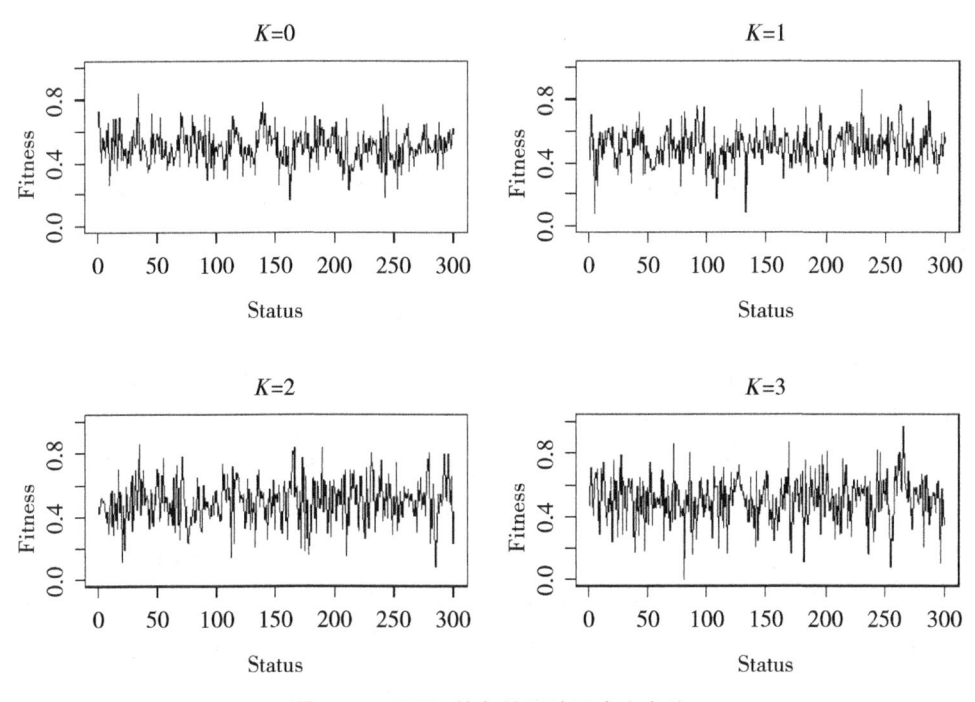

**图5-10 不同$K$值条件下的适应度方差**

当$K$取值为0时，得到方差值数据为0.01125，相比$K$取值为1、2、3是数值最小的，表明适应性学习波动幅度最小，此时系统内退役优秀运动员自主创业主体的适应性学习过程只受单一因素的影响，各创业影响因素间没有相互联系，如果改变其中一个影响因素，结果只会对自身产生改变，不会对其他影响因素产生作用，此时系统内创业主体的适应性学习过程最为稳定平缓，也是最简单的适应性学习行为。

当K取值分别为1和2时，退役优秀运动员自主创业过程中的主体适应度之间的方差分别为0.01301与0.02107，方差数值随着K值增长而增长，表明随着创业过程中各影响因素组合状态的增加，创业主体适应性学习过程的复杂性也随之增强。当K取值为N–1=3时，方差数值变为0.02374，表明创业主体适应性学习波动性最大，适应度景观变得更为崎岖不平，退役优秀运动员自主创业主体的适应性学习过程中不同创业影响因素之间的联系最为复杂，创业活动不仅受单一因素的影响，如果改变其中一个影响因素，还会对其他影响因素产生作用[①]，此时自主创业主体适应性学习过程最为复杂崎岖，适应性学习过程的复杂性最为明显。

## 三、退役优秀运动员自主创业主体适应性学习的特征

自适应是退役优秀运动员自主创业系统的基本特征，依据前文针对自相关系数、适应度方差的研究描述，总结得到退役优秀运动员自主创业主体在适应性学习行为过程中体现出以下两个特征。

第一，退役优秀运动员主体在适应性学习过程中对创业影响因素的选择具有不确定性。在现实情况的创业活动过程中，退役优秀运动员创业主体对创业影响因素的学习与把握是动态的、不确定性的。同理，适应度景观表达的结果也是如此。可以参考图5-4的结果：退役优秀运动员创业主体的适应性学习行为与K值的大小密切相关，在适应性学习过程中，所涉及的创业影响因素自由组合状态越多，波动性也就越大，创业主体在竞争过程中越容易被淘汰。

第二，退役优秀运动员主体适应性学习过程中存在主观性选择。通过前文适应度方差与自相关系数计算结果来看，随着退役优秀运动员自主创业主体适应性学习的持续发展，所涉及的创业相关因素越来越多，其中对主体适应性学习行为有利的因素越多，越能减小自主创业主体适应性学习过程的波动性，增加主体在创业活动中的竞争力；在退役优秀运动员自主创业的现实情况中，自主创业主体大都处于复杂多变的社会环境中，主体自身结构就具备复杂性，外加外部复杂多变的创业影响因素，如果主体不能及时调整各创业影响因素间的实际状态来降低感觉性选择出现的频率，就有可能在竞争中被淘汰出局。

---

① 曾晖，苏青. 基于NK模型和适应度景观理论的房地产企业危机管理系统适应性研究［J］. 五邑大学学报（自然科学版），2019，33（2）：36–43.

## 第三节 我国退役优秀运动员自主创业系统主体间交互行为

### 一、演化博弈论的引入

我国退役优秀运动员自主创业系统是由多个异质性主体构成的,各创业主体间的不同性质与联系为交互合作奠定了基础。创业系统主体是具有有限理性特点的异质性主体,在创业活动中表现为异质性主体间相互影响学习并在创业过程中进行相互学习模仿达到调整自身行为的目的[1]。前文通过NK模型的运用,对退役优秀运动员自主创业系统演化过程中的主体的适应性学习行为进行了描述刻画,但对于创业过程中多主体之间的交互合作行为,NK模型无法解释。为此,针对退役优秀运动员自主创业过程中多主体间的交互合作行为,本研究借鉴博弈理论中的演化博弈论,用以阐释退役优秀运动员自主创业多主体间交互合作行为的内在机理。演化博弈论兼具理论分析与动态演化过程分析的双重特点,能够有效揭示退役优秀运动员自主创业多主体间的交互合作行为。

### 二、退役优秀运动员自主创业系统多主体间交互合作的随机演化博弈模型

随机演化博弈的出现为人们揭示自然社会演变过程中存在的问题提供了科学的理论与方法,其原理是系统内主体在自身具有有限理性的情况下,各博弈方通过复制学习机制,提高自身的学习行为并最终达到均衡状态的动态演化过程[2]。演化过程中,将系统内的不同性质的个体相互组合形成族群,族群内组成个体在初始阶段不会考虑使自身收益最大化的贡献度,而是在不断的博弈过

---

[1] 王先甲,顾翠伶,赵金华,等.随机演化动态及其合作机制研究综述[J].系统科学与数学,2019,39(10):1533-1552.
[2] 龚小庆.博弈的统计演化分析[J].数学物理学报,2006(5):747-752.

程中逐渐调整自身贡献度，使自身收益不断优化[1]。

现实中的自主创业过程较为复杂，整个创业过程中存在诸多的主体投入，如政府主体的政策导向与财政支持、社会主体的创业环境的营造及创业积极条件的设立、学校主体针对创业知识理论不足的教学资源倾斜、家庭主体针对创业活动的人脉与经验帮助。各个创业主体在不同的创业过程中的贡献度也不尽相同，其本质是一种渐变的、连续的、随机的多主体演化博弈模型[2]。

对于随机演化博弈模型的构建，首先是对于模型内多主体间交互合作的函数关系进行搭建。我们假设退役优秀运动员自主创业系统的创业产生率为$X$，产生率的最大数值为$N$，依据研究需要，可构建Logistic方程的形式为

$$\frac{d_x}{d_t} = \alpha X \left(1 - \frac{X}{N}\right) \quad （公式5-4）$$

参数$N$取值的大小与退役优秀运动员主体对自身创业环境的适应程度、创业影响因素等外部环境有关；公式中的参数$\alpha$表示创业产生率的增值程度，$X$取值大小是随时间增加的动态因子，$1 = \frac{X}{N}$则是随时间减小的减速因子，随机代入数值验证，发现公式可以很好地反应自主创业主体之间作用的非线性和正负反馈特征。从现实情况的退役优秀运动员自主创业活动出发来考虑数值的界定，函数关系式中的$N$值取值需要大于0，$\alpha$取值也需要大于0。

对公式（5-4）求解可得公式（5-5）为

$$X = \frac{N}{1 + c \exp\left(\frac{\alpha}{N} t\right)} \quad （公式5-5）$$

在公式5-5中，$c$可表达为$e^{\tilde{c}}$，$\tilde{c}$为积分常数，其数值取值大小与整个创业系统层面设置的初始条件相关联。在公式5-4与公式5-5的基础上，设定退役优秀运动员群体中存在参与创业的主体$A_1$、$A_2$，那么可得公式5-6与公式5-7为

---

[1] 常诗雨，宋礼鹏. 基于演化博弈论的网络安全投资策略分析[J]. 计算机工程与设计，2017，38（3）：611-615.

[2] 张艳玲，莫廷钰，李松涛，等. 演化博弈与资源配置综述[J]. 工程科学学报，2022，44（3）：402-410.

$$\frac{dX_1}{dt} = \alpha_1 X_1 \left(1 - \frac{X_1}{N_1}\right) \quad \text{（公式5-6）}$$

$$\frac{dX_2}{dt} = \alpha_2 X_2 \left(1 - \frac{X_2}{N_2}\right) \quad \text{（公式5-7）}$$

同时，引入新的参数$k_1$和$k_2$，其中$k_1$可视为$A_1$的创业增长速度对$A_2$的创业产生率带来的影响作用大小，同样$k_2$可视为$A_2$对$A_1$的影响作用大小，且存在$k_1>0$，$k_2>0$。

基础函数框架搭设完毕之后，需要对退役优秀运动员自主创业系统的实际情况进行函数定义，那么下一步研究将面对的是创业过程中两种不同情况发生。

情境一：系统中存在两类同质性的自主创业主体，界定为两类创业主体拥有相同水平的创业条件，即给对方的创业支持相等。当两类主体独自创业时，可用公式5-6和公式5-7分别表示两类主体的创业成功率；当两类主体进行合作创业活动时，它们能够通过交互合作实现创业优势条件的共享，结果导致创业成功率得到提升，此时我们可得到方程式5-8为

$$\begin{aligned}\frac{dX_1}{dt} &= \alpha_1 X_1 \left(1 - \frac{X_1}{N_1} + k_1 \frac{X_2}{N_2}\right) \\ \frac{dX_2}{dt} &= \alpha_2 X_2 \left(1 - \frac{X_2}{N_2} + k_2 \frac{X_1}{N_1}\right)\end{aligned} \quad \text{（公式5-8）}$$

随着两类同质性的自主创业主体合作创业的不断深入，两类同质性的自主创业主体之间产生稳固的相互联系，此时创业系统处于稳定状态，那么公式5-8将会演变为公式5-9：

$$\begin{aligned}\frac{dX_1}{dt} &= \alpha_1 X_1 \left(1 - \frac{X_1}{N_1} + k_1 \frac{X_2}{N_2}\right) = 0 \\ \frac{dX_2}{dt} &= \alpha_2 X_2 \left(1 - \frac{X_2}{N_2} + k_2 \frac{X_1}{N_1}\right) = 0\end{aligned} \quad \text{（公式5-9）}$$

对公式5-9适当求解可得到两个同质性的自主创业活动的均衡点，$C_1(0, 0)$，$C_2(N_1, 0)$，$C_3(0, N_2)$，$C_4\left[\frac{N_1(1+k_1)}{1-k_1 k_2}, \frac{N_2(1+k_2)}{1-k_1 k_2}\right]$，在此基础上，对公式5-9在均衡点展开并保留一次项，得到公式5-10为

$$\frac{dX_1}{dt} = \alpha_1 \left(1 - \frac{2X_1}{N_1} + k_1 \frac{X_2}{N_2}\right)(X_1 - X_1^0) + \alpha_1 k_1 \frac{X_1}{N_2}(X_2 - X_2^0)$$

$$\frac{dX_2}{dt} = \alpha_2 \left(1 - \frac{2X_2}{N_2} + k_2 \frac{X_1}{N_1}\right)(X_2 - X_2^0) + \alpha_2 k_2 \frac{X_2}{N_1}(X_1 - X_1^0)$$

（公式5-10）

通过对上述两类同质性的自主创业主体活动的均衡点观察可以发现，$C_1$、$C_2$、$C_3$都不是稳定均衡点，假设在函数关系式中存在$k_1k_2<1$，那么$C_4$将会是稳定均衡点。当两类同质性的自主创业主体之间的交互合作关系处在稳定状态时，它们各自的创业产生率将会是大于1的结果，说明对等帮扶创业条件下创业主体最终的创业成功率较高，预示合作创业向好发展。

情境二：具体到现实情况下的退役优秀运动员自主创业活动，系统中合作创业的参与者更多的是具有异质性创业主体。此情境下，分别将两类参与主体标记为核心主体$A_1$和运动员创业主体$A_2$，其中主体$A_1$具有更多的创业优势条件与资源。通常情况下，$A_1$通过与$A_2$的交互合作，交互合作的双方都获得了更高的创业收益；对于$A_2$来说，基于自身在创业过程中的不足，如果缺少$A_1$的参与合作，创业收益一般会处于中下水平或是没有创业收益的产生，由此情形可得到公式5-11为

$$\frac{dX_1}{dt} = \alpha_1 X_1 \left(1 - \frac{X_1}{N_1} + k_1 \frac{X_2}{N_2}\right)$$

$$\frac{dX_2}{dt} = \alpha_2 X_2 \left(1 - \frac{X_2}{N_2} + k_2 \frac{X_1}{N_1}\right)$$

公式（5-11）

同样，按照上述流程进行展开，得到公式5-12为

$$\frac{dX_1}{dt} = \alpha_1 \left(1 - \frac{2X_1}{N_1} + k_1 \frac{X_2}{N_2}\right)(X_1 - X_1^0) + \alpha_1 k_1 \frac{X_1}{N_2}(X_2 - X_2^0)$$

$$\frac{dX_2}{dt} = \alpha_2 \left(1 - \frac{2X_2}{N_2} + k_2 \frac{X_1}{N_2}\right)(X_2 - X_2^0) + \alpha_2 k_2 \frac{X_2}{N_1}(X_1 - X_1^0)$$

（公式5-12）

通过对上述两类异质性的自主创业主体活动的均衡点观察可以发现，$C_1$、$C_2$、$C_3$都不是稳定均衡点，假设在函数关系式中存在$k_1k_2<1$，$k_1<1$，$k_2>1$，那么

$C_4$将会是稳定均衡点。在两类异质性主体交互合作参与下的退役优秀运动员自主创业活动中，可以看出核心主体对退役优秀运动员创业主体的创业成功率具有较强的影响作用，而后者对前者的影响作用相对较小。

通过上述分析可知，在有限的资源条件下，主体选择合作创业能够提高创业成功率，从而获得更为显著的创业收益。从复杂适应系统理论角度分析多主体间的交互合作行为，其实质是在多主体交互合作的基础上对主体自身适应性学习行为的一个提升过程。因此，系统演化过程中的适应性主体在经过一段时间的自身发展后，为了突破独立创业所面临的发展困境，向外扩展搜索范围主动寻找其他创业合作主体，可能会获取更大的经济价值，而这类主体无论从理论层面还是实践层面，都应是来自政府、社会、学校以及家庭等的异质类主体。

### 三、退役优秀运动员创业系统主体交互合作的演化博弈模型仿真

函数模型的设计更好地为交互合作的演化博弈仿真模型提供了仿真基础，在具体的仿真过程，本研究借助Matlab软件进行编程，从系统层面对相关参数进行设定，利用计算机仿真方法开展多主体交互合作行为的仿真研究，仿真内容上选择更贴近现实的异质性主体参与的退役优秀运动员自主创业活动。

第一步：假设退役优秀运动员自主创业主体间合作创业的成本分别为$C_1=10$、$C_2=2.5$，创业过程中异质性主体采取合作创业策略所能得到的收益记设为$B$，参数$B$的取值为4；模型规定在创业活动最终的利益分配中，核心创业主体效益占比为$\alpha$，参数值设为0.7；创业过程中政府、社会等给予创业活动的支持额度设为$S$，参数取值为3，创业过程中创业主体可获取的支持额度比例设为$\beta$，参数取值为0.6；整个仿真初始值$X$参数值为0.6、$y$参数值为0.7，创业率记为$F(x)$、$F(y)$，则有公式5-13：

$$F(x) = d_x/d_t = x(1-x)(4.6y-10)$$

（公式5-13）

$$F(y) = d_y/d_t = y(1-y)(2.4x-2.5)$$

仿真结果如图5-11所示。

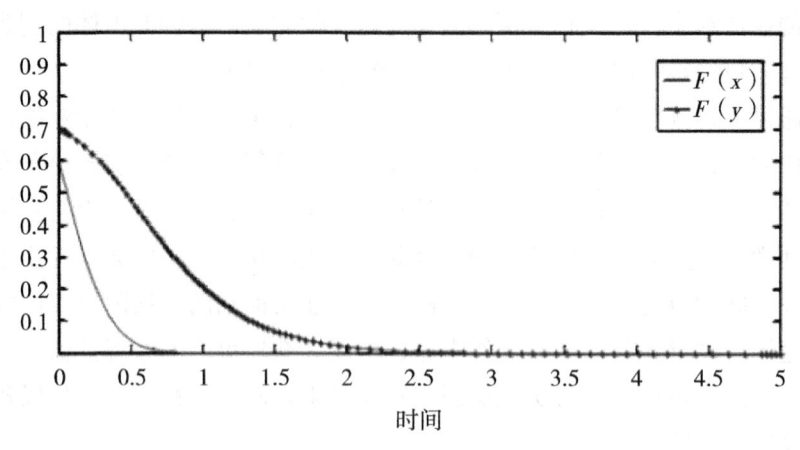

图5-11　第一步博弈均衡图

由图5-11可以看出，最终的博弈均衡点为（0，0），说明在此情形设定下异质性退役优秀运动员自主创业博弈双方都选择了不合作的创业策略。

第二步：为改变退役优秀运动员自主创业异质性主体双方不合作创业的情形，参数设定上减小合作创业成本$C_1$为2、$C_2$参数值取值为0.5，其他条件不变，则第一步中的公式可以变为公式5-14：

$$F(x) = d_x/d_t = x(1-x)(9.2y-2)$$
$$F(y) = d_y/d_t = y(1-y)(4.8x-0.5)$$

（公式5-14）

仿真结果如图5-12所示。

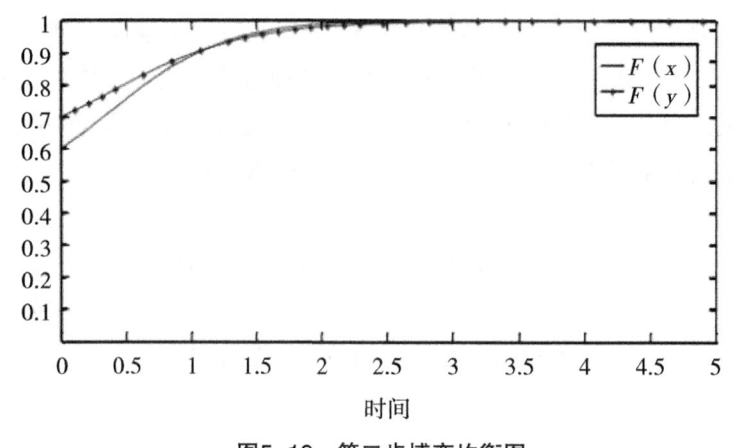

图5-12　第二步博弈均衡图

从图5-12中可以看出，最终的博弈均衡点为（1，1），即合作创业成本减少之后，异质性退役优秀运动员自主创业博弈双方选择了合作创业策略。

第三步：在第二步仿真模型的基础上，创建更好的创业条件与更高的创业收益，参数设置上增大合作创业收益为$B$，取值为8，增大政府、社会等支持额度为$S$，取值为6，其他条件与第二步相同，则第二步中的公式5-14可以变为公式5-15：

$$F（x）=d_x/d_t=x（1-x）（4.6y-2）$$

$$F（y）=d_y/d_t=y（1-y）（2.4x-0.5）$$

（公式5-15）

仿真结果如图5-13所示。

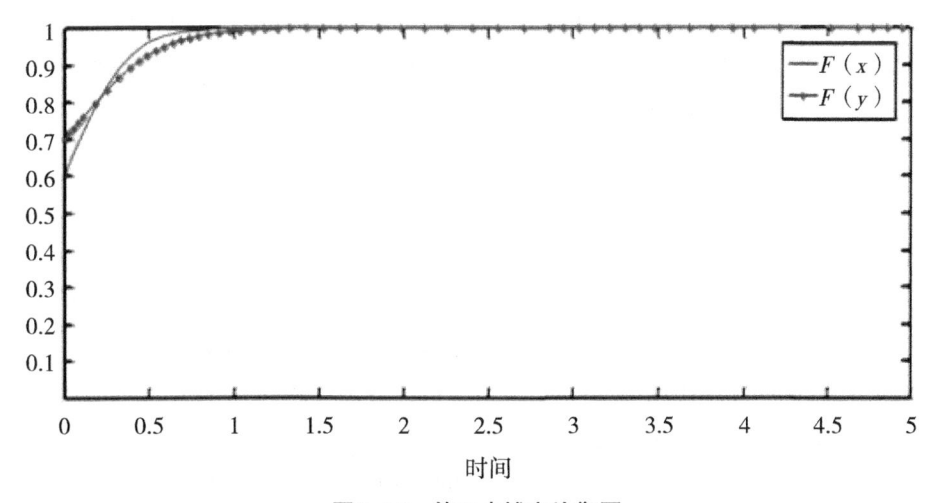

图5-13　第三步博弈均衡图

从图5-13中可以看出，最终的博弈均衡点为（1，1），此次仿真结果可以理解为当创业收益和政府支持额度增加时，异质性退役优秀运动员创业主体在博弈过程中选择合作创业策略，并且此情形下达到均衡所需时间要比系统中独立创业所耗费的时间更短。

## 第四节 我国退役优秀运动员自主创业系统多主体行为涌现

### 一、群体行为涌现效应的引入

群体行为是指由大量异质性主体自由组合形成的群体，通过相互影响、相互作用涌现出来的一种整体行为[1]。涌现效应的实质是指在由众多相互作用与影响的个体组成的群体中，系统存在一项平衡的、非线性的临界线，当系统内部发生变化时，系统在整体层面会出现突破临界线而发生突变的现象，从而打破原有系统中的混沌无序状态，进而涌现出新的具有稳定结构的新主体，此时，系统产生了新的稳定有序的结构变化[2]。针对退役优秀运动员自主创业系统中的群体涌现行为的研究，我们将从群体涌现行为的规模效应与结构效应入手进行分析，探究其涌现机理。

#### （一）群体行为涌现的规模效应

从系统整体层面分析，系统组成个体的数量差异变化会产生不同的系统规模，从而导致系统性质层面的变化，这一变化过程就是系统的规模效应[3]。自主创业主体行为涌现效应的大小取决于退役优秀运动员自主创业系统的规模，而主体数量是系统规模大小的直观表现。

退役优秀运动员自主创业主体行为的涌现规模效应具体包括：第一，数量的规模，表现为系统内只有主体数量满足一定要求时，主体的聚集才会引发系统产生涌现现象[4]，退役优秀运动员自主创业系统中，创业活动参与的主体

---

[1]姚灿中，杨建梅.基于动态拓扑的空间演化博弈与群体行为分析[J].计算机工程与应用，2012，48（3）：29-31.

[2]霍兰.涌现——从混沌到有序[M].陈禹，等，译.上海：上海科技出版社，2001.

[3]王元卓，于建业，邱雯，等.网络群体行为的演化博弈模型与分析方法[J].计算机学报，2015，38（2）：282-300.

[4]刘洪.涌现与组织管理[J].研究与发展管理，2002（4）：40-45.

数量越多，涌现现象发生的概率也会随之升高。第二，群体内组成个体质的规模，表现为系统内组成主体质量的要求。系统想要实现在整体层面发生涌现现象，这就要求系统内大量异质性主体自身具备更高的品质要求，即退役优秀运动员创业主体自身具备较好的创业知识技能、较为广泛的人脉资源与便利的创业优势条件。基于此，大规模高质量主体相互聚集在整体层面上才会更容易产生涌现现象，推动退役优秀运动员主体自身的适应性在整个创业系统中更为有效地进行演化。

为了更为直观地理解涌现的规模效应，可以通过图5-14进行描述。图5-14中第Ⅱ象限因同时具备高的量与质的规模，所表达的涌现性也是最高的。而在第Ⅲ象限中，由于组成是由较低的量与质的主体，所表达的涌现性在整体层面为最低。剩余的第Ⅰ与第Ⅳ象限，因其都由一项高和一项低的规模组成，所以涌现性表现为中等水平。

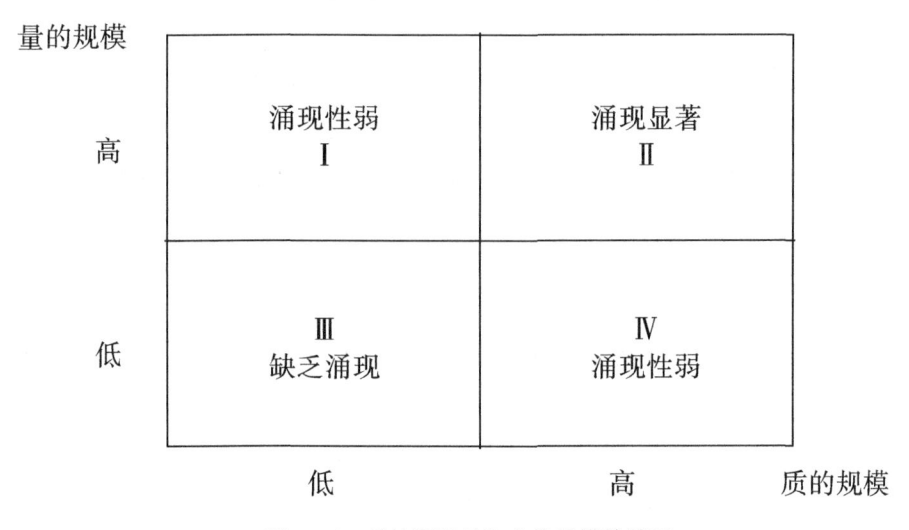

| 量的规模 | 低 质的规模 | 高 质的规模 |
|---|---|---|
| 高 | 涌现性弱 Ⅰ | 涌现显著 Ⅱ |
| 低 | Ⅲ 缺乏涌现 | Ⅳ 涌现性弱 |

图5-14 系统涌现性和主体规模的关系

## （二）群体行为涌现的结构效应

在前文的分析过程中可知，退役优秀运动员自主创业系统是一类复杂适应系统，那么基于其复杂适应特点，在最终系统层面的群体行为涌现过程中，系统涌现现象的结构效应可以从两个方面进行分析。

演化方式一：多主体构成的退役优秀运动员自主创业系统自发式结构演进，即创业系统演化方向缺乏目的性，整体演化过程是在自主创业系统内外部条件共同推动下造成结构效应的转变以达到被动演化的目的。

演化方式二：诱发式演化主导的多主体构成的退役优秀运动员自主创业系统主动式结构演进，表现为整体演化过程以自主创业系统内外部条件为参考，主动且积极地对系统结构进行优化。退役优秀运动员自主创业系统自身就处于一种动态的、自发性的动态变化过程中，基于此特点，系统演化过程中，运动员主体需提高自身适应性以保证系统结构的不断优化，达到系统演化的最终稳定状态。

综上所述，退役优秀运动员自主创业系统演化的最终涌现过程是通过系统的规模与结构效应共同作用下而产生的系统优化现象。

## 二、退役优秀运动员自主创业多主体仿真模型建立

要想对退役优秀运动员自主创业系统的群体涌现行为进行研究，就需建立具有规模效应与结构效应的整体层面的群体行为涌现仿真模型，对创业系统整体演化路径与内部主体行为刻画描述是整个仿真模型构建的核心思想。

### （一）多主体仿真平台

我国退役优秀运动员自主创业系统属于一类复杂适应系统，针对复杂适应系统的研究，本研究采用基于Agent的仿真建模方法，选用芝加哥大学开发的开源建模工具——基于Java语言编程的Repast仿真平台进行研究操作，该应用过程需对其进行独立编程操作（表5-7）。

表5-7 Repast仿真程序核心构成模块

| 模块名 | 说明 |
| --- | --- |
| Agent类 | Agent的活动属性、行为规则 |
| 行为类 | 系统内各Agent类的规则描述集合 |
| 数据源类 | 内外部环境数据、经济数据环境 |

本研究仿真模拟依托Repast仿真平台选用Eclipse编译环境为基础，运用Java语言在Repast仿真平台上完成对退役优秀运动员自主创业多主体仿真模型构建及运行，平台框架如图5-15和图5-16所示。

**图5-15　Repast仿真平台编程界面**

**图5-16　Repast仿真程序操作界面**

## （二）退役优秀运动员自主创业主体的行为描述

仿真模型是对现实世界的高度抽象，依据前文的研究基础，本研究仿真模型的设计主要包括五类主体，即政府、社会、学校、家庭和退役优秀运动员。为使仿真过程简洁易行，本研究根据需要，对主体的行为描述选取退役优秀运动员创业系统主体自身的创业能力属性和创业经济属性两个方面，其他关联程度较小的创业条件可归结于两大属性设计中。本研究对退役优秀运动员自主创业主体的行为描述如表5-8所示。

表5-8 退役优秀运动员自主创业主体的行为描述

| 主体 | 活动范围 | 行为描述 |
| --- | --- | --- |
| 政府 | 整个创业过程始末 | 鼓励创业：出台激励措施来鼓励主体进行创业 |
| 社会 | 在自主创业范围内和其他主体相互作用 | 资金扶持：天使投资，银行免息贷款等；创业服务：创业孵化基地租赁 |
| 学校 | 在自主创业范围内和其他主体相互作用 | 创业教育：创业知识、技能；平台：免费提供创业孵化平台 |
| 家庭 | 在自主创业范围内和其他主体相互作用 | 资金支持：家庭资金注入；经验：人生阅历传授；关系资本：帮助建立创业网络 |
| 退役优秀运动员 | 整个创业过程始末 | 资金注入：整个创业过程的资金投入；创业方向选择：有利或不利于创业活动的发展；经营管理：整个创业发展过程的掌控 |

本研究所涉及的五大参与主体：政府，主导推动退役优秀运动员自主创业；社会，营造创业氛围，提供创业服务；学校，打造退役优秀运动员创业教育主战场；家庭，形成助推退役优秀运动员自主创业内驱动；退役优秀运动员是自主创业活动的行动发出者与重要创业活动产生与发展的最主要驱动力。此处需要说明的是，因为主体行为的不同，在仿真建模时描述也会存在差异。

（三）退役优秀运动员自主创业多主体仿真模型的逻辑结构

针对退役优秀运动员自主创业系统演化过程中的群体行为涌现现象的刻画，要先明晰创业活动过程中各主体的相互作用机制，模型将各参与主体均抽象为不同Agent，在此基础上，通过对主体行为规则、属性进行Java语言的底层程序编程，最终建立整体层面的系统演化仿真模型，实现仿真实验的顺利进行。整体层面的系统演化仿真模型建立的内部逻辑结构如图5-17所示。

第五章 基于CAS理论的我国退役优秀运动员自主创业系统的演化

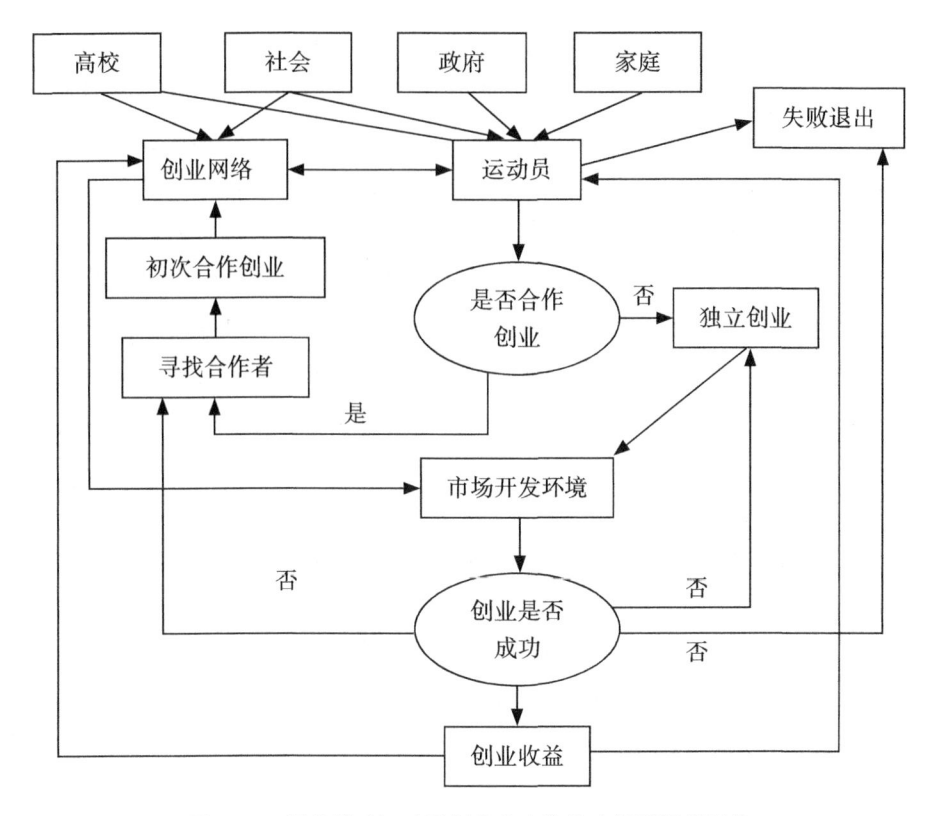

图5-17 退役优秀运动员创业多主体仿真模型逻辑结构

首先，退役优秀运动员是自主创业活动的主体，过程中表现为明显的经济属性，学校与社会主体的支持属性表现突出，从而会促进退役优秀运动员主动与学校和社会进行良性互动，奠定创业网络产生的基础。

其次，退役优秀运动员创业主体还会受政府政策、家庭创业支持的影响作用，过程中政府会根据经济发展程度、就业安置情况等为退役优秀运动员主体提供创业支持，政策导向影响主体的合作贡献度。系统中的创业主体基于自身所具备的创业能力与创业经济条件，按照仿真模型设定的规则进行活动。开始阶段主体按照规则设定搜集利于创业活动开展的支持条件，实现主体之间的信息交流通信，进而不断提升自身的适应性学习行为，如果系统中单独创业失败，可能选择退出创业活动。当然，主体为提高创业活动的成功率与获得更高的创业收益，也可能主动寻求与其他创业主体合作，通过主体间的不同创业优势条件的有效组合与交互合作行为的产生与发展，形成新的创业主体，形成新

149

的"适应",此时不同组合的选择会导致不同行为差异的产生。随着多主体合作的创业活动的不断开展与成功,会形成较为稳定的新创业组合,随后新创业组合形成的创业主体继续寻求创业合作者,持续的交互合作加速具有复杂结构特征的创业网络形成,最终在系统整体仿真模型上呈现出涌现的现象。

最后,若主体的资金量相应减少,当减少至零以下时即为破产,或合作创业失败、单独创业失败、失败次数各超过两次(不含两次),那么系统将会判定运动员创业失败,导致自身在创业空间中消失,在模型中体现为破产退出。

因为创业是一种经济现象,创业产生的机制主要为创业与就业间预期收益的差异,差距越大,创业意愿越强烈,本研究参考托达罗模型建立函数表达式为

$$M=f(d), f>0 \qquad (公式5-16)$$

式中,假设 $M$ 表示创业过程最终的经济收益,得到 $d=r_c-r_b$,$r_c$ 为创业活动的预期收入,$r_b$ 为选择就业时的就业预期收入,$d$ 为选择创业与选择就业时两者之间收益差额;$f>0$ 为最终的创业收益 $M$ 是在函数关系上是收益差 $d$ 的增函数。此外,创业活动并非每个人都能实现,因此创业的最终受益应为创业预期收益乘以创业成功的概率,即 $r_c=P \times W$,$P$ 为在退役优秀运动员自主创业成功的概率,$W$ 为创业实际的收益。

因此,在一般情境的建模仿真中,创业活动会出现三种情形:

情境一:创业预期收入大于就业预期收入,创业活动获得成功。

情境二:创业预期收入等于就业预期收入,创业活动会暂缓或停止。

情境三:就业收入预期收入大于创业预期收入,退役优秀运动员中的一部分会停止创业活动。

为了仿真模拟更符合现实情况,过程中对其引入其他变量:

设定变量值国家的扶持政策 $P$,创业风险 $\alpha$,就业时可能失业的风险 $\beta$,主体的创业知识总量 $k$,学习能力 $l_a$;$K_n$ 为退役优秀运动员创业知识的更新过程,$K_b$ 为不选择创业时的就业技能知识。

系统仿真过程中主体的活动具有两种选择方式,即选择创业,进而参与到系统演化过程中;选择就业,退出系统仿真模拟过程。研究只考虑主体创业活动的演化过程,因此在整体演化的规模效应上,不同情况下的仿真实验退役优秀运动员数量都在不断更新,本研究定义退役优秀运动员创业与就业的倾向分别为

$$r_y=P \times (1-\alpha) \times G_y \qquad (公式5-17)$$

$$r_n = (1-\beta) \times G_n \quad \text{(公式5-18)}$$

假设公式5-17创业风险$\alpha$取值为[0-1]，那么就存在$\alpha \in [0, 1]$；就业风险$\beta$取值范围[0-1]，则存在$\beta \in [0, 1]$。$r_y$表示为运动员主体的创业倾向，$r_n$表示为运动员主体的就业倾向。当$r_y > r_n$时，退役优秀运动员选择创业，$r_y > r_n$时，退役优秀运动员在创业活动中选择就业。

系统中，主体对创业活动最终收益的多少最初源于主体自身的主观感知，即运动员的感知收益，因此退役优秀运动员对创业和就业的感知收益表达式为

$$G_y = K_n \times E_y \quad K_n \in [0, 1] \quad \text{(公式5-19)}$$

$$G_n = K_b \times E_b \quad K_b \equiv 1 \quad \text{(公式5-20)}$$

其中，公式中的$K_n$表示创业知识的更新，因主体自身适应性学习行为的不断增强，其数值也处在不断变化当中，取值范围[0, 1]。退役优秀运动员主体不选择创业活动而选择就业的知识$K_b$，在系统整体层面上表现为退役优秀运动员就业的知识技能量是完全具备的，即$K_b \equiv 1$，当退役优秀运动员创业主体在系统设定中选择了就业活动，就意味着就业活动会获得稳定的收益；$E_y$含义为退役优秀运动员主体选择创业活动时的理论收益，$E_b$表示退役优秀运动员主体选择就业活动时理论收益，$E_y$、$E_b$都对退役优秀运动员创业主体的主观感知收益具有正向的影响。

本文研究的是退役优秀运动员自主创业系统的演化过程，基于系统中创业主体自身适应学习能力不同，并且运动员是一个相对封闭的群体，获取创业知识技能的途径相对单一。因此，在系统演化仿真模拟设计方面假设退役优秀运动员主体获取创业知识的与技能的途径主要是通过参与学校相关创业知识课程的学习以及与其他创业运动员之间相互交流学习创业经验来获取的，此时运动员创业知识更新过程变为

$$K_n = K_n' + I_a \times \frac{K_i}{S} \quad \text{(公式5-21)}$$

公式5-21中，$K_n'$为上一期运动员主体自身具备的创业知识，系统中退役优秀运动员因个体差异所造成的学习能力的不同，最终形成系统中各运动员创业主体学习的结果存在差异性。针对公式5-21，此处假设学习能力$I_a$服从函数

中的随机均匀分布，$I_a \in [0, 1]$；$S$为退役优秀运动员创业主体在每一期的仿真模拟期间，在整个系统层面只会与有限的$S$个其他创业运动员主体进行创业知识技能的交流与学习；$K_i$为系统中主体交流学习的第$i$个创业主体具备的创业知识与技能程度。

现实情况下的创业与就业活动的最终收益情况难以定义，类比到系统中也存在同样的问题，本研究需要做的是给予一个合理的假定收益值，因此，退役优秀运动员创业与就业的理论收益之间存在不确定关系，公式为

$$E_y = E_b + e \quad \text{（公式5-22）}$$

公式5-28中，$E_y$、$E_b$为系统中主体主观层面的收益，$e$服从$[0, 1]$的均匀分布，即设定$e \in [0, 1]$。本文假设退役优秀运动员在系统规则设定下参与创业获得的收益比不参与创业活动时获得的收益多，此时存在$e > 0$的情况发生。

### 三、仿真实验与结果分析

#### （一）Repast仿真模型参数设计

Repast仿真平台自身设定有专属仿真时钟算法，在此将仿真模型中的时间$t$设定范围为$[1, 1500]$，整个仿真模型的参数设定与数量关系如表5-9所示。

表5-9 模型中各变量含义、满足的分布或函数关系汇总

| 参数 | 名称 | 分布/函数关系 |
| --- | --- | --- |
| $N$ | 退役优秀运动员数量 | $N(0, +\infty)$ |
| $P$ | 创业政策 | $[0.1, 2]$ |
| $\alpha$ | 创业风险 | $[0, 1]$ |
| $\rho$ | 就业风险 | $[0, 1]$ |
| $K_n$ | 创业学习 | $[0, 1]$ |
| $K_b$ | 就业知识 | $1$ |
| $I_a$ | 学习能力 | $[0, 1]$ |
| $A_1$ | 生存型创业收益 | $[0, 100]$ |

（续表）

| 参数 | 名称 | 分布/函数关系 |
|---|---|---|
| $A_2$ | 机会型创业收益 | [100，+∞] |
| $C$ | 退役补偿金 | 36、40、42 |

仿真模型编程过程中，$P$含义为政府积极的创业政策支持，取值范围 [0.1，2]；$\alpha$ 为退役优秀运动员创业活动存在的风险，取值范围 [0，1]；$\beta$ 为不选择创业进而选择就业所面临的风险，取值范围同样设置为 [0，1]；$K_n$ 为退役优秀运动员的创业学习，取值范围为 [0，1]；$K_b$ 为不进行创业选择就业所具备的知识，这里假设就业知识充足，则 $K_b \equiv 1$；$I_a$ 含义为系统演化中退役优秀运动员的学习能力，取值范围 [0，1]。在本文仿真结果的表达上引入生存型创业与机会型创业两种结果表达方式，即系统中具有较低创业能力与创业资本且初创业之外没有其就业选择的创业主体选择的创业方式称为生存型创业；反之，具有较高创业能力与创业优势条件的主体借助创业活动的开展获取更多创业收益的创业方式为机会型创业。系统仿真过程中设定创业收益大于或等于100时，不论开始阶段是哪种创业形式，自动转变为机会型创业；反之，创业收益小于100时，转变为生存型创业。

本文研究的是退役优秀运动员自主创业系统的演化过程，更符合现实情况下的创业活动，实验设计了多组多情境的仿真模拟，但不论是何种情境下的仿真，系统关键数据的初始值设定如表5-10所示，其他参数均为默认值。

表5-10 仿真模型主要初始参数值设置

| 参数 | 初始值 |
|---|---|
| 政府 | 1 |
| 税率 | 15% |
| 社会 | 100 |
| 学校 | 50 |
| 家庭 | 3 |
| 退役优秀运动员 | 300 |

退役优秀运动员自主创业系统的演化仿真参数设置按照表5-9参数值设置完毕后，通过操作界面开始仿真过程，当仿真市场达到1500期时，系统演化达

到持续稳定状态，仿真过程自动停止运行，仿真结束，仿真模拟过程如图5-18所示。

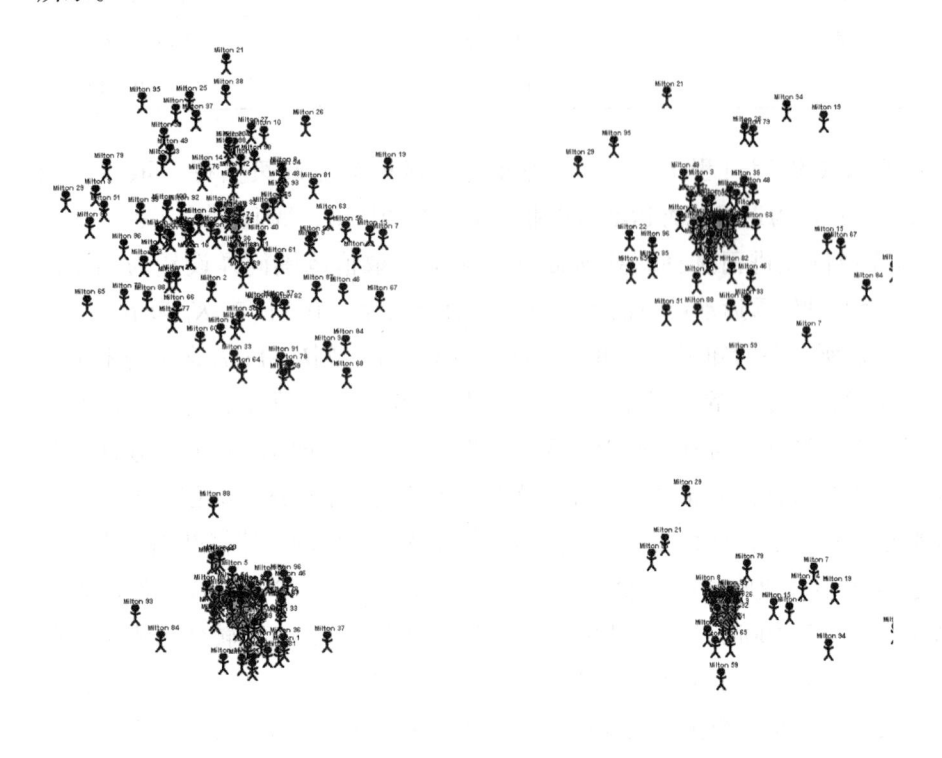

图5-18 仿真效果图

图5-18中，整个白色区域代表主体在创业活动中所开展的区域，中间的点代表支持条件，主体在开展创业活动的过程中越是靠近中间红心区域，表示主体越有机会得到创业积极条件的支持，对于创业活动的顺利开展具有正向促进作用。反之，距离主体中心位置越远，距离边界区域越近，表示越不容易得到创业积极条件，创业难度越大。

## （二）仿真实验与结果分析

### 1. 一般情境仿真

实验1：政府创业政策对退役优秀运动员创业活动的影响。

实验1中，我们重点关注的是政府创业政策的变化对系统层面创业活动的演化具有何种影响，因此调整政府政策值P，取值分别为0.5与1.5，观察退役优秀运动员创业活动的演化过程。调整政策P值时的仿真实验，结果如图5-19～图5-25所示。

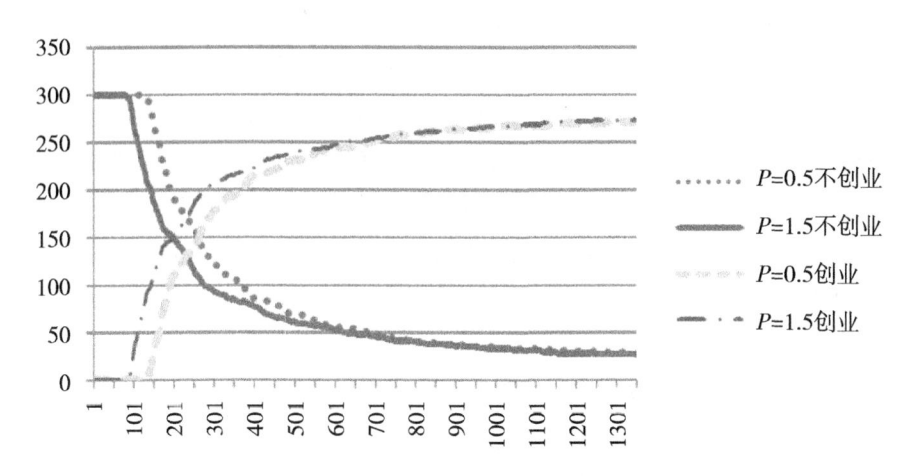

图5-19 政策值P=0.5与P=1.5时仿真结果图

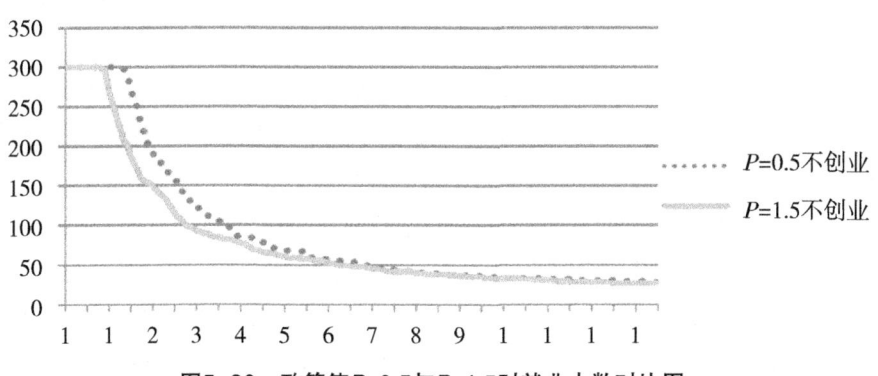

图5-20 政策值P=0.5与P=1.5时就业人数对比图

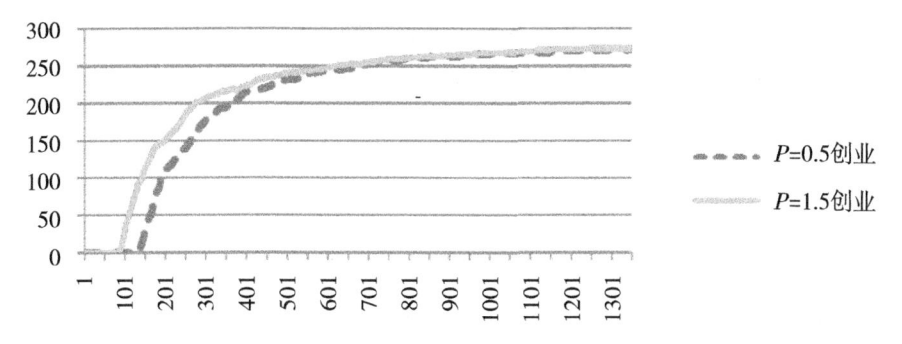

图5-21 政策值P=0.5与P=1.5时创业人数对比图

由图5-19~图5-21的仿真结果可以看出，$P$在不同取值情况下仿真结果中选择创业活动的退役优秀运动员人数均呈现增长态势。将图5-19作为参照图进行分析，$P$取值0.5的情况下，$t$值150期为一个时间节点，0~150期表现为由于缺乏积极有力的创业政策支持，退役优秀运动员主体进而选择更为保守的就业活动，创业人数为0；当仿真时间$t$为150期时，情况发生转变，选择创业的退役优秀运动员人数开始迅速增加，且在150~250期人数增长最为迅速，但由于政府创业政策支持力度相对较小，系统中参与创业的主体人数少于选择就业的人数，更多人选择稳定的就业效益。演化过程的另一个时间节点出现在250期左右，此时系统演化的结果是选择创业与就业的运动员主体人数开始持平，之后创业主体人数增长放缓，原因是相对较低力度的政府政策支持再难以激发系统内主体的创业积极性，系统达到演化稳定状态。

仿真模型的其他参数不变，政策$P$值调为1.5时，系统演化的第一个时间节点出现在100期左右，表现为随着政府创业政策力度的提升，创业系统演化过程中更早地出现了创业运动员的身影；第二个节点出现在200期左右，相比于$P$值为0.5的情况，系统中选择创业的运动员人数更早地超过了选择就业的运动员人数，且此情境下，创业运动员主体数量增长的速度曲线坡度更大，增长速率更快。政府积极的创业政策支持增加了运动员投身创业活动的热情与积极性，促使系统内运动员主体更早地投入创业活动，以期在更短内时间的获取创业收益。

从创业动机来看，创业活动分为生存型创业与机会型创业[1]。生存型创业往往门槛较低，是创业者为了生计不得已而开展的创业活动，如退役田径运动员邹春兰经营小卖部等；而机会型创业是创业者基于对市场的判断，瞄准商机有准备地开展创业活动，如退役体操运动员陈一冰瞄准健身市场成立"型动体育"等。从图5-22~图5-25仿真结果来看，政策的变化对退役优秀运动员生存型创业与机会型创业的影响差异不大。生存型创业都是呈现先增长后回落的态势，机会型创业呈现的都是逐渐增长的态势。

---

[1] 王庆.生存型与机会型创业研究综述［J］.合作经济与科技，2021（16）：94-95.

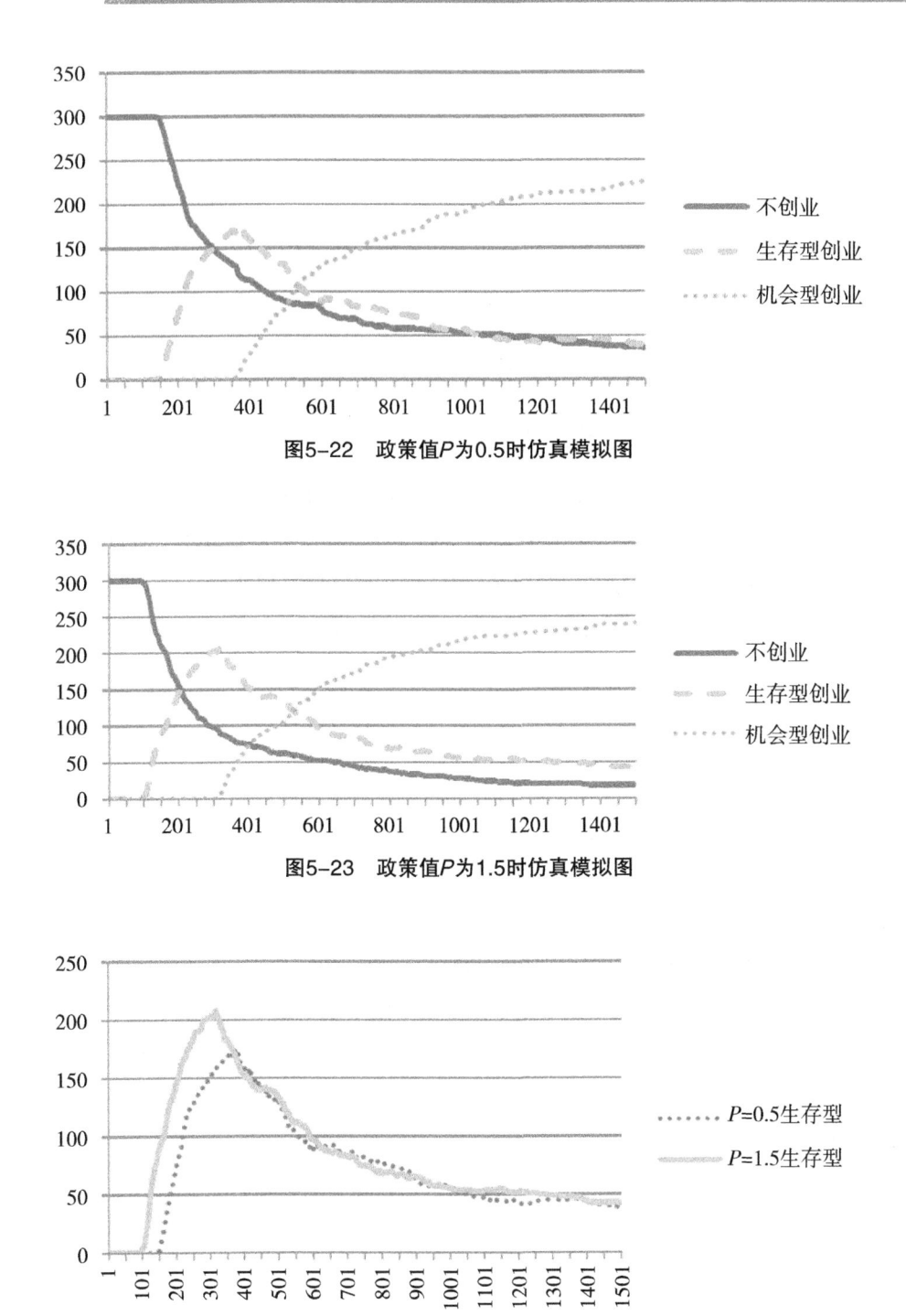

图5-22　政策值P为0.5时仿真模拟图

图5-23　政策值P为1.5时仿真模拟图

图5-24　政策值P=0.5与P=1.5生存型创业对比图

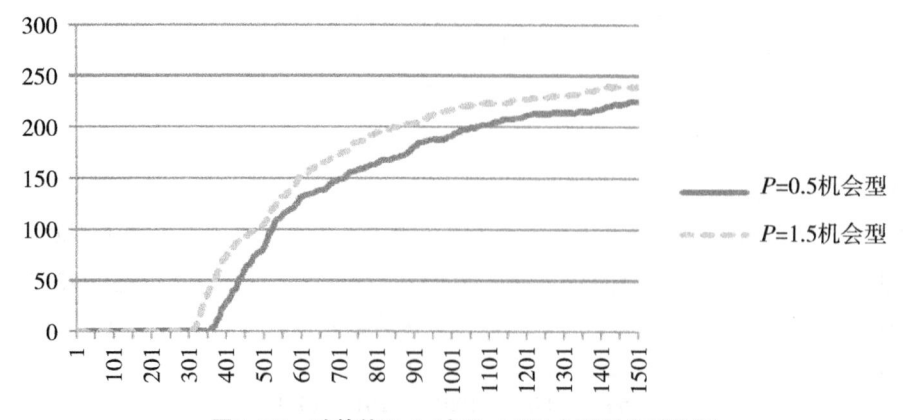

图5-25 政策值P=0.5与P=1.5机会型创业对比图

实验2：退役优秀运动员创业学习对创业活动的影响。

实验2中假设系统其余参数为定值，政策值P设定为初始值1，通过调整退役优秀运动员的学习能力值来观察退役优秀运动员自主创业动态演化过程。本实验$l_a$选取0.2、0.8为仿真对象，仿真实验结果如图5-26~图5-30所示。

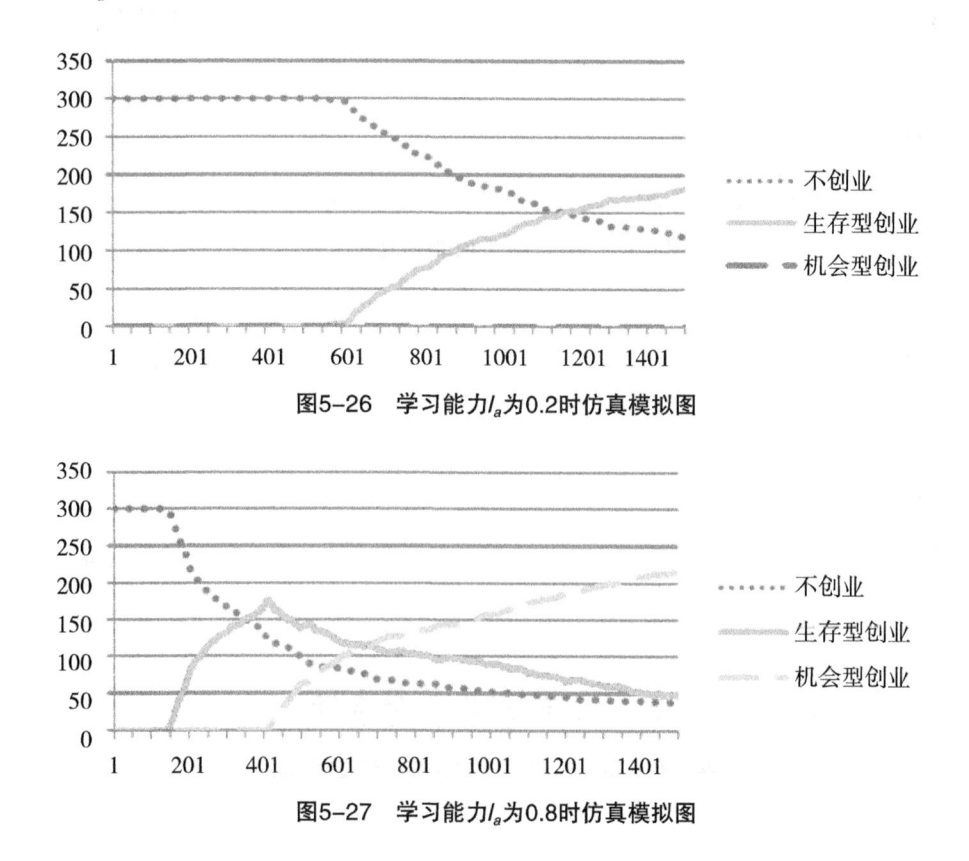

图5-26 学习能力$l_a$为0.2时仿真模拟图

图5-27 学习能力$l_a$为0.8时仿真模拟图

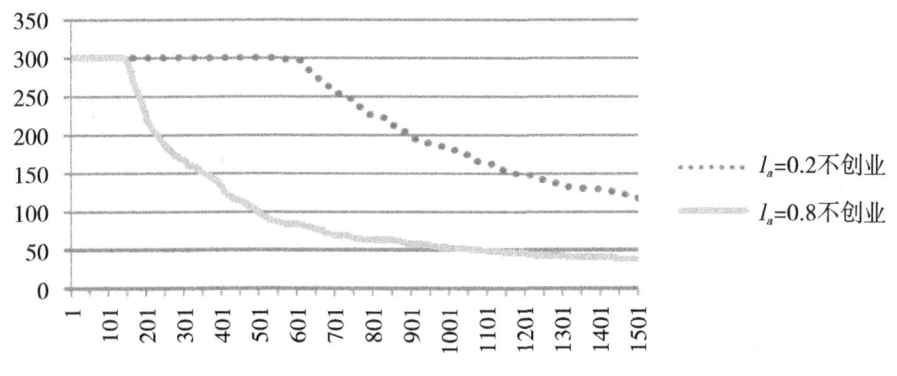

图5-28　学习能力$l_a$为0.2、0.8时就业人数对比图

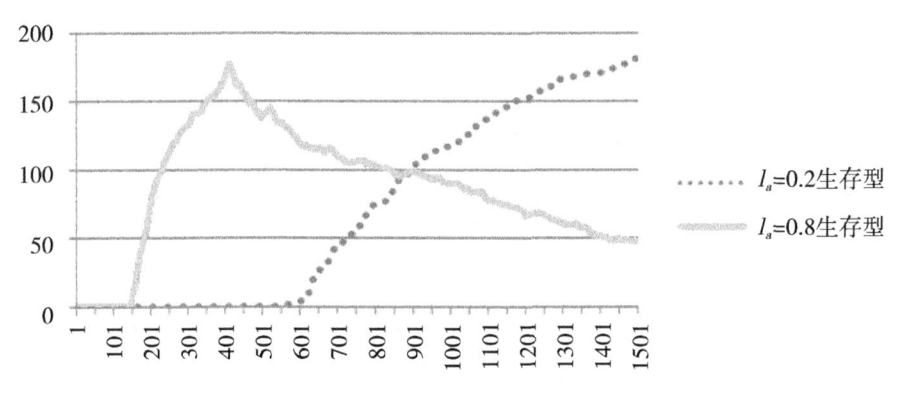

图5-29　学习能力$l_a$为0.2、0.8时生存型创业人数对比图

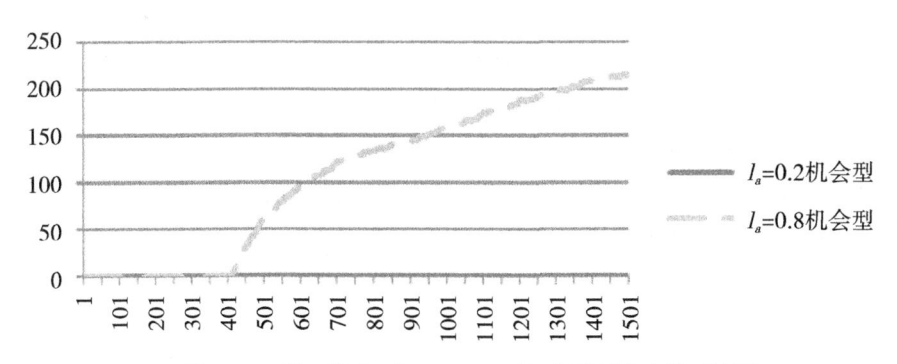

图5-30　学习能力$l_a$为0.2、0.8时机会型创业人数对比图

退役优秀运动员的学习能力是演化过程中主体适应性学习行为开始的基础，在现实条件下或是系统模拟过程中都具有极其重要的作用。在复杂多变的创业环境下，掌握越多的创业知识，越会提高退役优秀运动员的抗风险能

力，越能识别创业机会、抓住创业机遇，因此运动员自身学习能力的强弱是根本。

由图5-26~图5-30可以看出，开始阶段，设定系统内运动员创业主体的学习能力$l_a$取值为0.2，此情境下系统演化过程中，选择创业的运动员主体出现的时间相对较晚，直到600期左右才出现，增长曲线坡度较缓，增长速度缓慢，究其原因为系统中学习能力较弱的运动员主体无法掌握更多的创业知识与技能，不能正确处理创业过程中的困难，因而增大了创业风险的发生概率，容易在社会竞争环境中被淘汰，进而在演化过程中，大多数运动员主体投身就业活动，以期获取更为稳定的就业收益；随着创业系统演化过程的不断推进，到1200期左右时，系统中选择创业的人数才超过就业人数，且在1500期内，出现的创业均为生存型创业，没有机会型创业活动的发生，原因在于学习能力相对较弱的创业主体更不容易发现创业机遇与获取更为有利的创业支持条件，因而创业过程较为坎坷不易。但当$l_a$取值为0.8时，相比较$l_a$为0.2的情况，第一个时间节点出现的时间更早，150期左右，系统内出现了创业主体的身影，且增长曲线坡度更为陡峭，增长速更快，在350期时，系统内创业人数的增长就已经超越就业人数的增长曲线。第二个时间节点出现在400期左右，此时出现机会型创业，随着演化过程的不断继续，700期时，机会型创业人数超过生存型创业人数；形成原因在于系统内拥有较高学习能力的创业主体更容易从外界环境中获取创业机遇与创业有利条件，大大增加了主体适应性学习能力的增强，促使多主体进行更加密切的交互合作，形成集合创业优势，促进创业收益更早的出现。

由此可以得出，拥有更好适应性学习行为的退役优秀运动员创业主体，能够更早做出创业决策，创业活动也会向积极稳定的状态方向演进。退役优秀运动员的学习能力$l_a$=0.2相比$l_a$=0.8，主体进行创业所需要消耗的时间$t$更长，具有较低适应性学习能力的主体，不仅严重抑制了创业活动的出现，也决定了创业主体在社会竞争中主体所处的态势。

实验3：创业风险对退役优秀运动员创业活动的影响。

在本组仿真实验假设中，学习能力$l_a$设定为初始值0.5，其余参数不变，退役优秀运动员创业的风险$\alpha$分别为0.1、0.9，通过调整风险，研究退役优秀运动员的创业活动的演化机制，仿真结果如图5-31~图5-35所示。

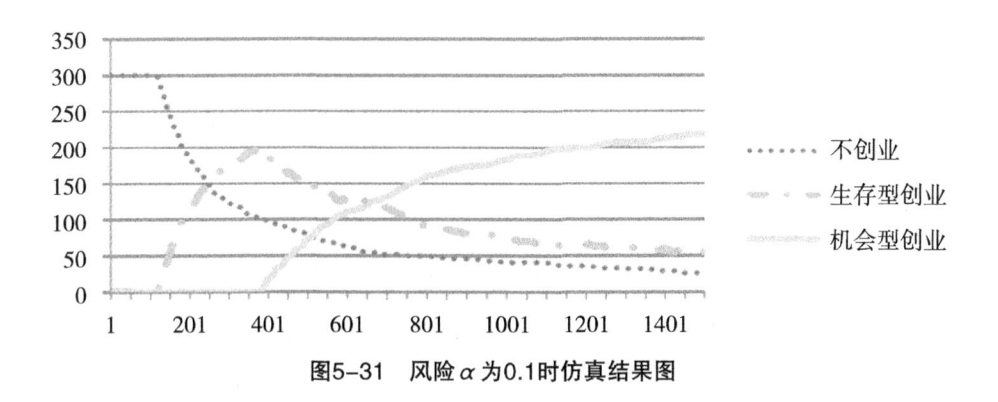

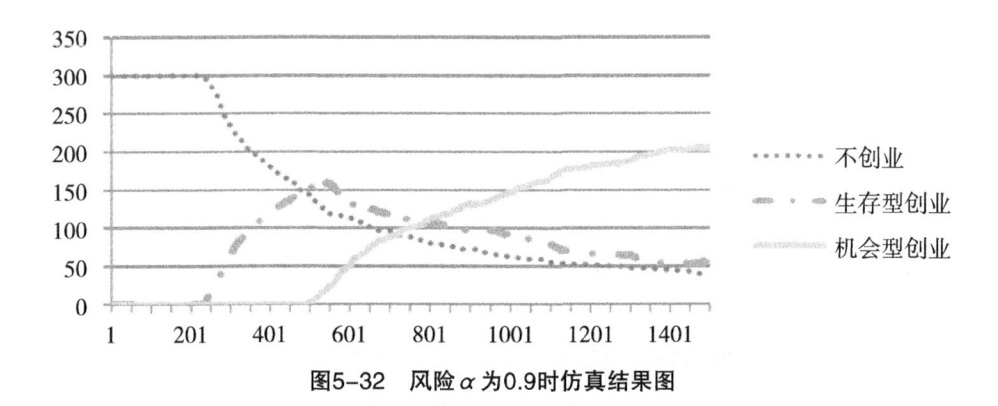

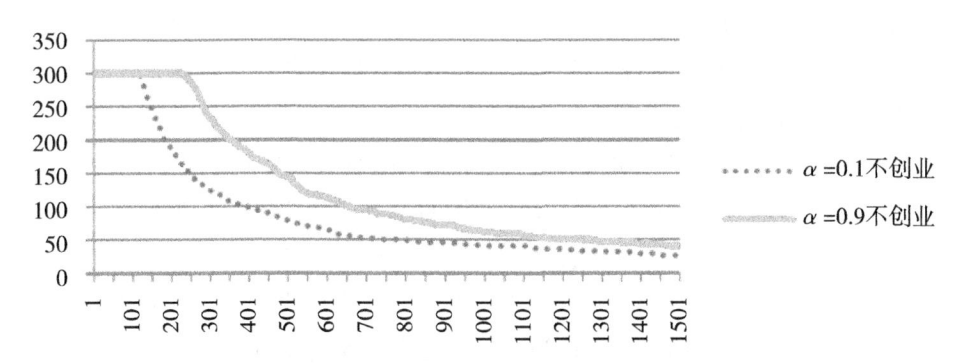

图5-31 风险 $\alpha$ 为0.1时仿真结果图

图5-32 风险 $\alpha$ 为0.9时仿真结果图

图5-33 风险 $\alpha$ 为0.1、0.9时选择就业人数对比图

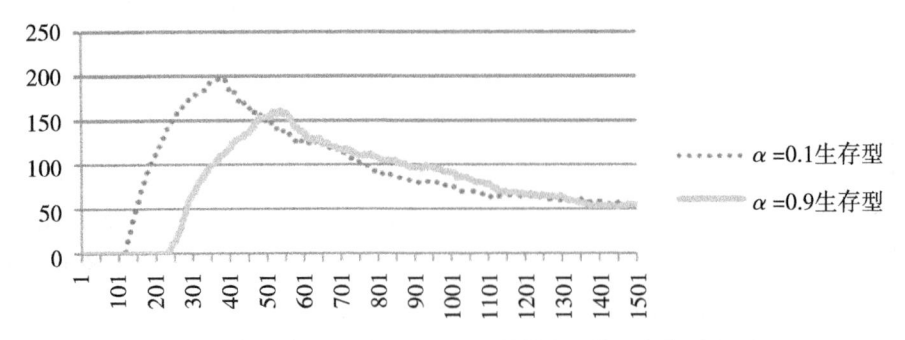

图5-34　风险 $\alpha$ 为0.1、0.9时选择生存型创业人数对比图

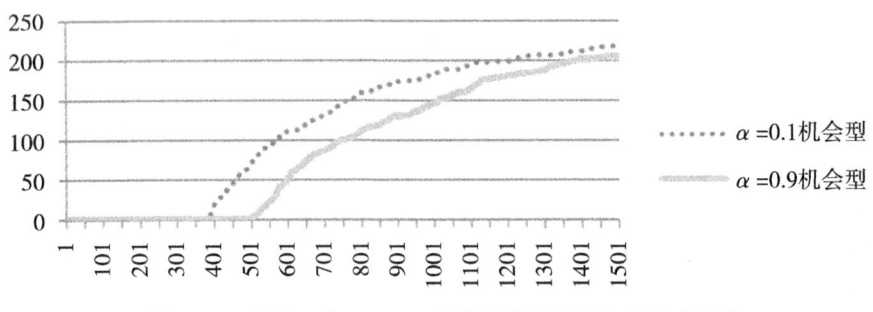

图5-35　风险 $\alpha$ 为0.1、0.9时选择机会型创业人数对比图

对比图5-31～图5-35可以发现，在系统演化过程中，当创业活动开展的风险值为0.1时，系统中运动员人数变化曲线坡度持续减缓，表示在较低创业风险因素影响下，大多数运动员主体选择创业活动，极少数运动员主体选择就业活动来获取稳定的就业收益，所以造成曲线坡度的减缓，且此阶段机会型创业活动在350期左右开始出现，原因是较低的创业风险降低了创业失败的概率，促使创业活动开展，更早获取创业收益。

当创业风险提高到0.9时，此阶段创业风险越大，实现创业活动的周期就相对越长。为逃避因创业风险过高而导致的创业活动的失败，在前期，系统演化过程中更多的创业主体选择就业而非创业活动，究其原因在于退役优秀运动员自身抵抗创业风险的能力弱，创业过程缺少实质性的保障，达不到生活质量的改变，结果抑制主体的创业行为发生，退役优秀运动员自身难以做出创业活动的选择，只能进行更为稳健的就业活动。

整体表现为当创业风险出现时具有较高学习适应能力的创业主体选择与其他创业主体寻求创业合作机会，实现了创业活动过程中从单一主体的适应性学习行为到多主体交互合作行为的演变，通过多创业主体的合作行为，以达到减小创业风险的目的，实现创业收益的持续累积。

实验4：假设其余参数不变，创业风险初始值为0.5时，通过调节就业风险来观察创业系统的演化过程，结果如图5-36～图5-40所示。

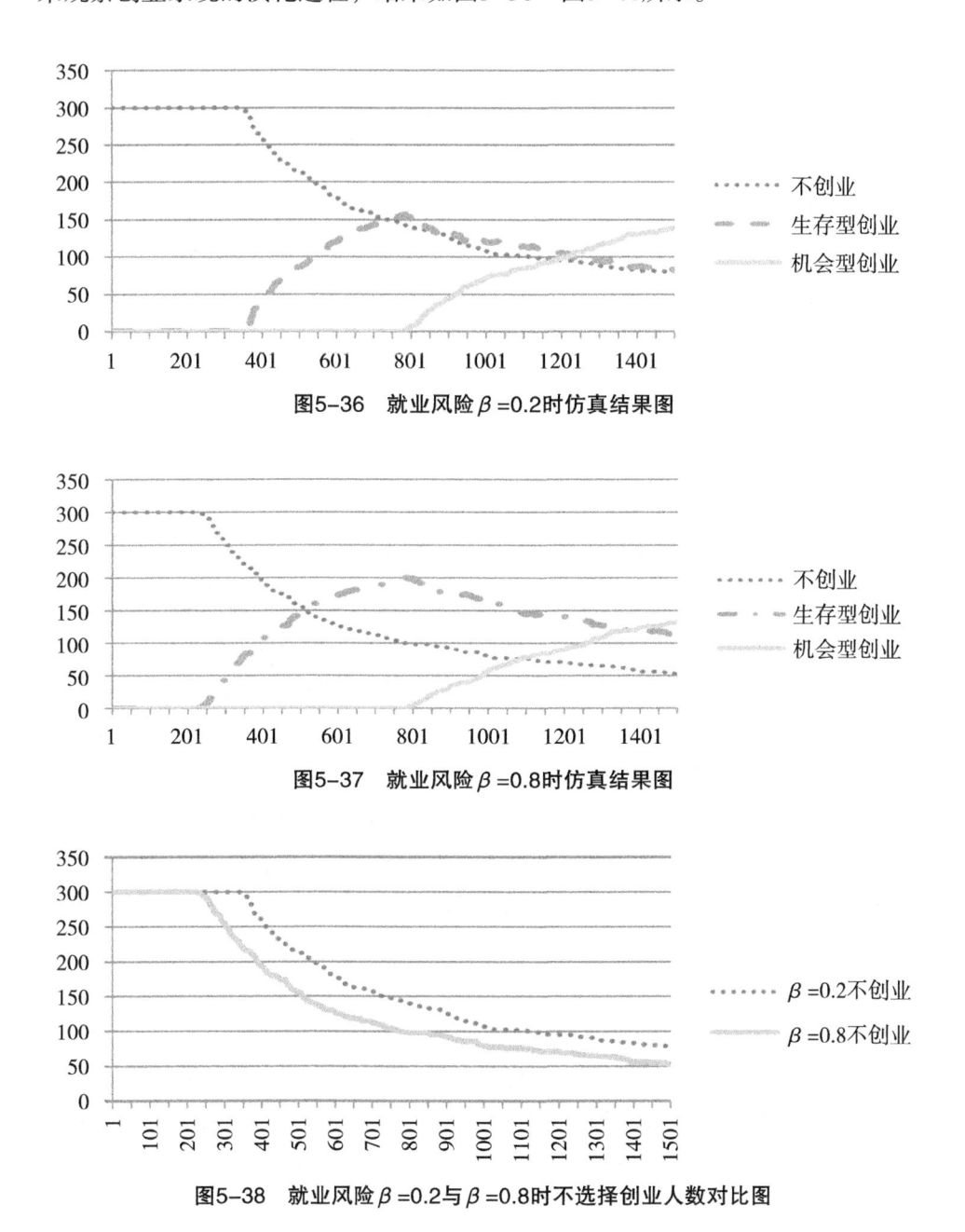

**图5-36 就业风险 $\beta$ =0.2时仿真结果图**

**图5-37 就业风险 $\beta$ =0.8时仿真结果图**

**图5-38 就业风险 $\beta$ =0.2与 $\beta$ =0.8时不选择创业人数对比图**

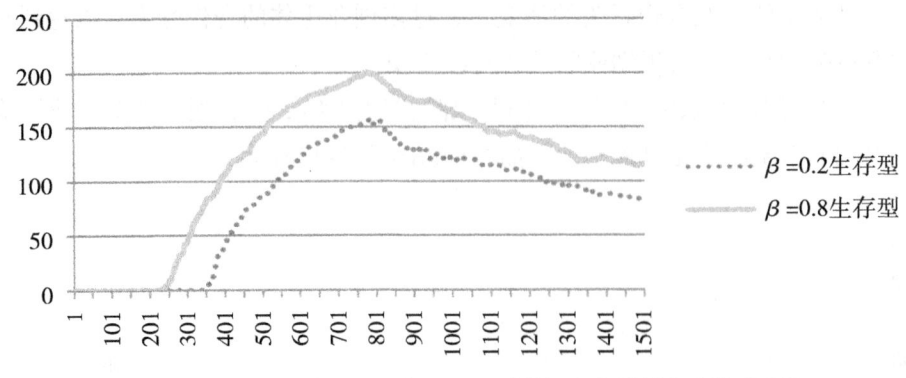

图5-39　就业风险 $\beta$ =0.2与 $\beta$ =0.8时选择生存型创业人数对比图

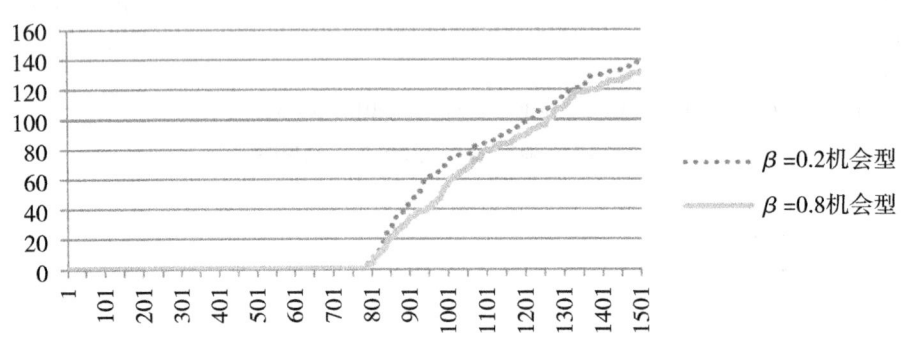

图5-40　就业风险 $\beta$ =0.2与 $\beta$ =0.8时选择机会型创业人数对比图

实验4的仿真结果很好地验证了实验3创业风险存在下的退役优秀运动员创业系统演化结果。由图5-36～图5-40可知，就业风险越大，退役优秀运动员选择创业的时间就越早，就业风险的大小影响系统演化中退役优秀运动员主体的创业意向，从而选择创业活动，促进创业活动的产生。就业风险阻碍退役优秀运动员就业活动的开展与收益的累积，就业风险延长了退役优秀运动员做出就业决策的时间 $t$，降低了其就业活跃度；就业风险缩短了创业决策时间 $t$，促进了退役优秀运动员的创业活跃度。

**2. 退役补贴情境下的仿真**

实验5：在仿真模型参数上，其他参数保持不变，对运动员退役补偿金Compensation（以下简称 $c$）进行参数调整，分别取值36、40、42，开始仿真实验，观察退役优秀运动员创业系统的演化过程，结果如图5-41～图5-46所示。

图5-41 补偿金c=36时仿真结果图

图5-42 补偿金c=40时仿真结果图

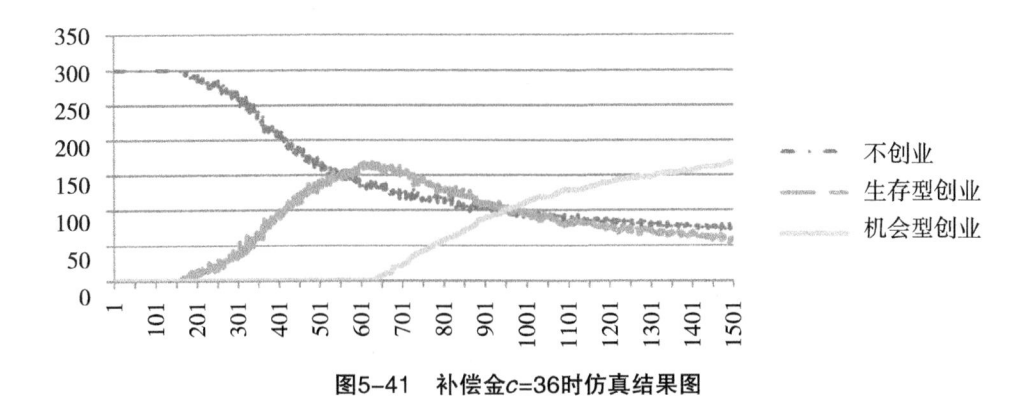

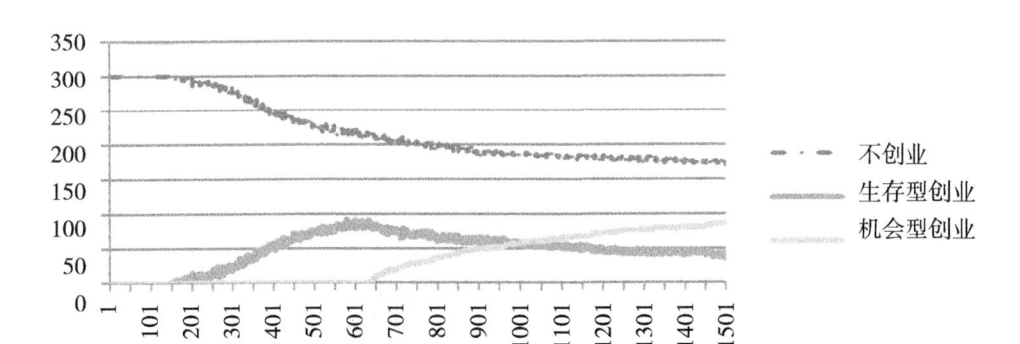

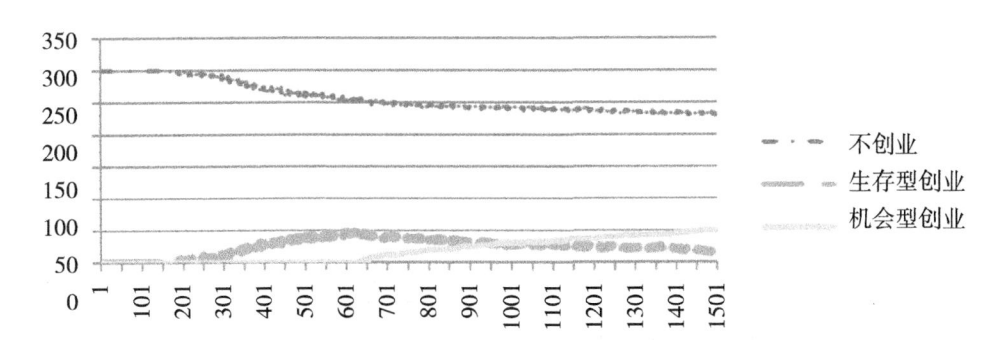

图5-43 补偿金c=42时仿真结果图

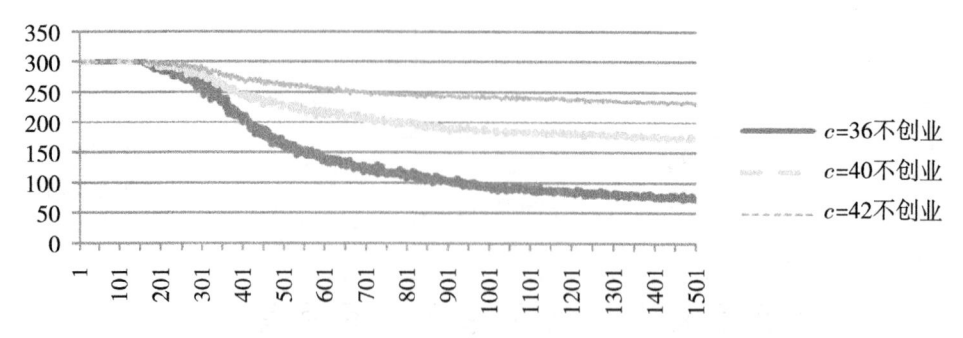

图5-44 补偿金$c$=36、40、42时选择就业人数对比图

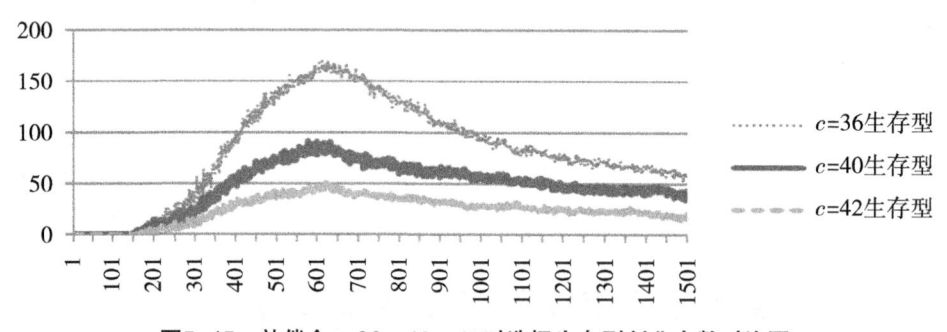

图5-45 补偿金$c$=36、40、42时选择生存型创业人数对比图

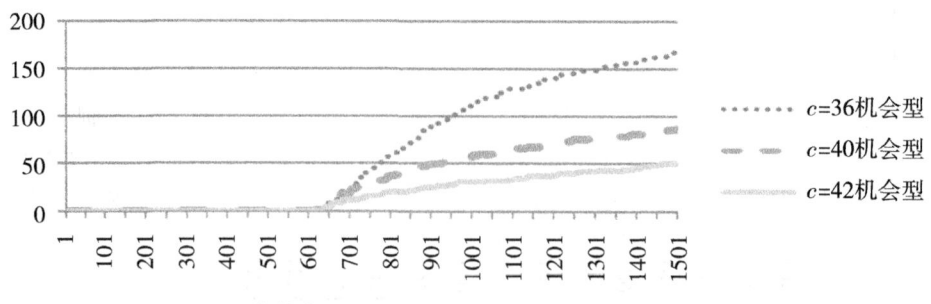

图5-46 补偿金$c$=36、40、42时选择机会型创业人数对比图

## 第五章 基于CAS理论的我国退役优秀运动员自主创业系统的演化

当系统参数$c$为36时，此情境下创业演化过程中退役优秀运动员创业主体的出现是在第一个节点150期左右，在150~550期，增长曲线坡度增加，创业主体增长速度加快；在第二个节点550期时，创业人数超过就业人数的增长数量，1300期左右达到演化稳定状态；在时间节点为660期左右时，生存型创业达到最高点，此时机会型创业开始出现，之后两者出现相反的图形走向，原因在于此时系统内创业主体通过创业活动获得的创业收益大于100，继而转变为机会型创业；过程整体表现为较低水平的退役补偿金无法满足退役优秀运动员的日常生活，生存需要促使系统内运动员创业主体在更短时间内开展创业活动，解决自身生存问题，在更短时间更快速地获取创业收益。

当系统参数$c$为40时，此时退役优秀运动员创业系统演化过程的第一个节点在200期左右出现，在200~600期，曲线增长速度相对放缓，创业主体增长速度相对减慢；第二节点出现在600期，创业人数超过就业人数的增长数量，1350期左右达到演化稳定状态；在时间节点为550期左右时，生存型创业达到最高点，此时机会型创业开始出现，之后两者出现相反的图形走向，原因在于此时系统内创业主体通过创业活动获得的创业收益大于100，继而转变为机会型创业；整体表现为适中的退役补偿金使运动员主体的生存状态得到改善，降低了创业活动的开展意愿，抑制系统内创业活动开始的时间，演化过程中退役优秀运动员主体可以做出创业或是就业的两个反向选择。

当$c=42$取值时，此情境下的退役优秀运动员创业系统演化得到了最大限度的抑制，第一个时间节点出现在250期左右，曲线坡度更为平缓，表明系统内创业主体的增长达到最低水平，且选择不创业的曲线坡度变大，更多的退役优秀运动员主体选择就业活动，生存型与机会型创业出现650期左右，整体表现为高额的退役补偿金严重抑制了系统内创业活动的产生与发展，使退役优秀运动员主体更愿意选择就业途径获取稳定的就业收益。

综上所述，不同额度的退役补偿金对退役优秀运动员的创业活动产生的影响不尽相同。当退役补偿金获得额度相对较低时，刺激主体主动参与到创业活动中去，以期获得更多创业利益；相反，在退役优秀运动员自身拥有较为丰厚的退役金额时，抑制了其创业活动的开展，退役优秀运动员更多追求安逸的就业生活，整体上抑制了创业活动的发生。

## 本章小结

本章将NK模型引入退役优秀运动员主体的适应性学习行为研究中，探寻了主体适应性学习行为的机制；将演化博弈模型引入退役优秀运动员自主创业系统主体之间的交互合作行为研究中来，构筑了主体间交互合作的随机演化博弈模型；通过对退役优秀运动员自主创业系统中各主体进行Java语言的编程刻画，建立了退役优秀运动员自主创业的多主体仿真模型，运用Repast仿真平台，对多主体参与的创业活动进行仿真，对系统层面主体行为涌现的规模效应和结构效应进行了系统仿真，从而完成了以复杂适应系统理论为基础的我国退役优秀运动员自主创业系统的主体行为研究的整个过程。

我国退役优秀运动员自主创业系统是由政府、社会、学校、家庭及运动员自身等多个主体构成。基于CAS理论的我国退役优秀运动员自主创业体统演化的过程是：创业开始阶段，退役优秀运动员通过适应学习行为的不断强化，获取更多有利的创业条件，促进创业活动的产生与发展；当创业活动中单一主体的适应性学习行为演化到某一稳定阶段时，需要刺激运动员主动向外寻求其他创业主体协作，通过主体间创业资源、知识等条件的相互影响作用，在更短的时间内获取更大的发展效益，此时，多主体交互合作的创业行为达到演化平衡状态；创业活动的进行不仅是主体间的合作行为，更多是多主体参与以及更多创业资源条件加持下创业活动的演变，表现为众多创业主体相互抱团聚集，构成了具有一定规模的创业主体群体。在众多相互作用与影响的个体组成的群体中，当多主体共同创业达到某一阈值，即个体创业发展到顶点时，创业活动可能会突破这一临界点发生突变现象，打破原有混沌无序状态，进而涌现出新的具有稳定有序的新结构创业主体。多主体的群体涌现现象的发生，助力退役优秀运动员主体成功创业。

# 第六章

# 我国退役优秀运动员自主创业支持体系构建

我国退役优秀运动员自主创业系统涉及政府、社会、学校、家庭以及运动员自身等多个主体。根据CAS理论对我国退役优秀运动员自主创业活动的仿真模拟，从退役优秀运动员创业意愿、创业影响因素等出发，对创业活动中涉及的主体的适应性学习行为、主体之间的交互合作行为，以及最后涉及的多主体间的群体涌现行为进行仿真模拟，分析梳理了我国退役优秀运动员自主创业系统的演化过程。在整个演化过程中，退役优秀运动员自身为适应外部创业环境而进行自主性学习是前提，与家庭、学校等的交互性合作行为是基础，政府和社会共同参与所达到的群体行为涌现是保障。基于此，本章运用德尔菲法筛选并确定我国退役优秀运动员创业支持的关键要素指标，并进一步通过层次分析法对退役优秀运动员创业支持体系指标进行权重确立，全面分析各个主体对创业支持体系的影响并做出综合评价，从而构建我国退役优秀运动员创业的支持体系。

## 第一节　我国退役优秀运动员自主创业支持理论指标筛选

### 一、退役优秀运动员创业政府支持理论指标筛选

政府在引导与扶持退役优秀运动员创业的过程中处于重要的位置，以政府为中心的政策支持子系统，就是通过制定颁布创业相关方面的政策，鼓励、支持、服务退役优秀运动员自主创业。政府对退役优秀运动员创业的支持也是解决待就业问题与促进创业支持体系逐渐成熟的关键力量。

政府对体育类创业项目的支持力度体现了对推动体育大众化及加快体育产业发展的重视程度。国务院46号文件中就特别提出，政府要健全政策法规，通过吸引投资、完善消费与税费政策优化市场环境等手段，扶持体育产业发展，

创造宽阔的就、创业空间[1]。其实,在梳理政府文件时发现,在退役运动员创业方面,政府提供了多方面的支持。一是在创业资金支持方面,2020年中华全国体育基金会印发了《退役运动员就业创业扶持基金使用暂行办法》,其中对退役运动员的自主创业资助范围、额度等做出了一些规定,指出对于创业孵化单位,每年资助额度最高可达10万元;对于创办体育产业类法人单位的退役运动员,资助房租、水、电、气等最高可达7万元等[2]。二是在创业培训支持方面,2013年国家体育总局颁布文件鼓励运动队的运动员进入高等学校学习,提高自身学历,支持其参加创业培训[3]。三是在创业服务方面,创业服务包括在政府政策支持下优化创业服务环境,积极完善基础设施建设,扩大服务覆盖范围等。2014年,国家体育总局提出要做到充分挖掘资源,完善服务平台,给运动员提供就业创业便捷服务[4]。四是在创业基地建设方面,国家从2009年开始试点建设了4个国家级退役运动员创业示范基地,2013年第二批扩至12个[5],2019年国务院也发布文件提出要加快中小体育产业发展速度,建设示范平台[6]。

然而,尽管近些年政府对于退役运动员创业颁布了一些政策文件,但无论在数量上还是在支持的力度上,相较其他行业领域都有较大的差距。据统计,仅2003—2017年,国务院、各部委以及直属机构层面颁布创业支持政策文件就达238份[7]。由此看来,退役优秀运动员创业支持体系的构建依然有较大的空

---

[1] 国务院办公厅.关于加快发展体育产业促进体育消费的若干意见[EB/OL].[2014-10-20]. http://www.gov.cn/zhengce/content/2014-10/20/content_9152.htm.

[2] 中华全国体育基金会.关于印发《退役运动员就业创业扶持基金使用暂行办法》的通知[EB/OL].[2020-01-04]. https://www.sport.gov.cn/n4/n220/c983174/content.html.

[3] 国务院办公厅.国务院办公厅转发体育总局等部门关于进一步加强运动员文化教育和运动员保障工作指导意见的通知[EB/OL].[2013-04-19]. http://www.sport.gov.cn/n16/n1077/n1467/n4028874/n4028934/4032738.html.

[4] 国家体育总局.关于进一步做好退役运动员就业安置工作有关问题的通知[EB/OL].[2014-10-11]. http://www.sport.gov.cn/n16/n1077/n1467/n4028874/n4028934/5779981.html.

[5] 中华全国体育基金会.扶持试点为运动员插上创业就业翅膀[EB/OL].[2016-09-30]. http://tyjjh.sports.cn/ydybz/xwdt/2016/0930/213014.html.

[6] 国务院办公厅.关于促进全民健身和体育消费推动体育产业高质量发展的意见[EB/OL].[2019-09-17]. http://www.gov.cn/zhengce/content/2019-09/17/content_5430555.htm.

[7] 杨凯瑞,何忍星,钟书华.政府支持创新创业发展政策文本量化研究(2003—2017年)——来自国务院及16部委的数据分析[J].科技进步与对策,2019,36(15):107-114.

白。如缺乏主管及服务退役优秀运动员创业的部门，导致政策实施效率低下，退役优秀运动员很难享受到真正的优惠政策；针对退役优秀运动员创业支持的专项资金较少，参与主体少，融资渠道狭窄；创业教育培训机构较多，但培训质量有待提升，创业教育及培训的模式、理念需要与时俱进；与体育相关的创业项目得到政府政策及扶持的数量较少，与之相关的扶持政策有待增加；退役优秀运动员专项创业场所匮乏，导致创业成本大大增加，降低了创业成功率。事实上，政府应当为创业提供哪些支持一直存在争议。许晟等认为，政府对于创业的支持主要体现在政策性支持和服务性支持两大方面[1]。另有学者指出，除政策和技术、信息等服务外，政府还应当为创业者提供资金、培训、厂房、办公场所等方面支持[2]。

基于以上分析，本研究结合退役优秀运动员特点，总结提出退役优秀运动员自主创业政府层面的支持包含创业政策、创业服务、创业资金、创业培训、创业项目、创业基地等方面的支持。

## 二、退役优秀运动员创业社会支持理论指标筛选

创业具有社会嵌入的属性，社会环境对于创业者的影响要大于个体因素的影响[3]。社会支持理论认为，拥有较多社会支持的个体会获得更多的有形的资源支持和无形的情感支持，因此，社会支持对于创业的影响越来越受到重视[4]。

社会层面的支持具有整体性、综合性、系统性的特征，其包含企业、社会公益类组织机构、社会创业培训机构、服务组织以及各行业协会组织等各类社会资源[5]。社会支持在退役优秀运动员创业中发挥着重要作用，社会企业机

---

[1] 许晟，邵云云，徐梅珍，等. 政府支持、家庭支持对新生代农民创业行为的影响机制研究[J]. 农林经济管理学报，2020，19（2）：181-189.

[2] 向赛辉，孙永河. 政府支持对高层次人才创业绩效影响机制研究[J]. 科技进步与对策，2021，38（15）：143-150.

[3] 李慧慧，黄莎莎，孙俊华，等. 社会支持、创业自我效能感与创业幸福感[J]. 外国经济与管理，2022，44（8）：42-56.

[4] KLYVER K, HONING B, STEFFENS P. Social support timing and persistence in nascent entrepreneurship: Exploring when instrumental and emotional support is most effective[J]. Small Business Economics, 2018, 51（3）：709-734.

[5] 凌蕴昭. 社会支持系统视角下农民工电商创业的实然状态与应然路径[J]. 农业经济，2021（8）：105-107.

构、公益组织与行业协会在创业者遇到资金问题的时候，社会组织通过风险投资、资金入股等方式间接参与运动员创业，减少其创业资金困扰，同时针对其创业初期及成长期容易出现的问题，提供技术、项目成长指导、创业服务等支持。此外，政府通过优惠政策引导吸引社会组织参与退役优秀运动员创业，构建"政府引导、多方参与、企业投资、合作共赢"的社会企业组织参与机制，加大社会对创业者在多方面的支持力度。目前来看，社会支持主体参与运动员创业的深度及范围都存在不足，如社会中的一些企业机构、行业协会组织等作为市场的主要参与者，在项目信息、创业平台构建、创业服务等方面对退役优秀运动员创业的实际帮助很少[1]；在技术支持、项目管理、基础设施建设、项目评估等方面，退役优秀运动员更缺少系统化的创业帮助，社会支持主体尚未建立系统的机制参与及帮扶退役优秀运动员创业[2]。

创业社会支持可分为创业情感支持与创业物质支持两个方面。情感支持可从创业文化引导以及创业政策宣传两个方面展开。在创业文化引导过程中，营造积极向上的氛围，展示创业产生的积极效果，促进公众正确认识创业行为。在创业政策宣传过程中，采用网络、报纸等媒介加大宣传力度，落实政策，营造良好的创业氛围，推动运动员积极参与创业。物质支持可分为技术服务等软件支持以及资金设施等硬件支持两个方面。软件支持是指社会中的一些企业组织、公益机构为其提供的创业技能培训及市场引导等方面的支持，形成持续性的服务支持环境与加大服务措施的执行力度在退役优秀运动员创业软件支持方面极其重要。技术支持是指通过建立技术信息交流平台帮助创业者在创业过程中获得技术支持，提供创业技能的培训与孵化，提高创业者自身的能力；通过提供创业核心技术培训，加强科学研究，改良自身不足，促进创业活动持续开展。硬件支持是指社会中的企业、团体组织等机构为创业者提供的公共创业基础设施，如提供免费的创业场地、创业孵化基地、创业资金、设备支持等，助力新创企业孵化，助力退役优秀运动员创业成长，提高创业成功率[3]。而这其中创业的情感支持对创业中后期的"创业坚持"影响较大[4]；在创业初期，对

---

[1] 黄粹，宋阳.退役运动员的社会保障问题及完善对策分析［J］.劳动保障世界，2019（24）：26-27.
[2] 杨尚剑，马帅星.我国退役运动员创业支持体系研究——基于退役军人创业支持体系解构［J］.体育文化导刊，2020（8）：41-47.
[3] 高天野，刘建."双创"背景下我国退役运动员创业的社会支持问题研究——基于邹春兰事件启示［J］.体育与科学，2021，42（2）：81-88.
[4] 张秀娥，李梦莹.社会支持对创业坚持的影响研究［J］.科学学研究，2019，37（11）：2008-2015.

创业者的物质支持更为关键。

基于以上分析，本研究总结提出退役优秀运动员自主创业社会层面的支持包含市场引导、技术管理、基础设施、社会基金以及服务平台等方面的支持。

### 三、退役优秀运动员创业学校支持理论指标筛选

自"双创"热潮席卷而来，越来越多的退役优秀运动员也加入创业的大军。作为运动员生涯及退役后的教育承载主体，学校成为退役优秀运动员接受创业教育、参加创业竞赛、进行创业孵化等的主阵地。首先，创业教育对退役优秀运动员创业具有重要的影响。研究表明，创业教育能够提升创业者的创业心智[1]，消除创业者感知的创业阻碍，提升创业者的创业行为倾向[2]。学校对运动员的创业教育主要包括以下几种类型。第一种是以文化素质教育为主，辅以基本的创业知识传授。学校通过提升运动员文化水平，在课程体系中融入基本创业理论，从理论层面增加运动员从事创业的知识储备，以达到开拓运动员就业视野、加强创业认知的目标。第二种是专门的创业培训模式。专业队（体育职业技术学院）在运动员退役过渡期间，为帮助有创业意愿的退役优秀运动员成功创业，集中进行以传授创业知识、培育创业技能为目标的创业教育。这种短期集中的培训模式能直接突出运动员创业教育的独特性与针对性，根据运动员创业特点结合运动项目特色，展开培训与相关实践活动。第三种是高校创业教育。部分优秀运动员退役后选择进入高等学校提升自己的学历水平，并希望在学习的过程中接受创业培训与实践。高校利用自身完整的创业教育课程体系、雄厚的创业教育师资力量、多元化的创业教育实习实践基地等，为运动员提供优质的创业教育，助其成长。

其次，学校组织的创业竞赛也为运动员创业能力的提升提供支持。创业竞赛起源于美国，多年来通过创业竞赛成就了诸如雅虎、YouTube等一大批高新技术企业[3]。研究表明，创业竞赛不仅对于大学生的创业意愿有着显著、直接

---

[1] 崔军，孙俊华. 高校创业教育影响大学生创业心智的中介机制研究——基于创业情感的视角[J]. 高校教育管理，2019，13（4）：108-116；124.

[2] 刘新民，张亚男，范柳. 感知创业阻碍对创业行为倾向的影响——创业教育的调节作用[J]. 科技进步与对策，2022，39（3）：30-39.

[3] 周海容. 高校创业教育支持系统的构建与优化探析[J]. 湖北民族学院学报（哲学社会科学版），2013，31（3）：142-145.

的影响[1]，而且对于创业者创新创业能力的提升具有重要的推动作用[2]。近年来，国家开始逐渐重视退役优秀运动员创业竞赛的举办，培养和提高退役优秀运动员的创业能力。由国家体育总局科教司等单位主办的"全国大学生体育产业创新创业大赛"至今于2018年和2021年举办了两届，均设有退役优秀运动员创新创业竞赛专场。

最后，创业孵化也对退役优秀运动员的成功创业起到重要的推动作用。创业孵化是推动创新引领经济发展的重要环节，也是推动产业发展的重要载体[3]。创业孵化平台不仅能够通过提供精准的专属服务、高效的知识整合机制、关系性的专用投入、必要的资金支持，帮助孵化企业获得先发优势、享有关键资源、形成学习机制、建立长期契约，而且能够通过不断优化企业"入孵"和"出孵"等内部机制，提高孵化效率，建立孵化企业资源共享与信息交流平台，促进信息、知识等的高效传递，实现孵化平台、孵化企业以及地区经济的协同稳步发展[4]。尽管高校的创业孵化作用显著，但是目前高校的创业孵化园还存在管理体制不够完善、政府与社会力量支持不足、高校孵化园之间缺乏紧密联系、公司化运作能力不强、市场推广效应不足、考核评估机制不完善、融资力度不够等诸多问题需要进一步解决与改善[5]。

事实上，学校对于运动员创业的支持不仅体现在创业教育、创业孵化以及创业竞赛等方面，扎实的基础教育、退役后的学历深造都会对其创新创业能力产生直接而深远的影响。有研究指出，运动员在役时提高运动员文化教育质量以及加大职业技能培训力度是影响运动员退役后生活水平以及收入的关键因素[6]。

基于以上分析，本研究总结提出退役优秀运动员自主创业学校层面的支持

---

[1] 胡瑞，王伊凡，张军伟.创业教育组织方式对大学生创业意向的作用机理——一个有中介的调节效应[J].教育发展研究，2018，38（11）：73-79.

[2] 宫叙敏，林镇国.创业竞赛对提升学生创新创业能力的影响——基于创业竞赛参赛意愿调查问卷的数据挖掘分析[J].中国高校科技，2019（12）：57-60.

[3] 刘雨枫，冯华.创业孵化推动创新引领经济发展的机理分析与实证检验[J].科技进步与对策，2022，39（11）：31-41.

[4] 李梦雅，杨德林，王毅.技术创业孵化平台价值创造过程：一项多案例研究[J].研究与发展管理，2022，34（2）：134-148.

[5] 陈士玉，张恩宁.高校创业孵化园建设现状与对策研究——以吉林省11所高校为例[J].职业技术教育，2019，40（32）：59-62.

[6] 张晓丽，阎晋虎.人力资本和社会资本对中国退役运动员收入影响比较[J].上海体育学院学报，2020，44（4）：31-40.

包含基础教育、创业教育、学历教育、创业孵化以及创业竞赛等方面的支持。

### 四、退役优秀运动员创业家庭支持理论指标筛选

创业者与家庭的关系是密不可分的，家庭的无形资源（信息、网络、知识等）和有形资源（财务资本、无偿劳动等）是影响创业机会识别、启动、执行和创业退出的重要因素。调查显示，有85%的企业在创业时期获得过家庭不同程度的支持[1]，家庭为创业者提供的资源、精神以及人力支持是最直接、最无私、最具有持续力的，并且家庭结构、家庭体系、家庭成员角色以及家庭关系等都与创业活动密切相关[2]。可以说，家庭作为可以驱动和约束创业活动的一种社会结构[3]，是"助燃创业之火的氧气"[4]。

虽然关于家庭支持退役优秀运动员创业的研究并不多，但是在其他群体的研究中得出了可参考的结论。胡宜挺等研究认为，家庭的经济条件、环境氛围、人脉资源等都会通过影响创业者的心理资本，进而影响其创业意愿[5]。许晟等研究显示，家庭能够为创业者提供资源和情感两个方面的支持，家庭支持能够增强新生代农民创业的自我效能，进而影响其创业行为[6]。杨昊等研究同样认为，创业者感受到的家庭支持来自情感支持和资源支持两个方面，家庭支持可以减少农民异地创业过程中的不利因素，提升创业成功率[7]。郑德峥在研

---

[1] ASTRACHAN J H, SHANKER M C. Family Businesses' Contribution to the U.S. Economy: A Closer Look [J]. Family Business Review, 2003, 16 (3): 211-219.

[2] COMBS J G, SHANINE K K, BURROWS S, et al. What do we know about business families? Setting the stage for leveraging family science theories [J]. Family Business Review, 2020, 33 (1): 38-63.

[3] CLINTON E, MCADAM M, GAMBLE J R, et al. Entrepreneurial learning: The transmitting and embedding of entrepreneurial behaviours within the transgenerational entrepreneurial family [J]. Entrepreneurship & Regional Development, 2020, 33 (5): 383-404.

[4] ROGOFF E, HECK R. Evolving research in entrepreneurship and family business: Recognizing family as the oxygen that feeds the fire of entrepreneurship [J]. Journal of Business Venturing, 2003, 18 (5): 559-566.

[5] 胡宜挺, 肖志敏. 家庭支持、心理资本与新生代农民创业意向关系分析 [J]. 商业时代, 2014 (31): 38-39.

[6] 许晟, 邵云云, 徐梅珍, 等. 政府支持、家庭支持对新生代农民创业行为的影响机制研究 [J]. 农林经济管理学报, 2020, 19 (2): 181-189.

[7] 杨昊, 贺小刚, 杨婵. 异地创业、家庭支持与经营效率——基于农民创业的经验研究 [J]. 经济管理, 2019, 41 (2): 36-54.

究中指出，家庭关系对大学生创业有较大的影响，同时指出家庭人脉资源、资金支持以及创业意见与经验支持会增加大学生创业的积极性[1]。黄声巍等在研究中发现，家庭如果拥有良好的创业环境，父母给予创业精神的鼓励，会增加大学生自主创业的积极性；反之，则降低其创业积极性[2]。

通过以上文献梳理可知，家庭既能够为退役优秀运动员创业提供资金、物质、人脉等物质上的支持，也能够为退役优秀运动员创业提供良好的家庭环境氛围等精神上的支持，有利于减轻创业初期运动员心理承受压力。家庭对退役优秀运动员创业的支持是基础的、潜移默化的，是创业支持体系构建的重要方面。家庭成员对创业的支持态度、价值观、职业、经济情况等都会对退役优秀运动员创业产生很大影响。同时，家庭对退役优秀运动员创业资金、创业资源、人脉资源、人力资源等方面的支持都会影响创业的选择以及成功率。由此可见，家庭在创业中发挥着重要的作用，尤其在中国传统家庭文化的影响下，任何外部因素都无法取代家庭在退役优秀运动员创业过程的重要地位。退役优秀运动员在创业初期首先提供支持的就是家庭，它所提供的创业资金支持、家庭人脉资源支持、家庭创业环境支持等给退役优秀运动员创业带来了无可比拟的帮助。

基于以上分析，本研究总结提出退役优秀运动员自主创业家庭层面的支持包含家庭资金、人脉资源、环境氛围以及人力资源等方面的支持。

## 五、退役优秀运动员创业自身支持理论指标筛选

"不确定性"是创业活动的核心特征之一，退役优秀运动员自身作为创业支持体系中的一个关键主体，在不确定的情境下，如何通过自身人力资本做出科学决策，为企业生存发展赢得空间尤为重要。事实上，创业者为自身创业提供的支持大小取决于自身的人力资本水平，创业者的人力资本水平与企业绩效之间存在正相关关系[3]。根据人力资本理论，创业人力资本大致可分为两类，

---

[1] 郑德峥.高职院校大学生创业意愿影响因素研究[D].福州：福建农林大学，2018.
[2] 黄声巍，黎红艳.家庭支持对大学生创业意愿的影响研究[J].张家口职业技术学院学报，2019，32（4）：21-23；26.
[3] 胡望斌，焦康乐，张亚会，等.创业者人力资本与企业绩效关系及多层次边界条件研究——基于经验视角的元分析[J].管理评论，2022，34（7）：81-94.

一类是通过教育获得的，称为通用人力资本；另一类是通过培训或经验获得的，称为专用人力资本。高人力资本更能够有效识别商机，促进新创企业成长[1]。

郭东杰等认为，创业人力资本包括年龄、受教育程度、创业知识技能水平、工作经历等方面[2]；项质略等认为，创业人力资本体现在"智商"和"财商"两个方面，包括学历教育、技能培训、金融知识素养、意识行为等[3]。王轶等指出，创业者的身体健康状况也是重要的创业人力资本，并且对生存型和价值型创业企业的经营绩效有着显著影响[4]。除了上述创业人力资本内涵外，创业者自身的创业学习能力、创业心理素质[5]，以及组织领导能力、经营管理能力、开拓创新能力、社会交往能力等[6]，也都属于创业者人力资本范畴。

创业者作为创业主体，丰富和完善自身人力资本是创业成功的内在条件。首先，运动员对于创业要有一个正确的认知，要树立正确的价值观，保持自信，获取丰富创业知识，提高实践能力。其次，退役优秀运动员自身在创业中需要拥有一定的创业技能与社会关系，这在创业中具有较为关键的作用。再次，运动员在训练比赛期间没有重大的伤病，有一个健康的体魄对其创业也会起到基础保障作用。最后，运动员在运动生涯积累的训练与比赛收入以及退役时得到的补偿金，是运动员创业重要的启动资金。因此，运动员健康的身体状态、所积累的人脉资源、所具备的知识文化素质、创业所需要的知识技能以及心理素质等，都会为今后的创业实践提供重要的支持。

基于以上分析，本研究总结提出退役优秀运动员自主创业自身层面的支持

---

[1] 程建青, 罗瑾琏. 创业者人力资本如何激活机会型创业？——一个被调节的中介模型[J]. 科学学与科学技术管理, 2022, 43（6）: 110-122.

[2] 郭东杰, 詹梦琳. 创业团队、人力资本异质性与企业绩效——基于研发投入的中介效应研究[J]. 产经评论, 2021, 12（2）: 76-86.

[3] 项质略, 张德元, 王雅丽. 人力资本与农户创业："智商"还是"财商"更重要？[J]. 江苏大学学报（社会科学版）, 2021, 23（1）: 61-74; 89.

[4] 王轶, 丁莉, 刘娜. 创业者人力资本与返乡创业企业经营绩效——基于2139家返乡创业企业调查数据的研究[J]. 经济经纬, 2020, 37（6）: 28-38.

[5] 吕莉敏. 返乡创业农民工人力资本提升的职业培训路径选择[J]. 中国职业技术教育, 2020（12）: 45-52.

[6] 吴能全, 李芬香. 创业者心理资本、人力资本与社会资本对其创业能力的影响研究——基于结构方程模型的分析[J]. 湖南大学学报（社会科学版）, 2020, 34（4）: 39-46.

包含收入补偿、创业认知、身体健康状况、知识技能、人际关系、自身能力以及心理素质等方面的支持。

综上所述，本研究通过理论分析、政策解读与文献梳理，初步确定了政府支持、社会支持、学校支持、家庭支持以及自身支持5个一级指标，对表述概念相同的指标要素进行合并，对项目表述进行简明化处理，提炼出退役优秀运动员创业支持体系要素27项，分别是创业资金支持、创业服务支持、创业培训支持、产业项目支持、创业基地支持、创业政策支持、市场引导支持、技术管理支持、基础设施支持、社会基金支持、服务平台支持、基础教育支持、创业教育支持、学历教育支持、创业孵化支持、创业竞赛支持、家庭资金支持、人脉资源支持、环境氛围支持、人力资源支持、收入补偿支持、创业认知支持、身体健康状况、知识技能支持、人际关系支持、自身能力支持、创业心理素质。各指标描述如表6-1所示。

表6-1 我国退役优秀运动员创业支持体系初始指标

| 目标层 | 一级指标 | 二级指标 | 指标描述 |
| --- | --- | --- | --- |
| 我国退役优秀运动员创业支持体系 | 政府支持 | 创业资金支持 | 政府为退役优秀运动员创业提供的小额担保贷款、低息贷款、企业风险投资等资金支持 |
| | | 创业服务支持 | 政府通过优化创业环境、完善基础设施、服务平台等举措，为退役优秀运动员提供创业服务 |
| | | 创业培训支持 | 政府对退役优秀运动员进行系统完善的创业培训，提高退役优秀运动员的创业认知水平和自身素养 |
| | | 产业项目支持 | 政府部门提供针对性的体育产业项目为退役优秀运动员创业提供支持 |
| | | 创业基地支持 | 政府机构出资建立的针对退役优秀运动员创业的孵化基地 |
| | | 创业政策支持 | 政府为减少退役优秀运动员创业壁垒而制定的市场支持、创业环境、减免税费等各项扶持政策 |

179

（续表）

| 目标层 | 一级指标 | 二级指标 | 指标描述 |
|---|---|---|---|
| 我国退役优秀运动员创业支持体系 | 社会支持 | 市场引导支持 | 根据市场发展趋势，为退役优秀运动员提供符合社会需求和规律的创业引导 |
| | | 技术管理支持 | 企业机构为退役优秀运动员创业提供的相关创业项目技术与管理服务等方面的支持 |
| | | 基础设施支持 | 企业机构、社会组织等为促进退役优秀运动员创业提供的创业场地设施、孵化基地、孵化园区等基础设施支持 |
| | | 社会基金支持 | 社会组织推出风险投资、股权融资、天使投资等多种融资形式，为退役优秀运动员创业提供资金支持 |
| | | 服务平台支持 | 社会机构为退役优秀运动员创业建立的中介、咨询、准入等服务平台，全方位服务运动员创业 |
| | 学校支持 | 基础教育支持 | 运动员在训期间学校为其提供的基础文化知识教育支持 |
| | | 创业教育支持 | 学校为退役优秀运动员提供的创业知识、创业项目、创业技能等方面的培训教育 |
| | | 学历教育支持 | 相关部门联合学校给予优秀运动员退役后学历再提升的支持，提高运动员自身综合素质 |
| | | 创业孵化支持 | 学校通过成立的创业科技园或孵化园等给予退役优秀运动员创业实践提供支持 |
| | | 创业竞赛支持 | 学校通过组织创业竞赛，在参赛过程中提高退役优秀运动员创业认知与能力 |
| | 家庭支持 | 家庭资金支持 | 父母及其亲属为退役优秀运动员在创业初期提供的资金与物质支持 |
| | | 人脉资源支持 | 父母及其亲属积累的人际关系网，在运动员创业时为其提供的帮助 |
| | | 环境氛围支持 | 家庭人员营造的家庭良好创业环境，为退役优秀运动员创业提供精神支持 |
| | | 人力资源支持 | 父母及其亲属支持并加入创业队伍，为退役优秀运动员创业提供力所能及的帮助 |

(续表)

| 目标层 | 一级指标 | 二级指标 | 指标描述 |
|---|---|---|---|
| 我国退役优秀运动员创业支持体系 | 自身支持 | 收入补偿支持 | 运动员生涯期间通过训练比赛积累的收入以及退役时得到的补偿金，是创业的初始资金 |
| | | 创业认知支持 | 退役优秀运动员对创业机会的识别、创业方式和项目的选择等创业认知，与成功创业存在较大关系 |
| | | 身体健康状况 | 退役优秀运动员在创业时期维持健康的身体状况，是创业成功的基础 |
| | | 知识技能支持 | 退役优秀运动员的文化知识水平、创业时具备的相关技能，与成功创业有直接关系 |
| | | 人际关系支持 | 退役优秀运动员积累的人脉资源构成的人际关系网，在创业中起到一定的支持作用 |
| | | 自身能力支持 | 退役优秀运动员在创业过程中具备的执行、决策、学习、沟通、管理能力等能力 |
| | | 创业心理素质 | 创业时退役优秀运动员本身所具备的面对困难的勇气、调节情绪的能力以及抗挫折能力等 |

## 第二节 我国退役优秀运动员创业支持体系指标筛选与确定

### 一、前期准备

#### （一）明确研究步骤

第一步，明确研究问题。我国退役优秀运动员创业支持体系构建指标有哪些？第二步，根据研究需要，确定专家。第三步，依据前文创业支持体系指标，编写专家问卷。第四步，专家提出修改建议，进行问卷修改。第五步，向专家发放修改后的问卷,将上轮修改的建议与评分结果纳入其中。第六步,开展若干轮问卷调查,使专家对指标意见逐渐统一。

## (二)成立专家评议组

德尔菲法的核心在于专家的确定,专家库中的专家数过少,会限制专家的学科代表性;专家数过多,会加大数据调查收集、处理与分析的难度。综合有关文献,普遍认为德尔菲法专家组的成员一般由10~15人组成为宜,问卷发放量和专家人数一致[①]。本研究从三个方向邀请专家参与本次调查,包括体育行政部门管理人员、本学科领域专家学者以及退役优秀运动员创业代表等共计20人,基本情况如表6-2所示。

表6-2 问卷发放专家组成员基本信息

| 编号 | 受访专家 | 职位/职称 | 性质 |
| --- | --- | --- | --- |
| 1 | 石×× | ××大学 教授 | 学者专家 |
| 2 | 张×× | ××大学 教授 | 学者专家 |
| 3 | 范×× | ××大学 教授 | 学者专家 |
| 4 | 薛×× | ××大学 教授 | 学者专家 |
| 5 | 汤×× | ××大学 教授 | 学者专家 |
| 6 | 蔡×× | ××大学 教授 | 学者专家 |
| 7 | 岳×× | ××大学 教授 | 学者专家 |
| 8 | 孙×× | ××大学 教授 | 学者专家 |
| 9 | 张×× | ××大学 教授 | 学者专家 |
| 10 | 沈×× | ××大学 副教授 | 学者专家 |
| 11 | 赵×× | ××大学 副教授 | 学者专家 |
| 12 | 马×× | ××大学 副教授 | 学者专家 |
| 13 | 谢×× | ××大学 副教授 | 学者专家 |
| 14 | 朱×× | ××大学 副教授 | 学者专家 |

---

① 李博,任晨儿,刘阳.辨证与厘清:体育科学研究中"德尔菲法"应用存在的问题及程序规范[J].体育科学,2021,41(1):89-97.

（续表）

| 编号 | 受访专家 | 职位/职称 | 性质 |
| --- | --- | --- | --- |
| 15 | 李×× | ××局 局长 | 政府官员 |
| 16 | 王×× | ××科研所 研究员 | 部门负责人 |
| 17 | 阎×× | ××公司 总经理 | 退役优秀运动员创业代表 |
| 18 | 万×× | ××公司 总经理 | 退役优秀运动员创业代表 |
| 19 | 杜× | ××公司 总经理 | 退役优秀运动员创业代表 |
| 20 | 李×× | ××公司 总经理 | 退役优秀运动员创业代表 |

## （三）设计专家调查问卷

根据我国退役优秀运动员创业支持体系的理论指标设计专家问卷，问卷主要包括解释问卷的目的、介绍指标内容、指标的评价标准等内容。同时，指标采用李克特五点量表测量其适用度，并希望专家对指标提出修改意见与建议。

## （四）退役优秀运动员创业支持体系指标的取舍标准

本研究分别计算每一轮调查问卷各指标题项得分的：
（1）平均数：得分的集中趋势，数值越大，指标适用程度越高；
（2）标准差：得分的离散程度，数值越小，专家意见一致程度越高；
（3）四分位差：顺序得分的离散程度，数值越小，专家意见一致程度越高。
根据学者制定的指标取舍标准[①]，筛选并确定适用于创业支持体系的指标：问卷中各指标的适用程度以平均值的高低作为首要选取原则；要求在第一轮专家问卷中指标的平均数要大于3.75，才可进入第二轮问卷，反之则剔除；同时，第二轮指标平均数要大于4.00，表明指标达到专家共识，符合研究要求，不再重复调查，若低于4.00，则剔除。

---

①曾晓牧.高校信息素质能力指标体系研究［D］.北京：清华大学，2005.

## 二、专家问卷发放、回收、反馈情况以及结果分析

### （一）调查问卷的发放与回收情况

本研究将总结提炼的我国退役优秀运动员创业支持体系初始指标编制成专家调查问卷，由专家进行打分和评价，并提出修改意见。第一轮问卷发出20份，回收20份，回收率为100%，且收回问卷均为有效问卷。其中，5位专家就创业支持体系指标提出若干修改意见。第二轮问卷发出20份，回收17份，回收率为85%，收回问卷均为有效问卷。其中1位专家就创业支持体系指标提出若干修改意见。

### （二）调查问卷的反馈情况与结果分析

#### 1. 第一轮问卷调查结果分析与反馈

第一轮专家调查问卷回收后，对各指标的适用程度进行平均数、标准差、四分位差的计算，整理专家对每个指标适用程度的分布情况及各指标取舍情况，具体情况如表6-3所示。

表6-3 创业支持体系一级指标第一轮专家问卷调查结果

| 一级指标 | 专家打分分布情况（%） ||||| 平均数 | 标准差 | 四分位差 |
|---|---|---|---|---|---|---|---|---|
| | 1 | 2 | 3 | 4 | 5 | | | |
| 政府支持 | 0 | 0 | 0 | 30 | 70 | 4.7 | 0.458 | 1 |
| 社会支持 | 0 | 10 | 10 | 30 | 50 | 4.2 | 0.98 | 1 |
| 学校支持 | 0 | 5 | 30 | 35 | 30 | 3.9 | 0.889 | 2 |
| 家庭支持 | 0 | 0 | 5 | 35 | 60 | 4.1 | 0.889 | 2 |
| 自身支持 | 0 | 0 | 5 | 20 | 75 | 4.7 | 0.557 | 1 |

我国退役优秀运动员创业支持体系指标共包括政府支持、社会支持、学校支持、家庭支持与自身支持5个一级指标；政府支持体系下包含6个二级指标，社会支持体系下包含5个二级指标，学校支持体系下包含5个二级指标，家庭支持体系下包含4个二级指标，自身支持体系下包含7个二级指标。创业支持体系指标的专家打分情况及各指标得分的集中趋势与离散程度如表6-4所示。

表6-4 创业支持体系二级指标第一轮专家问卷调查结果

| 一级指标 | 二级指标 | 专家打分分布情况（%） |  |  |  |  | 平均数 | 标准差 | 四分位差 |
|---|---|---|---|---|---|---|---|---|---|
|  |  | 1 | 2 | 3 | 4 | 5 |  |  |  |
| 政府支持 | 创业资金支持 | 0 | 5 | 5 | 10 | 80 | 4.65 | 0.792 | 0 |
|  | 创业服务支持 | 0 | 0 | 15 | 30 | 55 | 4.4 | 0.735 | 1 |
|  | 创业培训支持 | 0 | 0 | 25 | 35 | 40 | 4.15 | 0.792 | 2 |
|  | 产业项目支持 | 0 | 5 | 10 | 45 | 40 | 4.2 | 0.812 | 1 |
|  | 创业基地支持 | 5 | 0 | 25 | 35 | 35 | 3.95 | 1.023 | 2 |
|  | 创业政策支持 | 0 | 0 | 5 | 20 | 75 | 4.7 | 0.577 | 1 |
| 社会支持 | 市场引导支持 | 0 | 5 | 15 | 65 | 15 | 3.9 | 0.7 | 0 |
|  | 技术管理支持 | 0 | 10 | 10 | 45 | 35 | 4.05 | 0.921 | 1 |
|  | 基础设施支持 | 5 | 5 | 20 | 20 | 45 | 4.05 | 1.161 | 2 |
|  | 社会基金支持 | 5 | 0 | 20 | 30 | 45 | 4.1 | 1.044 | 2 |
|  | 服务平台支持 | 0 | 0 | 15 | 50 | 35 | 4.2 | 0.678 | 1 |
| 学校支持 | ~~基础教育支持~~ | 10 | 20 | 15 | 25 | 30 | ~~3.45~~ | ~~1.359~~ | ~~3~~ |
|  | 创业教育支持 | 0 | 0 | 5 | 55 | 40 | 4.35 | 0.572 | 1 |
|  | 学历教育支持 | 5 | 10 | 20 | 35 | 30 | 3.75 | 1.135 | 2 |
|  | 创业孵化支持 | 5 | 0 | 25 | 40 | 30 | 3.9 | 0.995 | 2 |
|  | ~~创业竞赛支持~~ | 5 | 10 | 40 | 35 | 10 | ~~3.35~~ | ~~0.963~~ | ~~1~~ |
| 家庭支持 | 家庭资金支持 | 0 | 5 | 15 | 45 | 35 | 4.1 | 0.831 | 1 |
|  | 人脉资源支持 | 5 | 0 | 10 | 45 | 40 | 4.15 | 0.963 | 1 |
|  | 环境氛围支持 | 0 | 5 | 25 | 40 | 30 | 3.95 | 0.865 | 2 |
|  | ~~人力资源支持~~ | 5 | 10 | 35 | 30 | 20 | ~~3.5~~ | ~~1.072~~ | ~~1~~ |

（续表）

| 一级指标 | 二级指标 | 二级指标适用程度 专家打分分布情况（%） | | | | | 平均数 | 标准差 | 四分位差 |
|---|---|---|---|---|---|---|---|---|---|
| | | 1 | 2 | 3 | 4 | 5 | | | |
| 自身支持 | 收入补偿支持 | 0 | 5 | 15 | 25 | 55 | 4.3 | 0.9 | 1 |
| | 创业认知支持 | 0 | 5 | 5 | 35 | 55 | 4.4 | 0.8 | 1 |
| | 身体健康状况 | 0 | 0 | 5 | 35 | 60 | 4.55 | 0.589 | 1 |
| | 知识技能支持 | 0 | 0 | 20 | 40 | 40 | 4.2 | 0.748 | 1 |
| | 人际关系支持 | 0 | 0 | 0 | 55 | 45 | 4.45 | 0.497 | 1 |
| | 自身能力支持 | 0 | 0 | 0 | 25 | 75 | 4.75 | 0.433 | 1 |
| | 创业心理素质 | 0 | 5 | 5 | 55 | 35 | 4.2 | 0.748 | 1 |

根据本研究确定的指标取舍标准，5个一级指标平均数均大于或等于3.75，即认为指标在本轮中获得专家一致意见，进入第二轮调查；27个二级指标中剔除3个平均数小于或等于3.75的指标，剩余24个指标的平均数均大于或等于3.75，认为指标在本轮中获得专家一致意见，进入第二轮调查。根据专家意见，本研究进行指标修改，具体情况如表6-5和表6-6所示。

如表6-5所示，根据第一轮专家意见，将自身支持里面2项指标：知识技能支持和自身能力支持进行整合，整合后称为"知识能力支持"指标。

表6-5 第一轮专家问卷调查反馈整合后新增指标

| 一级指标 | 二级指标 | 指标描述 | 备注 |
|---|---|---|---|
| 自身支持 | 知识能力支持 | 退役优秀运动员的文化知识水平、创业时具备的相关技能，与成功创业有直接关系 | 整合 |
| | 自身能力支持 | 退役优秀运动员在创业过程中具备的执行、决策、学习、沟通、管理能力等能力 | 整合 |
| | 整合指标 知识能力支持 | 退役优秀运动员的文化知识水平以及创业时具备的执行、决策、学习、沟通、管理能力等能力素质 | 整合后新增 |

如表6-6所示，学校支持一级指标下的基础教育支持和创业竞赛支持、家庭支持一级指标下的人力资源支持，平均数均低于3.75的标准，故在本轮问卷调查中删除。

表6-6　第一轮专家问卷调查反馈删除指标

| 一级指标 | 二级指标 | 指标描述 | 备注 |
| --- | --- | --- | --- |
| 学校支持 | 基础教育支持 | 运动员在训期间学校为其提供的基础文化知识教育支持 | 平均数3.45小于3.75予以删除 |
| | 创业竞赛支持 | 学校通过组织创业竞赛，在参赛过程中提高退役优秀运动员创业认知与能力 | 平均数3.35小于3.75予以删除 |
| 家庭支持 | 人力资源支持 | 父母及其亲属支持并加入创业队伍，为退役优秀运动员创业提供力所能及的帮助 | 平均数3.5小于3.75予以删除 |

除上述之外，部分专家对学校支持一级指标下的"学历教育"提出异议，认为只有少数取得优异成绩的运动员才有机会进入高校深造，提升学历，大部分运动员还是退役后直接就业或创业的，建议将"学历教育"变更为"创业文化建设"，因为学校通过加强创业文化的宣传与建设，营造浓厚的创业文化氛围，对运动员创业意识、价值观念、行为方式等进行适当引导，能够提升运动员创业参与率。基于此，本研究根据专家建议，在学校支持一级指标下删除"学历教育"指标，增加"创业文化建设"指标。另有专家对部分表述提出建议，如一级指标"自身支持"应表述为"自我支持"，家庭支持下的二级指标"环境氛围支持"应表述为"创业心理支持"，本研究也根据建议进行了修改。

综上所述，经过第一轮专家问卷调查，5个一级指标全部达标，达标率为100%；27个二级指标中有3个指标未达到标准予以删除，达标率为88.9%，可以看出指标符合本研究要求且适用性较高。第一轮专家问卷调查合并二级指标2个，删除二级指标3个，替换二级指标1个，因此修改后进入第二轮专家问卷调查的一级指标有5个，二级指标有23个。

2. 第二轮问卷调查结果分析与反馈

第二轮专家调查问卷回收后，对各支持体系的指标适用程度得分进行处理，分别计算平均数、标准差、四分位差，整理专家对每个指标适用程度的分布情况及各指标取舍情况，具体如表6-7所示。

表6-7　创业支持体系一级指标第二轮专家问卷调查结果

| 一级指标 | 一级指标适用程度 ||||| 平均数 | 标准差 | 四分位差 |
|---|---|---|---|---|---|---|---|---|
| | 专家打分分布情况（%） |||||| | |
| | 1 | 2 | 3 | 4 | 5 | | | |
| 政府支持 | 0 | 0 | 0 | 29.41 | 70.59 | 4.706 | 0.456 | 1 |
| 社会支持 | 0 | 0 | 0 | 70.58 | 29.42 | 4.294 | 0.456 | 1 |
| 学校支持 | 0 | 5.89 | 17.65 | 41.18 | 35.28 | 4.059 | 0.872 | 1 |
| 家庭支持 | 0 | 5.89 | 11.74 | 41.18 | 41.18 | 4.177 | 0.856 | 1 |
| 自我支持 | 0 | 0 | 0 | 17.65 | 82.35 | 4.823 | 0.381 | 0 |

由表6-7可知，上述5个一级指标平均数均大于4.00，符合指标取舍标准；同时，标准差均不高于第一轮（符合标准），在本轮达成专家共识，不再重复调查。二级指标打分结果如表6-8～表6-12所示。

表6-8　政府支持二级指标第二轮专家问卷调查结果

| 一级指标 | 二级指标 | 二级指标适用程度 ||||| 平均数 | 标准差 | 四分位差 |
|---|---|---|---|---|---|---|---|---|---|
| | | 专家打分分布情况（%） |||||| | |
| | | 1 | 2 | 3 | 4 | 5 | | | |
| 政府支持 | 创业资金支持 | 0 | 0 | 0 | 23.53 | 76.47 | 4.765 | 0.424 | 0 |
| | 创业服务支持 | 0 | 0 | 17.65 | 47.06 | 35.29 | 4.176 | 0.706 | 1 |
| | ~~创业培训支持~~ | 0 | 0 | 23.53 | 58.82 | 17.65 | ~~3.941~~ | ~~0.639~~ | ~~0~~ |
| | 产业项目支持 | 0 | 0 | 0 | 58.82 | 41.18 | 4.294 | 0.570 | 1 |
| | ~~创业基地支持~~ | 0 | 5.88 | 17.65 | 58.82 | 17.65 | ~~3.882~~ | ~~0.758~~ | ~~0~~ |
| | 创业政策支持 | 0 | 0 | 0 | 23.53 | 76.47 | 4.765 | 0.424 | 0 |

由表6-8可知，在上述6个二级指标中，创业培训支持、创业基地支持平均数未达到4.00，依据取舍标准，将其删除；同时，指标创业资金支持、创业服务支持、产业项目支持、创业政策支持的标准差均不高于第一轮（符合标准），在本轮达成专家共识，不再重复调查。

表6-9 社会支持二级指标第二轮专家问卷调查结果

| 一级指标 | 二级指标 | 专家打分分布情况（%） ||||| 平均数 | 标准差 | 四分位差 |
|---|---|---|---|---|---|---|---|---|---|
| | | 1 | 2 | 3 | 4 | 5 | | | |
| 社会支持 | 市场引导支持 | 0 | 5.88 | 35.29 | 47.06 | 11.77 | ~~3.647~~ | ~~0.762~~ | ~~1~~ |
| | 技术管理支持 | 0 | 0 | 17.65 | 70.58 | 11.77 | ~~3.941~~ | ~~0.539~~ | ~~0~~ |
| | 基础设施支持 | 0 | 0 | 17.65 | 52.94 | 29.41 | 4.117 | 0.676 | 1 |
| | 社会基金支持 | 0 | 5.88 | 0 | 47.06 | 47.06 | 4.352 | 0.762 | 1 |
| | 服务平台支持 | 0 | 0 | 0 | 47.06 | 52.94 | 4.529 | 0.499 | 1 |

由表6-9可知，在上述5个二级指标中，市场引导支持、技术管理支持平均数未达到4.00，依据取舍标准，将其删除；同时，指标基础设施支持、社会基金支持、服务平台支持的标准差均不高于第一轮（符合标准），在本轮达成专家共识，不再重复调查。

表6-10 学校支持二级指标第二轮专家问卷调查结果

| 一级指标 | 二级指标 | 专家打分分布情况（%） ||||| 平均数 | 标准差 | 四分位差 |
|---|---|---|---|---|---|---|---|---|---|
| | | 1 | 2 | 3 | 4 | 5 | | | |
| 学校支持 | 创业教育支持 | 0 | 0 | 11.76 | 41.18 | 47.06 | 4.353 | 0.569 | 1 |
| | 创业文化建设 | 0 | 11.76 | 17.65 | 17.65 | 52.94 | 4.118 | 1.078 | 2 |
| | 创业孵化支持 | 0 | 5.88 | 23.53 | 29.41 | 41.18 | 4.059 | 0.937 | 2 |

由表6-10可知，在上述3个指标中，创业教育支持、创业文化建设、创业孵化支持的标准差均不高于第一轮（符合标准），在本轮达成专家共识，不再重复调查。

表6-11　家庭支持二级指标第二轮专家问卷调查结果

| 一级指标 | 二级指标 | \multicolumn{5}{c}{二级指标适用程度 专家打分分布情况（%）} | 平均数 | 标准差 | 四分位差 |
|---|---|---|---|---|---|---|---|---|---|
| | | 1 | 2 | 3 | 4 | 5 | | | |
| 家庭支持 | 家庭资金支持 | 0 | 0 | 0 | 52.94 | 47.06 | 4.471 | 0.499 | 1 |
| | 人脉资源支持 | 0 | 0 | 0 | 70.58 | 29.41 | 4.294 | 0.456 | 1 |
| | 创业心理支持 | 0 | 0 | 29.42 | 35.29 | 35.29 | 4.059 | 0.802 | 2 |

由表6-11可知，在上述3个指标中，家庭资金支持、人脉资源支持、创业心理支持的标准差均不高于第一轮（符合标准），在本轮达成专家共识，不再重复调查。

表6-12　自我支持体系二级指标第二轮专家问卷调查结果

| 一级指标 | 二级指标 | 1 | 2 | 3 | 4 | 5 | 平均数 | 标准差 | 四分位差 |
|---|---|---|---|---|---|---|---|---|---|
| 自我支持 | ~~收入补偿支持~~ | 0 | 5.88 | 23.53 | 41.18 | 29.41 | ~~3.941~~ | ~~0.872~~ | ~~2~~ |
| | 创业认知支持 | 0 | 0 | 0 | 23.53 | 76.47 | 4.765 | 0.424 | 0 |
| | 身体健康状况 | 0 | 0 | 0 | 29.41 | 70.59 | 4.706 | 0.456 | 1 |
| | 人际关系支持 | 0 | 0 | 0 | 47.06 | 52.94 | 4.529 | 0.496 | 1 |
| | 知识能力支持 | 0 | 0 | 0 | 17.65 | 82.35 | 4.824 | 0.381 | 0 |
| | ~~创业心理素质~~ | 0 | 11.76 | 17.65 | 41.18 | 29.41 | ~~3.882~~ | ~~0.963~~ | ~~2~~ |

由表6-12可知，在上述6个指标中，收入补偿支持、创业心理素质平均数未达到4.00，依据取舍标准，将其删除；创业认知支持、身体健康状况、人际关系支持、知识能力支持的标准差均不高于第一轮（符合标准），在本轮达成专家共识，不再重复调查。

### 三、确定创业支持体系指标

经过两轮专家问卷调查，最终确定我国退役优秀运动员创业支持体系由5个一级指标、17个二级指标构成，指标具体内容如表6-13所示。

第六章 我国退役优秀运动员自主创业支持体系构建

表6-13 我国退役优秀运动员创业支持体系指标内容

| 一级指标 | 二级指标 |
| --- | --- |
| B1政府支持 | B11创业资金支持、B12创业服务支持、B13产业项目支持、B14创业政策支持 |
| B2社会支持 | B21基础设施支持、B22社会基金支持、B23服务平台支持 |
| B3学校支持 | B31创业教育支持、B32创业孵化支持、B33创业文化建设 |
| B4家庭支持 | B41家庭资金支持、B42人脉资源支持、B43创业心理支持 |
| B5自我支持 | B51创业认知支持、B52身体健康状况、B53人际关系支持、B54知识能力支持 |

## 第三节 我国退役优秀运动员创业支持指标的权重分配

### 一、层次分析法

#### （一）层次分析法的概述

层次分析法（AHP）是一种可靠的计算各指标因素重要性的方法。它为复杂评价问题的决策和排序提供了一种简洁而实用的建模方法。层次分析法计算过程简洁清晰，可以使科研评价系统变得有结构且有序，经过一致性检验能有效降低误差，保证结果的准确性，因而有重要的应用价值[①]。

#### （二）层次分析法操作步骤

**1. 构建递阶层次结构模型**

通过前文研究分析，根据因素的相互关系，分解为不同层次的要素，构成递阶层次结构模型。我国退役优秀运动员创业支持体系层次结构模型如图6-1所示。

---
①刘新宪，朱道立.选择与判断-AHP（层次分析法）决策［M］.上海：上海科学普及出版社，1990.

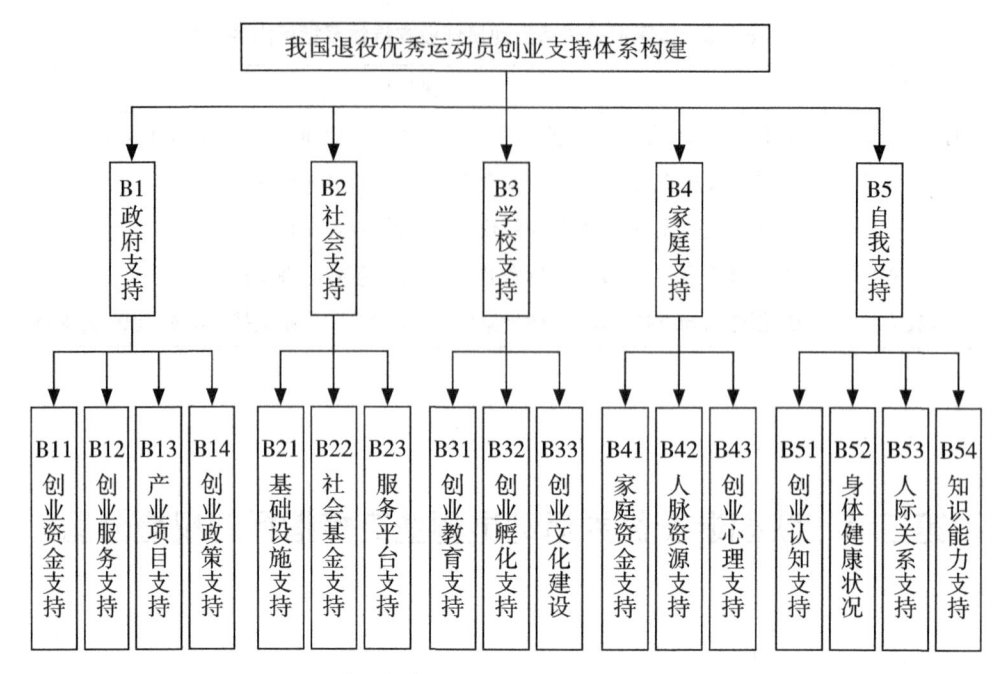

```
                        我国退役优秀运动员创业支持体系构建
                                    │
    ┌───────────────┬───────────────┼───────────────┬───────────────┐
    ▼               ▼               ▼               ▼               ▼
   B1              B2              B3              B4              B5
  政府            社会            学校            家庭            自我
  支持            支持            支持            支持            支持
    │               │               │               │               │
 ┌──┼──┬──┐    ┌───┼───┐       ┌───┼───┐       ┌───┼───┐    ┌──┬──┼──┬──┐
 ▼  ▼  ▼  ▼    ▼   ▼   ▼       ▼   ▼   ▼       ▼   ▼   ▼    ▼  ▼  ▼  ▼
B11 B12 B13 B14 B21 B22 B23    B31 B32 B33    B41 B42 B43  B51 B52 B53 B54
创  创  产  创  基  社  服      创  创  创      家  人  创    创  身  人  知
业  业  业  业  础  会  务      业  业  业      庭  脉  业    业  体  际  识
资  服  项  政  设  基  平      教  孵  文      资  资  心    认  健  关  能
金  务  目  策  施  金  台      育  化  化      金  源  理    知  康  系  力
支  支  支  支  支  支  支      支  支  建      支  支  支    支  状  支  支
持  持  持  持  持  持  持      持  持  设      持  持  持    持  况  持  持
```

图6-1　我国退役优秀运动员创业支持体系模型图

## 2. 构造两两判断矩阵

建立结构模型后，构造不同的判断矩阵，专家比较我国退役优秀运动员创业支持层次中指标的重要性，得出各指标权重。本研究判断矩阵中采用了1～9比例标度，各等级及其对应的比例标度如表6-14所示。

表6-14　判断矩阵的元素相对重要性比例标度表

| 标度 | 含义 |
| --- | --- |
| 1 | $a_i$、$a_j$两者相较，同等重要 |
| 3 | 两者相较，$a_i$比$a_j$略微重要 |
| 5 | 两者相较，$a_i$比$a_j$明显重要 |
| 7 | 两者相较，$a_i$比$a_j$强烈重要 |
| 9 | 两者相较，$a_i$比$a_j$极端重要 |
| 2、4、6、8 | 上述判断标度的中间值 |
| 倒数 | 若两者相较，与上述标度所示的略微/明显/强烈/极端重要程度相反，则分别取对应标度的倒数 |

### 3. 一致性检验

由于专家对不同元素相对重要性的判断可能不够准确，因此需要有一个衡量不一致程度的数量指标，我们通常用CI表示，一般定义一致性指标CI为：$CI = \lambda_{max} - n/n - 1$。对于1阶和2阶判断矩阵的判断次数为0次和1次，所以不存在判断是否"一致"的问题，都是一致性正互反矩阵，其CI值都为0。表6-15中一致性指标RI是1～15阶正反矩阵在1000次试验后得到的平均一致性指标，判断矩阵的CI与平均随机性一致指标RI之比为一致性比率，记为CR。同时，只有当随机一致性比率满足CR=CI/RI<0.10时，判断矩阵才能认为具有较好的一致性，否则就要对判断矩阵进行调整。

表6-15  1～15阶正反矩阵的平均随机一致性指标

| n | 1 | 2 | 3 | 4 | 5 | 6 | 7 | 8 | 9 | 10 | 11 | 12 | 13 | 14 | 15 |
|---|---|---|---|---|---|---|---|---|---|----|----|----|----|----|----|
| RI | 0 | 0 | 0.58 | 0.90 | 1.12 | 1.24 | 1.32 | 1.41 | 1.45 | 1.49 | 1.51 | 1.54 | 1.56 | 1.58 | 1.59 |

检验指标一致性标准如下：

当CR=0时，判断矩阵具有完全一致性；

当CR<0.1时，判断矩阵具有较好的一致性；

当CR≥0.1时，判断矩阵的一致性较差，应对矩阵中的各项取值进行调整，直至CR<0.1。

## 二、数据处理的结果与分析

本研究在对我国退役优秀运动员创业支持指标体系权重赋值阶段，从前期参加德尔菲法研究的专家中再次邀请6位曾参与过量表开发或层次分析法研究的专家，参与本次创业支持体系指标赋值过程。

共发出6份调查问卷，回收6份，回收率为100%，其中有效问卷6份（这里的有效问卷是专家所填数据全部合理有效且通过一致性检验）。本次研究对判断矩阵进行计算的过程采用YA-AHP软件对专家数据进行处理。由于此次专家对象数为6，完全罗列专家结果过于繁琐，因此只罗列出1位专家数据的分析过程作为代表，其他专家数据分析等同。

## （一）判断矩阵赋值与数据处理

### 1. 判断矩阵赋值样表

判断矩阵赋值样表如表6-16~表6-21所示。

表6-16　一级指标判断矩阵表

| 创业支持 | B1政府支持 | B2社会支持 | B3学校支持 | B4家庭支持 | B5自我支持 |
| --- | --- | --- | --- | --- | --- |
| B1政府支持 | — | 3 | 3 | 2 | 4 |
| B2社会支持 |  | — | 1 | 1/2 | 2 |
| B3学校支持 |  |  | — | 1/2 | 2 |
| B4家庭支持 |  |  |  | — | 3 |
| B5自我支持 |  |  |  |  | — |

表6-17　政府支持体系二级指标判断矩阵表

| 政府支持 | B11创业资金支持 | B12创业服务支持 | B13产业项目支持 | B14创业政策支持 |
| --- | --- | --- | --- | --- |
| B11创业资金支持 | — | 5 | 3 | 1 |
| B12创业服务支持 |  | — | 1/3 | 1/5 |
| B13产业项目支持 |  |  | — | 1/3 |
| B14创业政策支持 |  |  |  | — |

表6-18　社会支持体系二级指标判断矩阵表

| 社会支持 | B21基础设施支持 | B22社会基金支持 | B23服务平台支持 |
| --- | --- | --- | --- |
| B21基础设施支持 | — | 1/3 | 3 |
| B22社会基金支持 |  | — | 5 |
| B23服务平台支持 |  |  | — |

表6-19 学校支持体系二级指标判断矩阵表

| 学校支持 | B31创业教育支持 | B32创业孵化支持 | B33创业文化建设 |
|---|---|---|---|
| B31创业教育支持 | — | 3 | 5 |
| B32创业孵化支持 |  | — | 3 |
| B33创业文化建设 |  |  | — |

表6-20 家庭支持体系二级指标判断矩阵表

| 家庭支持 | B41家庭资金支持 | B42人脉资源支持 | B43创业心理支持 |
|---|---|---|---|
| B41家庭资金支持 | — | 1 | 5 |
| B42人脉资源支持 |  | — | 5 |
| B43创业心理支持 |  |  | — |

表6-21 自我支持体系二级指标判断矩阵表

| 自我支持 | B51创业认知支持 | B52身体健康状况 | B53人际关系支持 | B54知识能力支持 |
|---|---|---|---|---|
| B51创业认知支持 | — | 3 | 1 | 1 |
| B52身体健康状况 |  | — | 1/3 | 1/3 |
| B53人际关系支持 |  |  | — | 1 |
| B54知识能力支持 |  |  |  | — |

## 2. 数据分析处理样表

我国退役优秀运动员创业支持体系一级指标的判断矩阵分析结果如表6-22所示。

表6-22 我国退役优秀运动员创业支持体系一级指标的判断矩阵分析表

| 一级指标 | B1 | B2 | B3 | B4 | B5 | $W_i$ |
|---|---|---|---|---|---|---|
| B1 | 1 | 3 | 3 | 2 | 4 | 0.4030 |
| B2 | 0.3333 | 1 | 1 | 0.5 | 2 | 0.1367 |
| B3 | 0.3333 | 1 | 1 | 0.5 | 2 | 0.1367 |
| B4 | 0.25 | 0.5 | 0.5 | 1 | 0.3333 | 0.0791 |
| B5 | 0.5 | 2 | 2 | 3 | 1 | 0.2444 |

在表6-22中，B1、B2、B3、B4、B5分别表示5个一级指标。$W_i$为进行归一化处理后的权重值。对"我国退役优秀运动员创业支持体系构建"的权重为：1.0000，$\lambda_{max}$=5.0331，$CI=\lambda_{max}-n/n-1$ = 5.0331-5/5-1=0.008275，查表得：$RI$=1.12，$CR=CI/RI$=0.008275/1.12=0.0074<0.10，可知判断矩阵具有较好的一致性。同理得出该专家对创业支持体系二级指标赋值后计算出的权重值，如表6-23~表6-27所示。

表6-23 政府支持体系二级指标判断矩阵分析表

| 政府支持 | B11 | B12 | B13 | B14 | $W_i$ |
|---|---|---|---|---|---|
| B11 | 1 | 5 | 3 | 1 | 0.3899 |
| B12 | 0.2 | 1 | 0.3333 | 0.2 | 0.0679 |
| B13 | 0.3333 | 3 | 1 | 0.3333 | 0.1523 |
| B14 | 1 | 5 | 3 | 1 | 0.3899 |

在表6-23中，B11、B12、B13、B14分别表示政府支持体系下4个二级指标。对"我国退役优秀运动员创业支持体系构建"的权重为：0.4030，$\lambda_{max}$=4.0435，$CI$=0.0147，$RI$=0.90，$CR$=0.0163<0.1，由此可知判断矩阵具有较好的一致性。

表6-24 社会支持体系二级指标判断矩阵分析表

| 社会支持 | B21 | B22 | B23 | $W_i$ |
|---|---|---|---|---|
| B21 | 1 | 0.3333 | 3 | 0.2583 |
| B22 | 3 | 1 | 5 | 0.6370 |
| B23 | 0.3333 | 0.2 | 1 | 0.1047 |

在表6-24中，B21、B22、B23分别表示社会支持体系下3个二级指标。对"我国退役优秀运动员创业支持体系构建"的权重为：0.1367，$\lambda_{max}$=3.3085，$CI$=0.0215，$RI$=0.58，$CR$=0.0370<0.1，由此可知判断矩阵具有较好的一致性。

表6-25 学校支持体系二级指标判断矩阵分析表

| 学校支持 | B31 | B32 | B33 | $W_i$ |
| --- | --- | --- | --- | --- |
| B31 | 1 | 3 | 5 | 0.6370 |
| B32 | 0.3333 | 1 | 3 | 0.2583 |
| B33 | 0.2 | 0.3333 | 1 | 0.1047 |

在表6-25中，B31、B32、B33分别表示学校支持体系下3个二级指标。对"我国退役优秀运动员创业支持体系构建"的权重为：0.1367，$\lambda_{max}$=3.0385，$CI$=0.0215，$RI$=0.58，$CR$=0.0370<0.1，由此可知判断矩阵具有较好的一致性。

表6-26 家庭支持体系二级指标判断矩阵分析表

| 家庭支持 | B41 | B42 | B43 | $W_i$ |
| --- | --- | --- | --- | --- |
| B41 | 1 | 1 | 5 | 0.4545 |
| B42 | 1 | 1 | 5 | 0.4545 |
| B43 | 0.2 | 0.2 | 1 | 0.0909 |

表6-26中，B41、B42、B43分别表示家庭支持体系下3个二级指标。对"我国退役优秀运动员创业支持体系构建"的权重为：0.0791，$\lambda_{max}$=3.000，$CI$=0.0000，$RI$=0.58，$CR$=0.0000<0.1，由此可知判断矩阵具有很好的一致性。

表6-27 自我支持体系二级指标判断矩阵分析表

| 自我支持 | B51 | B52 | B53 | B54 | $W_i$ |
| --- | --- | --- | --- | --- | --- |
| B51 | 1 | 3 | 1 | 1 | 0.3 |
| B52 | 0.3333 | 1 | 0.3333 | 0.3333 | 0.1 |
| B53 | 1 | 3 | 1 | 1 | 0.3 |
| B54 | 1 | 3 | 1 | 1 | 0.3 |

在表6-27中，B51、B52、B53、B54分别表示自我支持体系下4个二级指标。对"我国退役优秀运动员创业支持体系构建"的权重为：0.2444，$\lambda_{max}$=3.0000，$CI$=0.0000，$RI$=0.90，$CR$=0.0000<0.1，由此可知判断矩阵具有很好的一致性。

## （二）综合权重值的计算

本研究根据两两比较表，计算出6位专家对我国退役优秀运动员创业支持体系指标的权重。由于各专家对指标的认知程度各不相同，即使是同一指标，其权重值也有较大的差异。虽然专家对指标的权重认知存在差异，但经过一致性检验后，问卷信度成立，故此问卷的数据是有价值的权重赋值。在搜集到6位专家的权重值后，本研究运用群决策对各专家判断矩阵得到的权重值进行加权几何平均，以几何平均数的计算方式，求得各个指标的平均权重值如表6-28所示。

表6-28 我国退役优秀运动员创业支持体系一级指标权重表

| 一级指标 | 1 | 2 | 3 | 4 | 5 | 6 | $W_i$ |
| --- | --- | --- | --- | --- | --- | --- | --- |
| B1 | 0.4593 | 0.403 | 0.3362 | 0.1523 | 0.3471 | 0.2092 | 0.3371 |
| B2 | 0.0951 | 0.1367 | 0.1387 | 0.032 | 0.2873 | 0.2681 | 0.1454 |
| B3 | 0.0599 | 0.1367 | 0.1743 | 0.0499 | 0.1234 | 0.1593 | 0.1200 |
| B4 | 0.1928 | 0.0791 | 0.2186 | 0.5449 | 0.1525 | 0.2976 | 0.2366 |
| B5 | 0.1928 | 0.2444 | 0.1322 | 0.221 | 0.0897 | 0.0658 | 0.1609 |

通过YA-AHP软件对6位专家的矩阵表进行权重值计算，同时对各专家相应的$CI$进行加权平均，得出$CR$=0.0193<0.1，说明该矩阵满足一致性条件。运用群决策对各专家判断矩阵得到的权重值进行加权几何平均，求得各个指标的平均权重值，得出以下结论：对一级指标进行排序从大到小依次为政府支持、家庭支持、自我支持、社会支持、学校支持，其权重值分别为：0.3371、0.2366、0.1609、0.1454、0.1200。

表6-29　政府支持体系二级指标权重表

| 政府支持 | 1 | 2 | 3 | 4 | 5 | 6 | $W_i$ |
| --- | --- | --- | --- | --- | --- | --- | --- |
| B11 | 0.5000 | 0.3899 | 0.1894 | 0.5558 | 0.3551 | 0.2500 | 0.3809 |
| B12 | 0.1667 | 0.0679 | 0.1894 | 0.0489 | 0.1449 | 0.2500 | 0.1361 |
| B13 | 0.1667 | 0.1524 | 0.1054 | 0.2589 | 0.1449 | 0.2500 | 0.1865 |
| B14 | 0.1667 | 0.3899 | 0.5158 | 0.1364 | 0.3551 | 0.2500 | 0.2965 |

如表6-29所示，通过YA-AHP软件对6位专家的政府支持体系二级指标矩阵表进行权重值计算，同时对各专家相应的$CI$进行加权平均，得出$CR=0.0000<0.1$，说明该矩阵满足一致性条件。运用群决策对各专家判断矩阵得到的权重值进行加权几何平均，求得各个指标的平均权重值，得出以下结论：对二级指标进行排序从大到小依次为：创业资金支持、创业政策支持、产业项目支持、创业服务支持，其权重值分别为：0.3809、0.2965、0.1865、0.1361。

如表6-30所示，通过YA-AHP软件对6位专家的社会支持体系二级指标矩阵表进行权重值计算，同时对各专家相应的$CI$进行加权平均，得出$CR=0.0000<0.1$，说明该矩阵满足一致性条件。运用群决策对各专家判断矩阵得到的权重值进行加权几何平均，求得各个指标的平均权重值，得出以下结论：对二级指标进行排序从大到小依次为：社会基金支持、基础设施支持、服务平台支持，其权重值分别为：0.4842、0.2943、0.2215。

表6-30　社会支持体系二级指标权重表

| 社会支持 | 1 | 2 | 3 | 4 | 5 | 6 | $W_i$ |
| --- | --- | --- | --- | --- | --- | --- | --- |
| B21 | 0.2000 | 0.2583 | 0.3333 | 0.6483 | 0.2318 | 0.1429 | 0.2943 |
| B22 | 0.6000 | 0.6370 | 0.3333 | 0.2297 | 0.5842 | 0.4286 | 0.4842 |
| B23 | 0.2000 | 0.1047 | 0.3333 | 0.122 | 0.1840 | 0.4286 | 0.2215 |

如表6-31所示，通过YA-AHP软件对6位专家的学校支持体系二级指标矩阵表进行权重值计算，同时对各专家相应的$CI$进行加权平均，得出$CR=0.0000<0.1$，说明该矩阵满足一致性条件。运用群决策对各专家判断矩阵得到的权重值进行加权几何平均，求得各个指标的平均权重值，得出以下结论：对二级指标进行排序从大到小依次为：创业教育支持、创业孵化支持、创业文化建设，其权重值分别为：0.4057、0.3927、0.2015。

表6-31　学校支持体系二级指标权重表

| 学校支持 | 1 | 2 | 3 | 4 | 5 | 6 | $W_i$ |
|---|---|---|---|---|---|---|---|
| B31 | 0.4286 | 0.6370 | 0.6000 | 0.1047 | 0.4286 | 0.3333 | 0.4057 |
| B32 | 0.4286 | 0.2583 | 0.2000 | 0.6370 | 0.4286 | 0.3333 | 0.3927 |
| B33 | 0.1429 | 0.1047 | 0.2000 | 0.2583 | 0.1429 | 0.3333 | 0.2015 |

如表6-32所示，通过YA-AHP软件对6位专家的家庭支持体系二级指标矩阵表进行权重值计算，同时对各专家相应的$CI$进行加权平均，得出$CR$=0.0000<0.1，说明该矩阵满足一致性条件。运用群决策对各专家判断矩阵得到的权重值进行加权几何平均，求得各个指标的平均权重值，得出以下结论：对二级指标进行排序从大到小依次为：人脉资源支持、家庭资金支持、创业心理支持，其权重值分别为：0.4627、0.3781、0.1592。

表6-32　家庭支持体系二级指标权重表

| 家庭支持 | 1 | 2 | 3 | 4 | 5 | 6 | $W_i$ |
|---|---|---|---|---|---|---|---|
| B41 | 0.4434 | 0.4545 | 0.3333 | 0.2797 | 0.5584 | 0.2000 | 0.3781 |
| B42 | 0.3874 | 0.4545 | 0.3333 | 0.6267 | 0.3196 | 0.6000 | 0.4627 |
| B43 | 0.1692 | 0.0909 | 0.3333 | 0.0936 | 0.1220 | 0.2000 | 0.1592 |

如表6-33所示，通过YA-AHP软件对6位专家的自我支持体系二级指标矩阵表进行权重值计算，同时对各专家相应的$CI$进行加权平均，得出$CR$=0.0000<0.1，说明该矩阵满足一致性条件。运用群决策对各专家判断矩阵得到的权重值进行加权几何平均，求得各个指标的平均权重值，得出以下结论：对二级指标进行排序从大到小依次为：人际关系支持、身体健康状况、创业认知支持、知识能力支持，其权重值分别为：0.2893、0.2536、0.2364、0.2206。

表6-33　自我支持体系二级指标权重表

| 自我支持 | 1 | 2 | 3 | 4 | 5 | 6 | $W_i$ |
|---|---|---|---|---|---|---|---|
| B51 | 0.1182 | 0.3000 | 0.1100 | 0.3932 | 0.0829 | 0.4400 | 0.2364 |
| B52 | 0.1182 | 0.1000 | 0.3015 | 0.4179 | 0.5713 | 0.1002 | 0.2536 |
| B53 | 0.2762 | 0.3000 | 0.2301 | 0.1393 | 0.1924 | 0.3672 | 0.2893 |
| B54 | 0.4874 | 0.3000 | 0.3584 | 0.0496 | 0.1534 | 0.0926 | 0.2206 |

## 三、我国退役优秀运动员创业支持体系指标权重表

依据专家对指标的赋值,通过层次分析法最终得到我国退役优秀运动员创业支持体系指标权重如表6-34所示。

表6-34 我国退役优秀运动员创业支持体系指标权重表

| 目标层 | 一级指标（权重值） | 二级指标（权重值） | 权重值排序 | 指标描述 |
|---|---|---|---|---|
| 我国退役优秀运动员创业支持体系 | 政府支持（0.3371） | 创业资金支持（0.1284） | 1 | 政府为退役优秀运动员创业提供的小额担保贷款、低息贷款、企业风险投资等资金支持 |
| | | 创业服务支持（0.0459） | 10 | 政府通过优化创业环境、完善基础设施、服务平台等举措,为退役优秀运动员提供创业服务 |
| | | 产业项目支持（0.0629） | 6 | 政府部门提供针对性的体育产业项目为退役优秀运动员创业提供支持 |
| | | 创业政策支持（0.1000） | 3 | 政府为减少退役优秀运动员创业壁垒而制定的市场支持、创业环境、减免税费等各项扶持政策 |
| | 社会支持（0.1454） | 基础设施支持（0.0428） | 11 | 企业机构、社会组织等为促进退役优秀运动员创业提供的创业场地设施、孵化基地、孵化园区等基础设施支持 |
| | | 社会基金支持（0.0704） | 5 | 社会组织等推出风险投资、股权融资、天使投资等多种融资形式,为退役优秀运动员创业提供资金支持 |
| | | 服务平台支持（0.0322） | 16 | 社会机构为退役优秀运动员创业建立的中介、咨询、准入等服务平台,全方位服务运动员创业 |

（续表）

| 目标层 | 一级指标（权重值） | 二级指标（权重值） | 权重值排序 | 指标描述 |
|---|---|---|---|---|
| 我国退役优秀运动员创业支持体系 | 学校支持（0.1200） | 创业教育支持（0.0487） | 7 | 学校为退役优秀运动员提供的创业知识、创业项目、创业技能等方面的培训教育 |
| | | 创业孵化支持（0.0471） | 8 | 学校通过成立的创业科技园或孵化园等给予退役优秀运动员创业实践提供支持 |
| | | 创业文化建设（0.0242） | 17 | 学校通过加强创业文化的宣传与建设，营造浓厚的创业文化氛围，对运动员创业意识形态、价值观念、行为方式进行引导，提高运动员创业参与率 |
| | 家庭支持（0.2366） | 家庭资金支持（0.0895） | 4 | 父母及其亲属为退役优秀运动员在创业初期提供的资金与物质支持 |
| | | 人脉资源支持（0.1095） | 2 | 父母及其亲属所积累的人际关系网，在运动员创业时对其所提供的帮助 |
| | | 创业心理支持（0.0377） | 14 | 家庭人员营造的支持运动员创业的氛围，为退役优秀运动员创业提供精神支持 |
| | 自我支持（0.1609） | 创业认知支持（0.0380） | 13 | 退役优秀运动员对创业机会的识别、创业方式和项目的选择等创业认知，与成功创业存在较大关系 |
| | | 身体健康状况（0.0408） | 12 | 退役优秀运动员在创业时期维持健康的身体状况，是创业成功的基础 |
| | | 人际关系支持（0.0465） | 9 | 退役优秀运动员所积累的人脉资源构成的人际关系网，在创业中起到一定的支持作用 |
| | | 知识能力支持（0.0355） | 15 | 运动员的文化知识水平、创业时的相关技能以及创业时自身的执行、决策、沟通、管理等能力素质都与成功创业有直接关系 |

## 第四节 分析与讨论

我国退役优秀运动员创业支持体系由政府支持、家庭支持、学校支持、社会支持、自我支持5个一级指标以及17个二级指标构成。一级指标的权重值大小排序依次是政府支持、家庭支持、自我支持、社会支持以及学校支持。

### 一、我国退役优秀运动员创业政府支持指标讨论

政府支持创业的作用毋庸置疑，我国的市场化进程与欧美发达国家相比起步较晚，政府仍在市场经济运行中发挥着主导作用。政府一方面通过制定重大发展战略以及行业政策影响市场机会，另一方面通过提供基础设施、税收减免、项目审批、财政补贴以及限制行业准入门槛等影响企业的经营活动，同时，政府还掌握着土地、信贷、矿产等关键性资源的再分配权力[1]，因此我国退役优秀运动员的创业首先应当得到政府的支持。

政府支持的二级指标中权重值较高的是"创业资金支持"和"创业政策支持"。创业资金支持是指政府为退役优秀运动员创业提供的小额担保贷款、低息贷款、企业风险投资等资金支持。政府提供创业资金支持是最直接、最有效的手段，它关乎创业企业的价值创造与长远发展。事实上，为预防市场出现失灵现象，世界上很多国家都会通过政府直接或间接为创业企业提供资金支持的方式激发企业尤其是高新技术企业的创新活力[2]。近年来，我国政府也逐渐开始通过设立政府创业引导基金、政府机构或平台出资等方式，不断加大对创业企业进行风险投资的力度。据统计，2014—2016年，我国政府设立政府引导基金规模分别为0.33万亿元、1.64万亿元和3.73万亿元。截止2021年底，该基金规模达到12.45万亿元，政府资本渗透率不断提升[3]。国家体育行政部门也一直

---

[1] 何晓斌，柳建坤. 政府支持对返乡创业绩效的影响[J]. 北京工业大学学报（社会科学版），2021，21（5）：48-63.

[2] BRANDER J A, DU Q, HELLMANN T. The effects of government-sponsored venture capital: International evidence[J]. Review of Finance, 2015, 19（2）: 571-618.

[3] 刘烜宏. 政府引导基金大整合，路在何方？[EB/OL]. [2022-07-04]. http://www.chinasei.com.cn/zcjd/202207/t20220704_47579.html.

尝试通过创业资金扶持的办法，帮助退役运动员创业。早在2009年，中华全国体育基金会下发《关于开展退役运动员创业扶持试点工作的通知》，从运动员创业培训、创业经营、创业孵化三个方面对退役优秀运动员创业进行扶持。试点工作分为两批，第一批试点工作自2009年12月开始，江苏、福建等4个省份参与试点，期间先后开办了9期创业培训班，共672名运动员接受了正规系统的创业培训，有78人申请自主创办经营实体扶持，65人经审核获得资助，累计资助1379.67万元。第二批试点工作自2013年3月启动，参加创业试点的地区扩大至天津、黑龙江、山东等12个省（区、市），先后开展创业培训共25期，培训了1700名运动员，对156名退役优秀运动员自主创办的经营实体给予扶持，累计支持创业基金达1406万元。2020年1月，中华全国体育基金会又印发了《退役运动员就业创业扶持基金使用暂行办法》，其中对退役运动员的自主创业资助范围、额度等给予了更加明确的规定，如对于创业孵化单位每年资助额度最高可达10万元；对于创办体育产业类法人单位的退役运动员，资助房租、水、电、气等最高可达7万元；等等。然而这相较每年退役运动员的数量，也只能算是杯水车薪[①]。

创业政策支持指的是政府为减少退役优秀运动员创业壁垒而制定的市场支持、创业环境、减免税费等各项扶持政策。尽管近年来国家基于就业形势与时代发展需求，为鼓励退役运动员自主创业，减轻就业压力，颁布了一系列相关政策予以引导。如2010年国务院下发的《关于进一步加强运动员文化教育和运动员保障工作的指导意见》就明确提出"对退役运动员自主创业按规定给予政策性支持"；2013年国家体育总局印发的《国家体育总局关于进一步加强运动员职业辅导工作的意见》要求，在"停训前后，帮助运动员了解就业形势与政策法规，获取更多的职业转换所需要的知识和技能，顺利实现创业"；2014年下发的《国家体育总局关于进一步做好退役运动员就业安置工作有关问题的通知》进一步指出，要对"创业扶持政策积极进行落实和完善，帮助有自主创业愿望和能力的运动员成功创业"等。这些政策的出台对于运动员退役后的自主创业起到极大大引领和鼓舞作用。然而不难发现，国家关于退役运动员自主创业的政策文件仅仅是在运动员保障、职业教育以及就业安置等文件中稍有提及，内容比较简单、笼统。政策文件的数量偏少，尤其是自国家"双创"战略

---

① 任荣伟，康涛. 我国退役运动员就业创业研究——基于创业机会理论的视角［J］. 技术经济与管理研究，2019（12）：35-40.

提出以来，几乎没有相关的运动员自主创业配套政策文件出台。同时政策的种类也不多，缺乏有关创业培训、创业贷款、税收、成本节约等方面的政策性支持文件。

因此，鉴于政府创业资金支持以及创业政策支持的重要性，在国家大力发展体育产业的背景下，应加大对退役优秀运动员在创业资金和创业政策上的扶持力度，尤其是加大对运动员从事体育类创业的扶持力度，这将对发展体育产业、扩大体育消费起到重要的引领作用。

## 二、我国退役优秀运动员创业家庭支持指标讨论

退役优秀运动员的创业活动不仅仅是个人行动，同时涉及家庭参与，尤其在创业初期阶段，家庭支持一方面可以给退役优秀运动员创业提供足够的智力保障，无偿提供创业帮助；另一方面，家庭成员的主动参与，能够在比较短的一段时间内搭建起创业结构架构，降低创业初期的时间与人力成本，更好地促进创业活动的产生与发展，实现自身价值与社会价值的双统一。本研究结果显示，家庭支持退役优秀运动员创业居于重要地位，家庭支持一级指标权重仅次于政府支持。家庭支持有广义与狭义之分，狭义的家庭支持仅指来自父母、配偶的支持，广义的家庭支持是指来自家族中所有具有血缘关系的家族成员的支持。家庭支持创业的研究起步较晚，早期主要关注创业者的社会嵌入对创业的影响，认为创业者是嵌入在社会关系网络中的，却忽视了一个基本的社会系统——家庭的影响[1]。然而，受传统的儒家文化熏陶的中国家庭，无论是在创业还是其他社会活动方面，都会把家庭作为社会运作为最核心的单位[2]，并且家庭支持的力度越大，创业者的整体效能就越高，识别开发创业机会的能力就越强[3]。本书第四章的研究显示家庭成员或身边朋友有创业经历的退役优秀运动员，其创业认知和创业意愿相较家庭成员或身边朋友无创业经历的运动员更强，这也从侧面验证了家庭对于创业的重要影响作用。

---

[1] ALDRICH H E, CLIFF J E. The pervasive effects of family on entrepreneurship: Toward a family embeddedness perspective [J]. Journal of Business Venturing, 2003, 18（5）: 573-596.
[2] AU K, KWAN H K. Start-up capital and Chinese entrepreneurs: The role of family [J]. Entrepreneurship Theory and Practice, 2009, 42（4）: 631-666.
[3] 梁强, 林锦丹, 宋丽红, 等. 家庭支持与女性创业机会开发的关系研究 [J]. 汕头大学学报: 人文社会科学版, 2021, 37（2）: 60-70; 95-96.

家庭支持的二级指标中权重值较高的是"人脉资源支持"和"家庭资金支持"。人脉资源支持是指父母及其亲属所积累的人际关系网，在运动员创业时对其提供的帮助。家庭资金支持指的是父母及其亲属为退役优秀运动员在创业初期提供的资金与物质支持。二者分别代表着家庭支持创业的经济资本与社会资本。家庭的经济资本和社会资本是影响创业者绩效的重要因素[1]，然而一项针对大学生创业的调查研究显示，无论是家庭的人脉资源支持还是经济资本支持，都处于较低水平区域[2]。根据社会嵌入理论，创业者具有社会嵌入的属性，创业者在创业过程中离不开各种社会关系网络的支持和帮助，而退役优秀运动员从长期相对封闭的训练生活环境走向社会，其创业过程更离不开家庭人脉资源的支持。已有研究显示，家庭的人脉资源关系越广，创业者的创业意愿就越强[3]。家庭成员参与创业，其自身的人脉资源及潜在人脉资源都会为创业提供帮助。若父母及其直系亲属参与创业，在创业中遇到问题，他们自身以及积累的人脉资源都可以为退役优秀运动员提供足够的智力决策、免费的创业咨询等，同时，在进军市场的时候会提供更多的人脉支持，如帮助退役优秀运动员早期了解政府政策的导向、市场行业前景等。创业不是一个人的游戏，需要多方面人才的加入，群策群力，才能保证创业活动的成功，获得预期的创业收益。家庭的经济资本是创业者创业的基础，家庭资金对于创业者的支持力度越大，越有利于创业者作出创业决策[4]，创业者选择生存型创业的倾向就越低，选择机会型、成就型创业的倾向就越高[5]。由于政府政策推出的资金扶持、商业银行以及社会企业机构的贷款机制等都需要运动员自身符合相关的条件标准，得到资金支持有一定的难度。若家庭给予支持，运动员获得资金支持的难度就大大降低。因此，运动员在退役转型时要多与家庭成员沟通，在选择创业时应争取到家庭所有成员（广义上的家庭）资金、人脉资源以及心理上的支持，这样可以大幅提高创业成功率，提升创业绩效。

---

[1] 朱红根，康兰媛. 家庭资本禀赋与农民创业绩效实证分析[J]. 商业研究，2016（7）：33-41；56.
[2] 施雪锦. 福建省大学生创业支持体系的效果评价研究[D]. 福州：福建师范大学，2018.
[3] 刘祖祎. 社会关系、家庭负债与家庭创业选择[J]. 商业文化，2022（12）：138-144.
[4] 吴镇婕，王磊. 家庭资本对家庭创业决策的影响研究——基于城乡差异视角[J]. 中国商论，2022（14）：114-117.
[5] 董静，赵策. 家庭支持对农民创业动机的影响研究——兼论人缘关系的替代作用[J]. 中国人口科学，2019（1）：61-75；127.

## 三、我国退役优秀运动员创业自我支持指标讨论

自我支持主要指个人人力资本对于创业的影响。本研究结果显示,自我支持指标权重值仅次于政府支持和家庭支持位居第三,说明退役优秀运动员身体健康状况、人际关系、创业认知以及知识能力等人力资本对于实现成功创业具有很大影响。这也与现有研究结果一致。已有研究表明,个人资本与创业意愿具有显著正向影响[1],创业者人力资本的提升,能够更好地应对外部环境的复杂性与不确定性,做出准确的机会识别与判断,从而促进新创企业的成长[2]。

自我支持二级指标权重值较高的是"人际关系支持"和"身体健康状况"。人际关系支持是指退役优秀运动员所积累的人脉资源构成的人际关系网,在创业中起到一定的支持作用。已有研究显示,创业者的人际关系作用大于其心理资本和经济资本,对创业绩效影响最大[3],并且创业者的人际关系对其领导能力、管理能力以及创新能力都有显著影响[4]。甚至说,创业者的人际关系与家庭支持还存在一定的替代性,即人际关系越广,家庭支持对创业动机选择的影响越小[5]。创业者人际关系的获得需要诸多技巧,有研究将人际关系运作模式分为"关系运作理念""平台型资源整合""层级型管理""认同获取"及"印象管理"5个方面,并指出创业者和人际关系网络的匹配性越高,关系运作行为对资源获取效率的促进作用就越大[6]。身体健康状况指的是退役优秀运动员在创业时期维持健康身体的状况,这是创业成功的基础。身体健康的重要性不言而喻。不良的健康状况会影响潜在的创业者进入市场,影响创业

---

[1] 吴春雅,夏紫莹,曹颖. 地方高校创业教育效应的多维审视——纳入外部环境与个人资本的考量[J]. 教育发展研究,2021,41(11):39-46.

[2] 程建青,罗瑾琏,杜运周,等. 制度环境与心理认知何时激活创业?——一个基于QCA方法的研究[J]. 科学学与科学技术管理,2019,40(2):114-131.

[3] 张强强,吴溪溪,马红玉. 三维资本如何提升农民创业绩效——创业学习和创业机会识别的链式中介作用[J]. 农业经济与管理,2022(3):28-41.

[4] 吴能全,李芬香. 创业者心理资本、人力资本与社会资本对其创业能力的影响研究——基于结构方程模型的分析[J]. 湖南大学学报:社会科学版,2020,34(4):39-46.

[5] 董静,赵策. 家庭支持对农民创业动机的影响研究——兼论人缘关系的替代作用[J]. 中国人口科学,2019(1):61-75;127.

[6] 朵大鹏. 创业者关系运作对创业资源获取效率的影响研究[D]. 厦门:厦门大学,2019.

者发掘商机的能力,降低企业的启动和运营效率等[①]。有关身体健康对创业的影响的研究较少,但是对于运动员这一特殊群体来说,在训期间伤病在所难免,因此,健康的身体对于退役优秀运动员创业来说尤为重要。

## 四、我国退役优秀运动员创业社会支持指标讨论

社会支持是重要的创业外部环境之一。根据创业认知理论,社会外部环境会通过影响创业者的认知,进而改变其创业行为和结果[②]。这一点在本书第四章的实证研究中也进一步被证实,即创业的外部环境会影响到运动员的创业意愿,而这其中运动员的创业认知起到中介作用。

社会支持二级指标中权值较高的是"社会基金支持"和"基础设施支持"。社会基金支持是指社会组织等推出风险投资、股权融资、天使投资等多种融资形式,为退役优秀运动员创业提供资金支持。已有研究显示,社会提供的资金支持更有助于提升创业者的创业绩效,实现创业目标,提升其创业幸福感[③]。社会提供的资金支持很大一部分来自风险投资,尤其自21世纪以来,风险投资在孵化新创企业、推动企业创新的过程中发挥着越来越重要的作用。Crunchbase2020全球风险投资报告显示,尽管受全球疫情影响,全球新创企业仍收到大约3000亿美元的风险投资。风险投资在推动我国新创企业发展过程中同样扮演重要角色。投中数据统计显示,2021年我国613家新上市的企业中有风险投资支持的占比达到68.68%。风险投资为新创企业带来的知识、资本以及社会关系等关键资源,可极大地助力新创企业成长。基础设施支持指的是企业机构、社会组织等为促进退役优秀运动员创业所提供的创业场地设施、孵化基地、孵化园区等基础设施支持。退役优秀运动员创业伊始会面临场地设施缺乏的问题,这就需要公益组织和企业机构等提供免费或限时优惠的创业所需的场地、器材、设备等。此外,退役后接受高等教育的运动员,创业初期可以借助

---

[①] 林嵩,贾贺棋,李静. 创业者健康研究:现状分析及未来展望 [J]. 华东经济管理, 2020, 34 (12): 118-128.

[②] CHEN M H, CHANG Y Y, LIN Y C. Exploring creative entrepreneurs' happiness: Cognitive style, Guanxi and creativity [J]. International Entrepreneurship and Management Journal, 2018, 14 (4): 1089-1110.

[③] WIKLUND J, NIKOLAEV B, SHIR N, et al. Entrepreneurship and well-being: Past, present, and future [J]. Journal of Business Venturing, 2019, 34 (4): 579-588.

高校的力量和资源进行产业孵化，而没有继续学历深造的退役优秀运动员就需要社会为其创业提供孵化培育，助力其新创企业成长。

**五、我国退役优秀运动员创业学校支持指标讨论**

学校支持在5个一级指标中权重值最低，但是其二级指标"创业教育支持"和"创业孵化支持"的权重值分别排在第七和第八位，处于中等重要水平。创业教育支持是指学校为退役优秀运动员提供的创业知识、创业项目、创业技能等方面的培训教育。创业教育在各个领域、各个群体的创业中发挥作用的重要性不言而喻，创业教育应该贯穿创业者创业的各个阶段，形式也可多种多样。研究显示，无论线上或线下的创业教育都能提升创业者的社会资本和创新精神[1]。近年来，专业教育和创业教育的深度融合，即"专创融合"成为创业教育改革的重点，鼓励依据专业学习需求，将创新创业教育分层分类融入学生专业发展[2]。因此，学校在我国退役优秀运动员创业支持体系构建中应该承担更重要的责任。第一，学校应成立具有较高专业素养、创业能力较强、创业实践经验丰富的专职教师与外聘教师相结合的师资队伍，为运动员提供专业的创业知识教育，通过引导运动员参与创业实践从而达到选择优质创业项目的效果。第二，学校应在总的创业课程安排体系中建立针对运动员创业技能、实践等教学课程体系，独立的课程体系更利于运动员接受创业技能培训、创业实践，做到教学与实践相结合，有针对性地学习与实践，提高创业成功率。第三，针对在高校深造且创业意愿高涨、创业能力较强的运动员，实施弹性学制与学分制度，运动员进入学校后可申请休学进行创业，根据创业成果评定抵消学分，或者延长学年期限，返校继续学习并到达规定学分则同意毕业并颁发毕业证书。

创业孵化支持指的是学校通过成立的创业科技园或孵化园等为退役优秀运动员创业实践提供支持。新创企业在早期创业成长过程中会面临巨大的风险和挑战，如何支持新创企业发展，帮助企业渡过初期难关从而快速成长，就成

---

[1] 王轶，柏贵婷. 创业培训、社会资本与返乡创业者创新精神——基于全国返乡创业企业的调查数据[J]. 贵州财经大学学报，2022（4）：1-10.
[2] 赵国靖，龙泽海，黄兆信. 专创融合对高校创新创业教育绩效的影响研究——基于12596份教师样本的实证分析[J]. 浙江社会科学，2022（7）：142-151；161.

为当下需要解决的关键问题。因此，近年来孵化器、众创空间、加速器等创业支持机构依托高等学校迅速建立起来。孵化器对于新创企业，犹如保温箱之于刚出生的早产儿，在一个适宜的环境中获得充分的养料、安全的保护，直到孵化对象渡过危险期并存活下来[1]。然而，学校孵化园区仍存在诸多问题。一是在宏观层面，学校孵化园区目前仍以自主管理为主，政府和社会的支持力度不足；学校与学校之间的创业园区缺乏交融汇合；学校孵化园区的管理体制以及考核机制尚不健全。二是在微观层面，创业项目、市场运作、融资模式等方面仍存在欠缺[2]。基于此，学校的创业孵化园区应从明确功能定位，强化顶层设计、构建运行机制、完善协调系统、构建协同机制，提供持续保障等方面加强创业孵化平台建设[3]，为创业者提供更加有力的创业孵化支持。

## 本章小结

我国退役优秀运动员创业支持体系是一个多维度结构模型，是由政府支持、家庭支持、学校支持、社会支持、自我支持等5个一级指标以及创业资金支持、创业服务支持、产业项目支持、创业政策支持、基础设施支持、社会基金支持、服务平台支持、创业教育支持、创业孵化支持、创业文化建设、家庭资金支持、人脉资源支持、创业心理支持、创业认知支持、身体健康状况、人际关系支持、知识能力支持等17个二级指标构成。

通过对各专家判断矩阵得到的权重值进行加权几何平均，我国退役优秀运动员创业支持体系一级指标的重要性排序依次是：政府支持、家庭支持、自我支持、社会支持以及学校支持。政府是构建退役优秀运动员创业支持体系的重要支撑主体，政府通过颁布针对性的政策、文件以及提供

---

[1] 杨俊，朱沆，于晓宇.创业研究前沿：问题、理论与方法[M].北京：机械工业出版社，2022.
[2] 吴昊.高校创业孵化园建设现状与对策[J].当代青年研究，2019（5）：123-128.
[3] 陈春晓.高校大学生创业孵化平台建设的现状、困境和对策研究[J].高等工程教育研究，2017（6）：183-186.

创业资金等措施给予运动员创业支持；家庭对于运动员创业的支持必不可少，受中国传统文化的影响，无论创业初期还是到后期的成长都离不开家庭在物质以及精神层面的支持；退役优秀运动员身体健康状况、人际关系以及知识能力等都会影响创业的成功，也对体系构建产生较为重要的影响；社会支持在构建创业体系中的作用也非常重要，社会主体为退役优秀运动员创业提供的一些场地设施、创业基金、服务平台等都是迫切需要的；学校支持在运动员创业的路上起着潜移默化的作用，创业教育、创业文化建设以及创业孵化扶持等都是促进运动员参与创业并成功创业的重要手段，运动员退役前在学校（运动队）训练时间大于教育时间，学校想要提供完整的创业支持、实现"专创融合"相对比较困难，这也是学校支持在创业体系构建中重要性偏低的可能性因素。

二级指标要素起到关键作用（权重值高于0.05）的依次是：创业资金支持、人脉资源支持、创业政策支持、家庭资金支持、社会基金支持、产业项目支持。首先，资金问题贯穿运动员创业的整个过程，前六个重要的影响因素中，政府的创业资金支持排在第一位、家庭的资金支持排在第四位、社会基金支持排在第五位，足以证明退役优秀运动员创业支持体系构建中创业资金的重要性。其次，创业是一项复杂且困难的活动，同时人脉资源也是一个复杂的人际关系网。在中国传统文化情境下，退役优秀运动员的父母及其直系亲属参与创业活动，为运动员提供人脉资源方面的帮助与支持，降低创业初期的成本与困难，在运动员创业的整个过程中都占据相当重要的地位。再次，创业政策支持是政府制定和出台针对运动员创业相关政策，为运动员创业提供国家层面的宏观指导与帮助，通过对市场环境、创业优惠政策、技术、税费等方面的相关政策的制定与实施，减少运动员创业面临的各种壁垒，扶持运动员创业。最后，政府和体育部门根据退役优秀运动员的专项特点，加大对退役优秀运动员从事体育产业项目的支持力度，给退役优秀运动员创业带来精准有效的帮助，对于增强退役优秀运动员从事创业的信心，提高创业成功率也至关重要。

# 第七章

# 我国退役优秀运动员自主创业过程和路径的双案例分析

随着国家"双创"战略的实施,《关于加快发展体育产业促进体育消费的若干意见》《体育强国建设纲要》等文件的出台,以及2022年冬奥会的成功举办,体育产业呈现井喷式发展,成为资本竞逐的蓝海,这无疑为运动员自主创业提供了良好的政策环境和市场机遇,自主创业日渐成为当前运动员退役安置的新路径。创业不仅可以解决退役运动员个人的就业问题,而且可以带动其他退役运动员就业,实现双赢。目前,已有一批退役优秀运动员识别商机,凭借个人专业特长和社会资本,在创业赛场上占据了一席之地。未来,在人民日益增长的美好生活需求和不平衡不充分发展矛盾的冲突下,会有大批退役运动员创业主体如雨后春笋般涌现。从某种意义上而言,退役运动员将是体育产业巨大的无形的宝藏。那么,退役运动员应如何开始创业?需要经历怎样的创业过程?选择怎样的创业路径?这些现实问题正逐渐成为业界关注的焦点。鉴于此,本章内容选取当下自主创业比较成功的退役优秀运动员陈一冰和孙继海作为案例,依据生命周期理论和Timmons模型,从商机、资源和创业团队三要素分析两位退役运动员的创业过程,探索他们的创业路径,以期为经济新常态下广大退役运动员自主创业提供实践启示。

## 第一节 案例甄选与理论依据

### 一、案例甄选

创业过程是一个动态变化的过程,采用案例分析可以有针对性地探索和总结创业过程中的"为什么"和"怎么样"的问题,同时,采用双案例进行比较研究,能够最大限度地规避个案研究陷入"故事描述"的局限[1]。此外,退役运动员在"双创"背景下成立高科技公司的案例并不多,通过双案例比较对其

---

[1] YIN R K. Case study research: Design and methods (5th ed.) [M]. Thousand Oaks, CA: Sage, 2014.

创业历程进行分析，可以更好地探寻他们自主创业成功的经验，找到其创业成功的原因。

案例甄选应具有代表性，本研究选取陈一冰成立的北京型动体育发展有限公司（以下简称"型动体育"）和孙继海成立的北京嗨球科技有限公司（以下简称"嗨球科技"）作为研究案例，主要原因如下：首先，陈一冰和孙继海退役之前是各自竞技体育领域的佼佼者，为国家和个人取得了骄人的成绩，影响力大；其次，二者运动项目有较大差异——市场化程度较低的体操和市场化程度较高的足球，具有一定的代表性；最后，陈一冰和孙继海凭借个人专业特长和市场经营，实现了自我角色转变，成为近年来优秀运动员自主创业成功的典型代表，其各类的访谈、调研、新闻、报道等资料十分丰富，可以满足研究所需。

本研究采用多种方法收集研究所需的信息和资料，遵循"证据三角验证"原则进行编码分析。在案例研究设计过程中，具体从以下几个方面搜集相关数据。一是访谈资料。通过课题组成员在体育领域的社会关系，课题组成员采访了型动体育和嗨球科技的团队成员各两名，每位访谈对象的访谈时间均控制在1小时，最终共收集到录音231分钟，转录后共计4.5万字。二是文献资料。首先，课题组整理权威网站、报刊杂志对两家公司的新闻报道，收集资料；其次，将电视、网络媒体对陈一冰和孙继海的采访以及两人的演讲报告进行记录、整理、提炼，最终文献资料整理后共计10万余字。本研究在对资料梳理的基础上，提炼编码构念，明确相关构念含义。在横向层面，根据Timmons创业过程模型，从3个构念维度进行分析，分别是商机要素、团队要素、资源要素。在纵向层面，根据生命周期理论，创业阶段可以分为初创期、成长期、成熟期。依据横、纵层面的划分进行数据资料的编码分析。对不同来源资料进行对比、梳理，挖掘二者创业路径的共性与差异性。

## 二、理论依据

### （一）生命周期理论

生命周期理论来源于生物学领域，其本质是描述生物体从出生、生长、成熟到死亡的过程，后经学者引申，被广泛应用于管理学、经济学等领域，衍生出公司生命周期理论[①]。公司生命周期理论是一种过程理论和公司成长理论[②]，主要从生物学视角出发，将公司类比为生物体，认为公司同样具有从诞生、成长、成熟、衰老直至死亡的整个动态变化过程[③]。公司生命周期的阶段划分主要依据公司规模、经营战略、管理风格、成长速度等特征[④]，被广泛接受的是初创期、成长期、成熟期和衰退期4个主要阶段[⑤]。

由于陈一冰的型动体育和孙继海的嗨球科技正处于创业过程中的成熟阶段，对于商机的识别与开发、资源的获取和利用、创业团队的组建和发展表现得极为明显，且他们的公司在不同的发展阶段，对商机、资源和创业团队方面进行了明显的调整，表现出动态适应与平衡的特征。因此，本研究采用生命周期理论对两位退役优秀运动员创办公司的不同发展过程进行比较和分析，将他们的创业过程划分为初创期、成长期和成熟期3个阶段，揭示两位退役优秀运动员自主创业成功的不同发展路径。

## （二）Timmons创业过程模型

从广义上而言，创业过程是从最初的构思到新创企业的形成，以及新创企业的成长管理过程，是围绕着机会识别、开发和利用的一系列过程[⑥]。创业过程模型构建经历了从简单到复杂、从静态到动态的发展过程：简单的Galbraith模型——复杂的Churchill & Lewis模型——动态调整的Timmons模型。而Timmons模型较前两个模型突出，主要是它抓住了影响创业过程的三要素，即商机、资源和创业团队[⑦]。其中，商机是创业过程的核心要素，资源是创业

---

[①]马费成，望俊成，张于涛.国内生命周期理论研究知识图谱绘制[J].情报科学，2010，28（3）：334-340.

[②]薛求知，徐忠伟.企业生命周期理论：一个系统的解析[J].浙江社会科学，2005（5）：192-197.

[③]RASMUSSEN E. Understanding academic entrepreneurship: exploring the emergence of university spin-off ventures using process theories [J]. International Small Business Journal, 2011, 29 (5): 448-471.

[④]魏光兴.企业生命周期理论综述及简评[J].生产力研究，2000（6）：231-232.

[⑤]梁上坤，张宇，王彦超.内部薪酬差距与公司价值——基于生命周期理论的新探索[J].金融研究，2019（4）：188-206.

[⑥]SHANE S, VENKATARAMAN S. The promise of entrepreneurship as a field of research [J]. Academy of Management Review, 2000, 25 (1): 217-226.

[⑦]彭伟，于小进，郑庆龄.中国情境下的社会创业过程研究[J].管理学报，2019，16（2）：229-237.

## 第七章 我国退役优秀运动员自主创业过程和路径的双案例分析

过程的支持要素，创业团队是创业过程的组成要素[①]。三个要素之间呈现了一种倒三角形的互动关系（图7-1）。

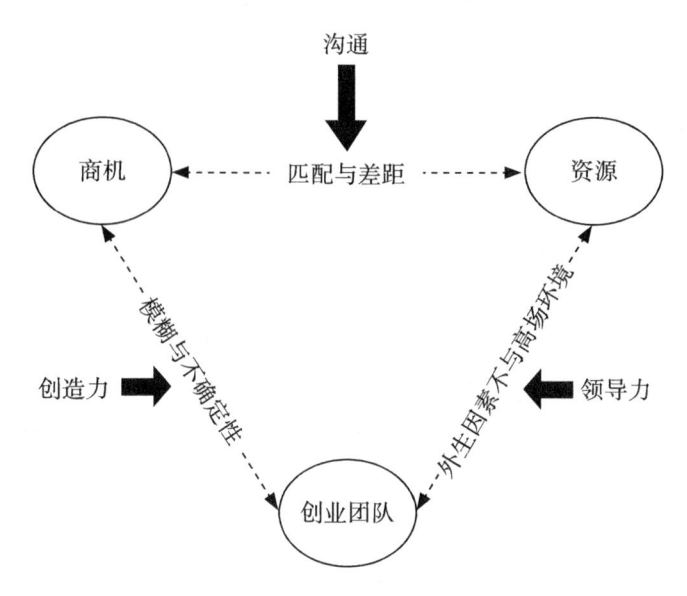

图7-1 Timmons创业过程模型

在创业初期，三角形会倾向左边，此时商机较大，但存在模糊与不确定性的现象，需要创业团队凭借创造力在资源短缺的情况下进行自主创业；然后，随着公司不断壮大，资源开始增多，三角形会慢慢倾向右边，此时原有的商机可能会变得相对局限，需要创业团队凭借领导力，根据外生因素与市场环境做出决策；之后，创业团队需要及时沟通，努力匹配更好的商机，尽力缩小资源差距，实现公司长期平稳发展。Timmons创业过程模型是商机、资源和创业团队之间不断适应、调整以达到均衡的动态过程，是新创企业发展的实际过程[②]。

---

[①] 林嵩，张帏，邱琼. 创业过程的研究述评及发展动向[J]. 南开管理评论，2004（3）：47-50.
[②] PAUL T, NELSON P. Entrepreneurship in emerging markets: Strategies for new venture creation in uncertain institutional contexts[J]. Management International Review, 2011, 51(1): 23-39.

## 第二节 型动体育和嗨球科技的创业过程

### 一、型动体育的创业过程

#### (一)型动体育初创期

随着全民健身的推广,人们的健康意识逐渐增强,聘请专业教练的人数呈指数级增长。但是目前国内健身教练不仅技术良莠不齐,绝大多数还不具备上岗证,而国家尚未形成比较成熟、系统的培训机构和统一的健身教练考试相关规定,因此,健身教练职业化和专业化成为一个拥有大量需求的待开发市场。正是基于这一商机要素,2015年7月陈一冰成立了北京型动体育发展有限公司,试图利用互联网技术将公司打造成多维度、立体化、服务大众的平台,通过实现O2O模式、校园体育、企业体育和跨界合作等战略目标满足全民健身的需求。2015年11月型动体育发布品牌战略计划,宣布上线O2O产品——型动App,正式进军中国体育产业,发力"互联网+健身健康"产业领域,聚焦全民健身服务维度。在创业团队要素方面,型动体育初创期的创业团队为少数几人的合作团队,前期大量的培训工作加深了团队成员之间的默契程度,并累积了一定的管理经验,而团队成员较强的专业能力和学习能力、出色的商机识别和分析能力以及勇于尝试和直面挑战的魄力成为型动体育得以继续发展的关键。在资源要素方面,2015年7月陈一冰获得某投资机构1200万的天使轮投资,解决了型动体育初创期的资金问题,为初创期型动App的研发和公司的运营提供了资金保障[1]。型动体育初创期主要特征编码分析结果如表7-1所示。

---

[1] 罗正臣. 融资1200万陈一冰推健身视频、奥运冠军教学、世界冠军授课、累计用户70万 [EB/OL]. [2016-08-25]. http://www.sohu.com/a/112004501_465615.

表7-1　型动体育初创期主要特征编码结果及证据举例

| 阶段 | 构念 | 编码结果 | 条目 | 典型资料示例 |
| --- | --- | --- | --- | --- |
| 初创期 | 商机要素 | 健身指导需求激增 | 5 | 当前，随着全民健身国家战略的不断推进，人们对专业健身指导的需求日益剧增 |
| | | 健身指导尚未成熟 | 18 | 教练行业存在两个问题：一个是数量不足，供不应求；另一个是行业不规范，缺乏标准约束教练品质 |
| | 团队要素 | 创业团队培训 | 9 | 他们的技术水平良莠不齐，有的教练甚至把精力放到销售卖卡上，他们对消费者夸大保证、随便许诺，但很大一部分教练言过其实。因而规范化培训需要在创业初期切实落到实处 |
| | | 创业团队能力 | 13 | 团队成员较强的专业能力和学习能力、出色的商机识别和分析能力是型动体育初期发展的关键所在 |
| | 资源要素 | 运营资金保障 | 22 | 型动体育初期发展阶段获得的1200万的天使轮投资切实解决了公司运营的资金保障问题 |

## （二）型动体育成长期

成长期的型动体育，自主研发的首款健身产品型动App慢慢步入正轨，产品涉猎健身、跑步、游泳、羽毛球、网球等多个运动项目，内容涵盖线上健身教学视频、专业教练服务、运动社群等功能。起初，型动体育取得了相当大的市场优势，型动App视频下载量非常可观，但后续用户流量、次日留存率、用户消费转化等数据都不尽如人意。后来，以陈一冰为代表的创业团队经过长期的探索与实践发现，问题的关键在于消费者购买意愿和能力远低于预期，型动体育对市场行情的预判不够准确。由此创业团队筛选出了型动体育最具核心竞争力的点，就是将商业模式从C端转向了B端，即从个人需求点扩张到组织需求面，新的商机要素由此显现。在团队要素方面，经过磨合，创业团队成员之间的默契和协作能力得到了加强，创业团队逐渐走向成熟，并且在团队成员的共同努力下，创业团队重新编制了健身教练国职教材，在线学习和考试系统也进入试运行阶段。在资源要素方面，2016年6月型动体育与国家体育总局签订了五年独家战略合作协议，合作内容主要是双方共同搭建体育从业人员服务平台，提供线上、线下培训内容以及认证服务。此外，型动体育还获得了国家职业资格认证教练数据开发运营权益。通过平台大数据，型动体育为教练和用人单位提供增值培训、招聘就业人才对接、人事、法律援助等全方位服务。型动体育成长期主要特征编码分析结果如表7-2所示。

表7-2　型动体育成长期主要特征编码结果及证据举例

| 阶段 | 构念 | 编码结果 | 条目 | 典型资料示例 |
| --- | --- | --- | --- | --- |
| 成长期 | 商机要素 | 个人需求增长停滞 | 32 | 消费者的购买意愿和能力远低于预期，个人层面的需求量很快就会触顶 |
| | | 组织需求尚需挖掘 | 23 | 陈一冰筛选出了型动体育最有核心竞争力的点，最终把商业模式从C端转向了B端 |
| | 团队要素 | 团队成员调整整合 | 15 | 陈一冰面临"一睁眼就是一堆邮件，有人要合作，有人要加入，有人要离职，太多事儿了" |
| | | 团队成员磨合协作 | 5 | 通过不断磨合，创业团队的协作和能力不断加强 |
| | 资源要素 | 政府机构独家合作 | 10 | 2016年6月，型动体育与国家体育总局签订了五年独家战略合作协议 |
| | | 平台数据运营权益 | 4 | 型动体育还获得了国家职业资格认证教练数据开发运营权益 |

## （三）型动体育成熟期

成熟期的型动体育，于2018年3月成功上线了全新版本的型动汇App，这是一个帮助体育教练提升技能和资格认证的平台，其中包括精选文章、模拟练习、在线课程和成绩查询、证书查询等几大模块。课程部分包括国职理论、国职实操和增值视频。在增值视频部分，陈一冰等冠军运动员亲自上阵，为用户带来专业、详尽的指导。由此，型动体育实现了将国家职业体系的培训与认证从线下搬到线上App平台。从初创期的个人需求点市场，到成熟期的组织需求面市场，型动体育用户量突破了4万大关，职业资格考试通过率高达90%以上，在一年多的时间里，平台累积了18000多名通过专业培训认证的教练，并且线下签约了2000多家健身机构[①]。此外，型动体育着手进军儿童体育训练市场，做目前中国唯一以"体智能"（动觉智能）为教育训练理念的儿童俱乐部，挖掘出了新的商机要素。在团队要素方面，成熟期前的型动体育，经历了一次重大裁员，重新整合了创业团队，经过又一期的打磨与历练，使公司在战略部署、经营理念上都有了质的飞跃。在资源要素方面，型动体育逐渐构建起以自己为核心的创业关系网络。具体来说，资金方面，型动体育在扩张前面临转型，抵住了2700万元的投资诱惑，创业团队依靠自身募集资金实现盈利[②]；技术方面，型动体育得到多位像张成龙、王丽萍、刘莎莎等冠军的鼎力支持，开展训练课程教学；合作方面，与国家体育总局人力资源中心、360、天音通信、荷金来等达成战略合作；平台方面，通过开放平台让古德体育入驻型动汇App，还与像567GO这样的大型培训机构合作，从而在业务互补、资源整合等方面实现深度合作，不断深化互惠互利格局。型动体育成熟期主要特征编码分析结果如表7-3所示。

表7-3　型动体育成熟期主要特征编码结果及证据举例

| 阶段 | 构念 | 编码结果 | 条目 | 典型资料示例 |
|---|---|---|---|---|
| 成熟期 | 商机要素 | 线上平台开发推广 | 13 | 2018年3月成功上线了全新版本的型动汇App，将国家职业体系的培训与认证从线下搬到线上App平台 |
| | 团队要素 | 团队成员组织优化 | 9 | 型动体育经历了一次重大裁员，重新整合了创业团队，创业团队逐渐走向成熟 |
| | 资源要素 | 专业技术人员支持 | 15 | 增值视频部分，包括陈一冰、张成龙、王丽萍等诸多奥运冠军进行专业讲解，为用户提供专业指导 |
| | | 自筹资金扩张转型 | 27 | 不是陈一冰有意拒绝资本。他指出，很多资本进来时，总希望有个优质的商业模式可以复制并快速发展，其实这对创业公司来讲有很大难度 |
| | | 开放平台深化合作 | 29 | 目前，包括古德体育等诸多机构已入驻型动汇App，与各类机构的合作不断深化 |

---

[①] 金立刚. 裂变：专访奥运冠军、型动体育创始人陈一冰 [EB/OL]. [2018-09-11]. http://www.sohu.com/a/253274443_482792.
[②] Alpha Girl. 陈一冰. "奥运冠军"跳出体制去创业，2700万放在眼前不敢要 [EB/OL]. [2019-05-27]. http://www.sohu.com/a/316840286_120052949.

## 二、嗨球科技的创业过程

### （一）嗨球科技初创期

孙继海的嗨球科技致力于构建一个方便大众交流的平台，它的创立源于对国内体育短视频分享平台需求市场的准确识别和判断。2016年2月，孙继海联合4位创始人共同成立了北京嗨球科技有限公司，立足于体育产业，以TMD（科技、传媒、数娱）为核心发展战略，旨在借助互联网技术和创新商业模式整合优质体育资源，为体育从业者和用户提供精准的资源对接、内容输出、商业合作等服务。嗨球科技聚焦体育小镇和体育大数据两项业务，它既是集规划、设计、运营于一体的体育小镇策划运营商，同时也是集数据和资讯服务于一体的综合性体育数据平台。与陈一冰的型动体育不同的是，嗨球科技的创业团队是一支经验丰富的队伍，他们各具优势，形成互补。如联合创始人Victor，曾任法国AVENIR电信中国区CEO、加拿大Fireswirl公司COO，拥有国际高科技公司管理经验，负责公司财务和投融资；联合创始人李胜，是资深体育媒体人，拥有丰厚的体育媒体资源；联合创始人奉余莽，是英国利物浦大学电子工程博士，有近20年电信和互联网行业经验。正是这样一支在经验、资源、知识、能力和技术方面优势互补的创业团队，奠定了公司发展的基础。资源要素方面，孙继海创业团队初期并没有选择融资，而是几个股东根据股权比例自行出资，启动资金为2000万元人民币[①]，为嗨球科技初创期蓄力。2016年4月，嗨球科技推出"我是海叔"的自媒体内容，创业团队通过精良制作，运营了一档极具个人品牌化的自媒体节目，据不完全统计，40多期节目在各大平台的总播放量超过亿万次[②]。嗨球科技初创期主要特征编码分析结果如表7-4所示。

---

[①] 懒熊体育.孙继海的嗨球获数千万首轮融资，腾讯参投 [EB/OL]. [2016-12-07]. http://www.ebrun.com/20161207/205254.shtml.

[②] 黑马讯.投资嗨球科技，我们首先看重的是创始人孙继海的个人品牌资源 [EB/OL]. [2016-12-07]. http://www.iheima.com/article-160233.html?comefrom=yidianzixun.

表7-4 嗨球科技初创期主要特征编码结果及证据举例

| 阶段 | 构念 | 编码结果 | 条目 | 典型资料示例 |
|---|---|---|---|---|
| 初创期 | 商机要素 | 自营品牌打造 | 4 | 抓住体育短视频风口，创立了"我是海叔"自媒体，以视频形式在微信、微博等各平台推广 |
| | 团队要素 | 精英初创团队 | 9 | 公司的初创团队经验丰富，在公司运营和投融资方面有前上市公司高管CEO，体育媒体资源及互联网行业方面有英国利物浦大学的博士高材生 |
| | | 团队优势互补 | 8 | 团队成员各具优势，在行业经验、知识、能力及技术方面形成了互补 |
| | 资源要素 | 运营资金保障 | 23 | 初创团队按比例入股出资，前期没有选择融资，运营资金得到保障 |

## （二）嗨球科技成长期

成长期的嗨球科技，通过自媒体这一切口，开始了新的尝试。公司于2016年6月正式上线了UGC+PGC平台秒嗨App，当日下载量即超过3000，且有近300名职业运动员、200余名体育媒体人入驻。它主要以短视频的形式述说鲜为人知的中国足球故事，其内容包括比赛、训练之外的生活以及针对事件的评论等。秒嗨App的成功推行让嗨球科技意识到进入数字娱乐板块市场的商机要素已经成熟。2016年10月，公司发布了即嗨比分App 1.0版，实现了对数据娱乐板块市场的布局和开发。团队要素方面，嗨球科技的创业团队特点鲜明，分工明确，高层基本都是20世纪六七十年代生人，主要为公司设计蓝图，制定未来发展方向，然后授权给几个"80后"，他们作为项目主管和团队领导者，把任务再分解给由"90后"组成的执行团队。在运营过程中，创业团队各取所长，互为补充，不断吸取经验，转换思想，形成良性循环，促使团队学习、协调等能力得以改善和提升，逐渐实现从个人认知到创业团队认知的融合。资源要素方面，特别是资本市场看重的"体育头部资源"方面，嗨球科技在国内体育垂直领域建立了得天独厚的领先优势，积累了包括众多体育明星、世界冠军、奥运冠军、资深体育媒体人、职业俱乐部、潮流运动资深玩家在内的超过2000个体育IP资源。2016年12月，嗨球科技又获得华人文化控股集团领投、腾讯和元迅投资跟投的1000万元人民币Pre-A轮融资[1]。同时，随着市场的不断扩大，为丰富短视频内容，嗨球科技主动出击获取资源，与福特宝达成战略合作——福特宝官方账号入驻秒嗨平台，发布包括中国之队、足协杯、超级杯在内的短视频。创业资源的获得为嗨球科技旗下各项业务进一步推广，以及在产品、资源和用户方面继续深耕提供了强有力的支持。嗨球科技成长期主要特征编码分析结果及证据举例如表7-5所示。

表7-5 嗨球科技成长期主要特征编码结果及证据举例

| 阶段 | 构念 | 编码结果 | 条目 | 典型资料示例 |
| --- | --- | --- | --- | --- |
| 成长期 | 商机要素 | 体育传媒尚属火热 | 27 | 上线了UGC+PGC平台秒嗨App，当日下载量即超过3000，平台有300名职业运动员、200余名体育媒体人入驻 |
| | | 数字娱乐持续发力 | 30 | 公司发布了即嗨比分App 1.0版，实现了对球场比分的精准预判 |
| | 团队要素 | 团队成员分工明确 | 5 | 团队成员高层年龄偏大，只需负责顶层设计。具体执行则由"80后""90"后执行 |
| | | 团队成员磨合协作 | 4 | 在不同的分工下，各司其职。不同年龄段的成员互相补充，吸取经验，转换思想，推动团队不断发展 |
| | 资源要素 | 入驻IP资源丰厚 | 16 | 平台有超过2000个体育IP资源，包括体育明星、奥运冠军、职业俱乐部、潮流运动团等 |
| | | 运营资金持续充实 | 20 | 公司还获得了包括腾讯在内诸多集团的多轮融资 |

## （三）嗨球科技成熟期

成熟期的嗨球科技，借鉴了成长期传媒板块和数娱板块市场成功运营的经验，实现了体育资源和稀缺IP的跨界融合。基于秒嗨App这个潮流运动爱好者社交平台和即嗨体育大数据的双业务线运营，2017年10月，即嗨比分App重磅推出全线升级的2.0版，嗨球科技踏入新的阶段。此外，成熟期的嗨球科技，

---

[1] 李昂. 嗨球科技获数千万元首轮融资，华人文化领投腾讯和元迅跟投［EB/OL］. ［2016-12-06］. https://www.iyiou.com/p/35636.html.

## 第七章　我国退役优秀运动员自主创业过程和路径的双案例分析

在国家大力发展体育产业的政策引领下，积极投身体育特色小镇建设，从而发掘出新的商机要素，秒嗨App逐渐从线上向线下业务转型，业务重点为国内顶尖的体育特色小镇建设和公园策划。目前，嗨球科技打造的足球小镇和秒嗨公园已经在全国相继建成，如贵阳国际足球小镇、蚌埠国际足球小镇、海门国际足球小镇、赤山湖秒嗨城、花溪秒嗨公园等。团队要素方面，成熟期嗨球科技的创业团队趋向异质化，他们拥有了更为强大的管理和决策能力，实现了对业务重心的有效判断以及对进入市场速度的有效控制。资源要素方面，嗨球科技多元市场的开发离不开其不断组建的创业关系网络，通过获取整合各种资源为公司成长提供保障。如嗨球科技除了自己组织起由两家A股上市公司、一家外资银行联合发起的资本平台外，还由嗨球科技背后的合作伙伴负责资本组织，解决了公司多元市场开发的资金问题。2017年第一季度，与景域集团董事长、驴妈妈旅游网创始人洪清华合作，携手开发优质体育旅游项目，并且与众信旅游联手打造境外体育旅游产品，从而集聚了平台资源。与北京理工大学合作签约，共同开发职业足球、社会足球以及校园足球的大数据系统，攻克了技术难题。2019年5月，联手德国SAP、中铁置业重点打造的"中国体育云大数据产业项目"相继落地，极大地提升了公司产品的竞争力和品牌的影响力。嗨球科技成熟期主要特征编码分析结果及证据举例如表7-6所示。

表7-6　嗨球科技成熟期主要特征编码结果及证据举例

| 阶段 | 构念 | 编码结果 | 条目 | 典型资料示例 |
| --- | --- | --- | --- | --- |
| 成熟期 | 商机要素 | 资源跨界整合 | 32 | 公司实现体育资源与稀缺IP资源的跨界整合。如体育特色小镇的建设运营、体育大数据的开发等 |
| | 团队要素 | 团队趋向异质化 | 4 | 嗨球科技团队对于业务重心的判断变得更加明确，市场走向的把控变得更加精准 |
| | 资源要素 | 专业技术人员支持 | 13 | 嗨球科技与北京理工大学信息与电子学院签署合作协议，双方共同打造中国足球大数据平台，帮助各级国字号球队和职业球队提供数据分析 |
| | | 资本整合运作 | 20 | 公司自己组织起由两家A股上市公司，公司背后的合作伙伴负责资本组织，在公司市场开发方面提供了有力资本支持 |
| | | 开放平台深化合作 | 15 | 立足自身平台，与驴妈妈旅游网展开体育旅游项目深度合作，与众信旅游合作打造境外体育旅游产品 |

## 第三节　型动体育和嗨球科技的创业路径

### 一、型动体育的创业路径

从陈一冰的创业过程来看，型动体育作为O2O模式下的平台公司，线上线下资源的有机整合是公司赖以生存和创业成功的根本。型动体育正是在创业过程中不断获取和整合资源，从点到面地稳步推进公司的专业化进程，从而形成了资源整合的专业化路径。首先，从点到面。这是型动体育从初创期到成熟期转变的一个策略。作为一个由退役优秀运动员牵头成立的公司，初创期型动体育的目标定位在服务个人对健身专业教练的需求，借助"互联网+"，自主研发了型动App，初步得到了市场认可。但是在慢慢步入正轨之后，成长期的型动体育与诸如主要针对C端用户的Keep、咕咚等类似，市场优势不尽如人意。因此，创业团队将目标定位从个人需求点转到组织需求面，将健身教练作为小B端，实现了公司的转型升级。其次，国家体育总局背书。成熟期的型动体育与国家体育总局合作，重新编制了健身教练国职教材，建立了国职标准和考试规范，并与国家体育总局签订了五年独家战略合作协议，获得了国家职业资格认证教练数据开发运营权益。国家体育总局背书成为型动体育资源优势的有效保障，也使健身教练职业化这一商机的开发更具可操作性。最后，战略合作。在公司的成熟阶段，将线上线下资源有机整合，在保证组织需求面市场占有率的同时，继续深挖体育产业市场，从"互联网+体育"到"健身+餐饮"，从传统体育到体智能，加快了型动体育市场推进的速度。

由Timmons模型分析可以看出，陈一冰成立型动体育选择的创业路径正是商机、资源和创业团队三要素协同作用的结果。商机源于中国健身市场的起点低、潜力大，国家将促进体育消费作为国家战略，以及人们在生活条件提高后对体育的刚需等诸多条件的共同作用；资源主要来自与国家体育总局以及其他著名公司的战略合作；而创业团队的优势在于其在健身行业的专业性。因此，型动体育是在不断甄选市场商机，通过资源整合、"国字号"引领，形成了一条资源整合的专业化创业路径。

## 二、嗨球科技的创业路径

从孙继海的创业过程来看,个性和科技创新是嗨球科技最鲜明的名片,也是嗨球科技吸引用户并获得竞争优势的关键。在初创期,嗨球科技的焦点放在"我是海叔"这档极具个人品牌化节目的精良制作上。而在成长期,嗨球科技依托体育圈内的资源,着重打造了体育短视频分享平台——即嗨App,它不仅有专业人士的展示,也有草根网友的秀场。此后,UGC+PGC平台秒嗨App的成功研发和上线为国内体育短视频行业树立了旗帜,也使嗨球科技开启了张扬个性、抒发己见的媒体市场。此外,为了扩大成长期市场用户的需求,嗨球科技通过科技创新,实现了对数字娱乐板块市场的布局和开发,成功上线了即嗨比分App。成熟期的嗨球科技逐渐从线上向线下业务转型,以高速推进的方式占领"体育+旅游"市场,并全面推行科技创新战略,进军中国体育云大数据产业市场。

孙继海成立嗨球科技的创业路径同样是商机、资源和创业团队三要素协同作用的结果。商机方面,国内体育自媒体市场的短缺和国家大力发展体育产业的政策导向,使嗨球科技实现O2O模式和TMD战略的有机结合,这也成为提升公司影响力和竞争力的核心。资源方面,嗨球科技拥有资本市场看重的"体育头部资源",包括众多体育明星、世界冠军、奥运冠军、资深体育媒体人、职业俱乐部、潮流运动资深玩家等在内的超过2000个体育IP资源;同时还拥有硬牌的合作伙伴资源,如除嗨球股东既有的开发平台之外,合作伙伴名单中不乏碧桂园、万科、中铁置业等大牌。创业团队方面,为了公司战略部署得以实现,嗨球科技初创期就拥有一支背景雄厚、经验丰富的创业队伍。此外,嗨球科技与北京理工大学、德国SAP等的联手,促使其拥有了科技创新、技术研发等潜力。因此,准确的商机、丰富的体育头部资源以及特有的创业团队和技术支持共同作用,促使孙继海的嗨球科技成功走出了一条科技创新的个性化路径。

## 三、型动体育和嗨球科技的创业路径比较

通过对陈一冰和孙继海自主创业过程和创业路径的分析,可以发现二者在公司发展各个阶段的战略行为选择上存在一定差异,这些差异化的战略行为促使二者形成了不同的创业路径(表7-7)。

表7-7 型动体育和嗨球科技创业路径比较

| 公司 | 创业过程 | 时间节点 | 典型证据援引 | 创业路径 |
|---|---|---|---|---|
| 型动体育 | 初创期 | 2015年7月至2016年5月 | 发力"互联网+健身"健康产业领域,研发上线O2O产品型动App,聚焦全民健身服务维度 | 资源整合的专业化路径 |
| | 成长期 | 2016年6月至2018年2 | 以型动App产品内容升级为突破口,进行健身教练国职培训在线学习和考试系统试运行 | |
| | 成熟期 | 2018年3月至今 | 上线全新版本型动汇App,瞄准"健身+餐饮"、体智能产业领域 | |
| 嗨球科技 | 初创期 | 2016年2月至2016年5月 | 聚焦"互联网+市场",推出"我是海叔"自媒体内容 | 科技创新的个性化路径 |
| | 成长期 | 2016年6月至2017年9月 | 以自媒体为切口上线秒嗨App,随后进入数字娱乐板块市场,发布了即嗨比分App 1.0版,实现体育资源和稀缺IP的跨界融合,打造"体育+旅游" | |
| | 成熟期 | 2017年10月至今 | 推行科技战略,推出即嗨比分App 2.0版,建设体育小镇,联手德国SAP、中铁置业等重点打造"中国体育云大数据产业项目" | |

通过进一步梳理发现,型动体育和嗨球科技在创业路径上的差异主要来自两个方面。一是战略目标上的差异。型动体育在创业过程中的战略目标一直围绕着O2O模式、校园体育、企业体育和跨界合作,意图是满足全民健身的需求,根本手段是资源整合,通过在每个阶段建立有效且专业化的资源整合渠道,确保公司对资源的合理利用,并为市场开发和平台运营提供支持;嗨球科技虽然也是基于O2O模式,但主要战略目标集中于科技、媒体、数娱的研发和产品的提升,意图是满足全民休闲娱乐的需求,根本手段是技术创新,通过团队能力和技术优势,为公司产品升级和市场运营提供保障。资源整合和技术创新分别成为型动体育和嗨球科技的核心竞争力。二是市场战略上的差异。型动体育一开始就锁定了市场规模较大、环境较为复杂的全民健身市场,然后进入市场规模相对较小的健身教练市场,在进入健身教练市场后采取国家体育总局背书的方式占领市场;型动体育追求的是市场的认可和已开发市场的稳固,而后再向其他市场扩张。嗨球科技则从市场规模较小、环境较易掌控的足球迷市场切入,之后向市场规模更大的全民休闲娱乐市场拓展,在整个市场开发过程

中，以高速推进的方式抢占市场，嗨球科技注重的是市场开发速度和抢占市场份额。正是因为二者在目标、市场战略行为选择上的差异，导致型动体育形成了一条资源整合的专业化路径，而嗨球科技形成了一条科技创新的个性化路径。具体如图7-2所示。

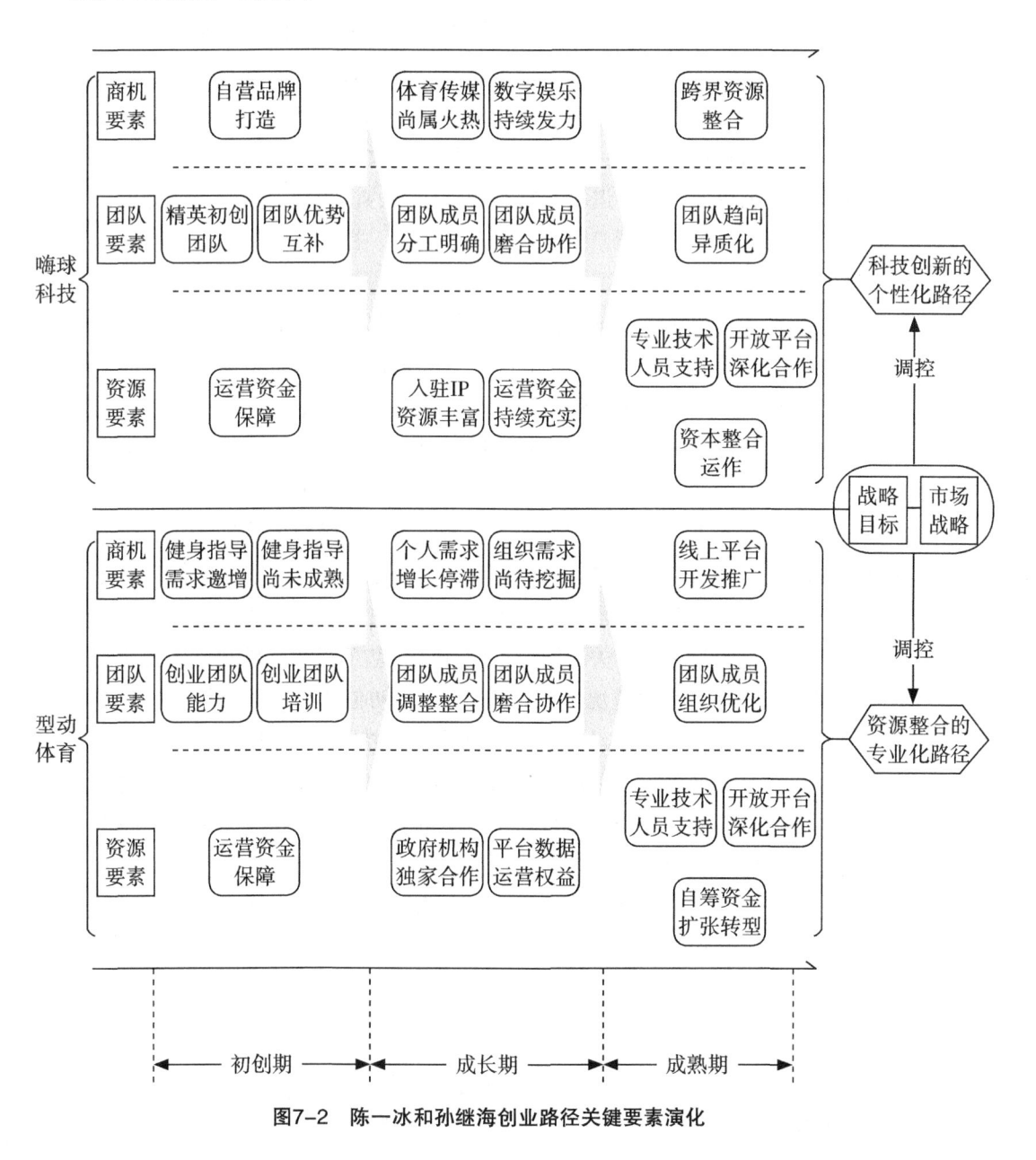

图7-2 陈一冰和孙继海创业路径关键要素演化

## 第四节　对我国退役优秀运动员自主创业的启示

第一，要摆脱依赖国家"一包到底"的思想束缚。以陈一冰和孙继海为代表的我国退役优秀运动员自主创业是对运动员退役后转型的重新定义，它跳出了国家组织安置固有形态的范畴，转而由运动员通过创新创业完成了运动员退役后角色转变的新选择。这启示运动员要积极解放思想、更新观念，摆脱一味依赖国家的思想束缚，要对退役安置有明确的新的认知和强烈的主体意识，要不断尝试拓宽自身就业视野，引领自身向市场化、社会化转型，这是一个自我再发现的过程。

第二，要识别开发符合时代需求且适合自身发展的商机。对于自主创业成立公司的退役运动员而言，识别开发符合时代需求且适合自身发展的商机至关重要，这直接关系到公司初创期的市场立足以及成熟期的市场扩张。在国家大力发展体育产业的时代需求下，陈一冰结合自身的专项运动特长选择了自己较为熟悉但尚不专业化的健身教练市场进行开发，孙继海凭借多年的足球运动经历以及对足球迷市场的认知选择体育自媒体作为突破口。这启示我国退役运动员在现阶段识别开发商机时，要尽可能地从国家正在大力发展的体育产业入手，从实际出发，发挥自身运动专项特长优势，挖掘潜在商机。

第三，要整合利用创业关系网络中的资源。基于资源基础观，创业活动是创业者在资源高度约束的情况下开展的[1]。公司初创期会比较依赖创业关系网络中的资源，并使用网络活动获得关系网络的支持[2]。陈一冰与国家体育总局之间的合作以及孙继海与众多冠军运动员之间的合作关系网络，启示我国退役运动员在创业过程中，要学会整合利用运动员之间、运动员与赞助商之间以及运动员与各级体育、教育部门之间的资源，形成自身创业关系网络中的资源，并进一步把资源共享的机制做实、把关系合作的方式做活，以满足公司不同成长阶段的市场战略和资源需求。

---

[1]陈建安.创业成长抱负：研究综述与展望[J].经济管理，2019，41（2）：191-208.
[2]王玲，蔡莉，于海晶，等.创业生态系统下新创企业的网络关系特性[J].科学学研究，2022，40（10）：1834-1843.

第四，要组建打造一支异质性同认知的创业团队。型动体育和嗨球科技具有些许共同点，即创业团队成员之间的跨界融合和战略上的共同认知。异质性的团队更善于解决新问题，具有更多种类的智力资产，掌握更多种类的信息，能更好地分析当前形势[1]。创业团队共同认知的形成有利于增强团队的适应能力，促进创业团队根据环境和任务的反馈形成或选择有效的决策策略[2]。这启示我国退役运动员在组建创业团队时，不仅要适当考虑团队的异质性，而且要综合考虑创业团队认知的一致性。在公司初创期或发展到一定时期，可通过适当吸收体育领域外的团队成员，扩充团队资源，优化能力结构，并通过团队建设实现团队成员间的心智交互，促使创业团队在公司决策上步调一致。

第五，要选择发展合适的创业路径。陈一冰和孙继海创业初期虽然同样是基于"互联网+"，但选择了两条不同的创业路径。因此，对于退役运动员自主创业而言，结合自身特点和身边资源优势，找准定位，选择发展一条合适的创业路径尤为关键。具体而言，对于缺少资金、资源和技术团队的退役运动员，可以选择资源整合的创业路径，通过降低成本、合作共赢的方式积蓄力量；对于有着不错资源、创业团队和技术团队的退役运动员，可以选择技术创新的创业路径，侧重于公司的产品研发与质量，提升公司的个性化服务以赢得市场。但不论选择何种创业路径，都应注重企业的社会属性，以社会价值的实现作为体育企业创业的核心逻辑和价值目标[3]。

---

[1] 侯飞，粟郁，张紫萱，等.创业团队异质性真能促进团队创造力提升吗——一个有中介的调节模型[J].科技进步与对策，2022，39（4）：141-151.
[2] DENIS A G, CORBETT A C, MCMULLEN J S. The cognitive perspective in entrepreneurship: An agenda for future research [J]. Journal of Management Studies, 2011, 48（6）: 1443-1477.
[3] 郝晨，邹新娴，白宇飞.新冠肺炎疫情下体育企业的社会创业研究[J].沈阳体育学院学报，2020，39（4）：82-86；94.

## 本章小结

在国家"大众创业、万众创新"的新时代背景下，体育产业迎来了前所未有的发展机遇。陈一冰和孙继海作为退役优秀运动员的代表，能够跳出体制束缚选择自主创业并获得成功，给广大运动员树立了榜样。通过梳理陈一冰和孙继海成立公司的创业过程，二者都是利用自身竞技体育专业背景与创业团队一起，通过不断识别商机与获取资源，逐渐建立起公司独有的"体育+"创业关系网络，从而实现公司从初创到成熟的过程。但是在创业过程中，为实现商机、资源和创业团队三要素的动态平衡，两家公司选择了不同的创业路径——资源整合的专业化路径和科技创新的个性化路径。这启示我国退役优秀运动员在进行自主创业时，第一，要摆脱依赖国家"一包到底"的思想束缚；第二，要识别开发符合时代需求且适合自身发展的商机；第三，要整合利用创业关系网络中的资源；第四，要组建打造一支异质性同认知的创业团队；第五，要选择发展合适的创业路径。

# 第八章

# 研究结论与政策建议

## 第一节 研究结论

（1）本研究设计的自主创业认知量表包含要素认知、风险认知、能力认知3个维度，共19道测量题项；自主创业意愿量表包含1个维度，共7道测量题项；自主创业环境量表包含主观规范、创业态度、感知行为、外部环境4个维度，共24道测量题项，均具有良好的信度和效度，可以作为我国优秀运动员自主创业认知、创业意愿及创业环境的有效测量工具。我国优秀运动员自主创业认知程度与创业意愿情况总体处于中等偏上水平，并且我国优秀运动员自主创业认知与创业意愿在性别、年龄、地区、运动等级、运动年限、家庭成员或身边朋友创业经历等统计学特征上存在显著性差异。我国优秀运动员感知的外界压力越小、创业态度越积极、掌控能力越强，创业条件越有利，其自主创业认知与创业意愿越高；我国优秀运动员自主创业认知程度越高，越有利于创业意愿的提升；创业认知在创业环境对创业意愿的影响中起到中介作用。

（2）我国退役优秀运动员自主创业系统是由政府、社会、学校、家庭以及运动员自身等多个主体构成。基于CAS理论的我国退役优秀运动员自主创业体统演化的过程是：在创业开始阶段，退役优秀运动员主体通过适应性学习行为的不断强化，获取更多有利的创业条件，促进创业活动的产生与发展；当创业活动中退役优秀运动员单一主体的适应性学习行为演化到某一稳定阶段时，需要刺激运动员主体主动向外寻求其他创业主体协作，通过主体间创业资源、知识等条件的相互影响和作用，在更短的时间内获取更大的发展效益，此时，多主体交互合作的创业行为达到演化平衡状态；创业活动的进行不仅仅是主体间的合作行为，更多的是多主体参与以及更多创业资源条件加持下创业活动的演变，表现为众多创业主体抱团聚集，构成了具有一定规模的创业主体群体。在众多相互作用与影响的个体组成的群体中，当多主体共同创业达到某一阈值，即个体创业发展到达顶点时，创业活动可能会突破这一临界点发生突变现象，打破原有混沌无序的状态，进而涌现出新的稳定有序的新结构创业主体。涌现现象的出现，助力退役优秀运动员主体成功创业。

（3）我国退役优秀运动员创业支持体系是一个多维度结构模型，是由政府、家庭、学校、社会、自我5个一级指标以及创业资金支持、创业服务支持、产业项目支持、创业政策支持、基础设施支持、社会基金支持、服务平台支持、创业教育支持、创业孵化支持、创业文化建设、家庭资金支持、人脉资源支持、创业心理支持、创业认知支持、身体健康状况、人际关系支持、知识能力支持17个二级指标构成。我国退役优秀运动员创业支持体系一级指标重要性排序从大到小依次是：政府支持、家庭支持、自我支持、社会支持以及学校支持。二级指标要素起到关键作用（权重值高于0.05）从大到小依次是：创业资金支持、人脉资源支持、创业政策支持、家庭资金支持、社会基金支持以及产业项目支持。

# 第二节 政策建议

## 一、政策层面：完善退役优秀运动员创业政策体系

一是在运动员创业教育培训政策方面，建议把创业教育纳入国民教育和运动员职业教育体系，依托普通高校、体育类院校、高职类院校，以自主创业为基础、体育产业为导向、社会需求为目标开展"全过程"的运动员创业技能培训学习，而不是目前只在运动员停训前后进行简单的创业教育培训。同时，建立健全以专门创业培训机构为主体，政府支持、社会参与的运动员创业培训体系，采用"创业理论+技能+实践"的培训模式，传授创业理念与知识，建立退役优秀运动员自主创业自信心，提高退役优秀运动员的创业意愿与创业能力。专门创业培训机构建议依托体育类高等院校建立，一方面，由于体育类高等院校或隶属体育行政部门或接受体育行政部门业务指导，便于沟通协调与资源共享；另一方面，体育类高等院校的创业规划与资源利用能够更加贴合退役优秀运动员的背景与实际。因此，在退役优秀运动员创业培训体系的构建过程中，要充分开发和利用体育类高等院校的优势，没有体育类高等院校的省（市）可由国家体育总局总体协调，由其他省（市）代为培训。

二是在运动员创业金融政策方面,建议国家体育总局联合民政、税务、财政等部门,颁布退役优秀运动员创业资金专项政策。一方面,在创业贷款政策方面,退役优秀运动员持有关证明可以向银行申请创业贷款,贷款额度可参照退役军人设立在10万元,取得过优异成绩或者合伙创业的运动员贷款额度还可相应比例提高,并且享受财政贴息;另一方面,在市场准入政策方面,要出台政策减少退役优秀运动员创业登记所需资本,缩短申办企业所需手续时间。同时,通过降低税率、调高税费起征点、增设税收优惠税种和延长税收减免年限等方式为退役优秀运动员自主创业提供支持。此外,提倡条件许可、资源充足的地区适当加大对退役优秀运动员创业的帮扶力度,根据实际情况,制定相应的退役优秀运动员创业贷款、税收等优惠政策。

## 二、管理层面:构建统筹管理、形成合力的退役优秀运动员创业管理体系

建议创新管理主体形式,整合国家体育总局人事司、人力资源开发中心以及体育基金管理中心等部门有关退役优秀运动员就业创业职能,成立专门的退役优秀运动员就业创业管理机构,负责退役优秀运动员的就业创业工作。各省(市)也应成立相应的管理机构,明确责任,负责本省(市)退役优秀运动员就业创业工作。同时,退役优秀运动员在创业过程中会涉及体育、人力资源与社会保障、公安、税务、工商、财政、银行等多个部门,需要体育部门牵头,其他部门协同配合。人力资源和社会保障部门应协助做好退役创业运动员人事关系的转移、人事档案的保管以及社会保险的管理等,并且主动为退役优秀运动员提供创业信息服务;公安部门应帮助解决退役优秀运动员异地创业过程中的户口管理,为创业运动员异地落户提供便利,尤其是在北、上、广、深等一线城市创业的运动员,帮助其落户可以使创业运动员享受到更加便利的当地创业政策;工商、税务、财政等部门应通过降低退役优秀运动员创业申办企业所需成本、降低税率、调高税费起征点等方式为退役优秀运动员自主创业提供支持;银行也应当为退役优秀运动员提供如免收工本费、年费、小额账户管理费、跨行转账费等优惠专享服务,同时也应为退役优秀运动员创业提供方式多样、额度浮动的多种贷款扶持产品。只有通过整合机构、统筹管理、形成合力,才能更好地构建退役优秀运动员创业管理体系,从而促进退役优秀运动员成功创新创业。

### 三、服务层面：打造线上线下齐头并进的退役优秀运动员创业服务体系

线上方面，整合社会多元服务力量，健全退役优秀运动员创业网上服务体系。加大网络课程建设力度，依靠互联网开展退役优秀运动员职业技能与创业能力培训，以及网上在线一对一创业辅导等，使运动员充分利用自身时间进行培训学习，节约成本。同时依靠"互联网+"技术，搭建全国共享的退役优秀运动员创业服务信息平台，并提倡各省市根据实际情况建设具有地方特色的创业服务平台，充分利用大数据技术，实现供需有效对接，为退役优秀运动员创业提供精准而全面的服务。

线下方面，立足社会发展的需要，整合相关资源，优先提供运动员创业场所。经济条件欠发达的地区，在创业孵化基地设立退役优秀运动员创业专区；经济发达的地区，可专门设立退役优秀运动员创业孵化园区。引进优势企业和组织入驻，为运动员提供创业项目、创业管理、市场分析等服务，并对参与扶持的企业和组织给予相关优惠政策。鼓励社会资本与机构设立退役优秀运动员创业扶持基金与风险投资公司，加大对退役优秀运动员创业资金支持力度，拓宽资金来源渠道。设立专门服务窗口对退役优秀运动员进行的创业项目按照规定落实水电房租减免、财政贴息、项目推广等优惠服务。成立由专家教授、优秀企业家等组成的导师创业辅导团队，为退役优秀运动员创业提供个性化指导，优先结合运动员自身运动特长，向体育产业方向发展，提高创业成功率。此外，通过举办退役优秀运动员创新创业大赛等形式，展示新时代运动员的风采，引领退役优秀运动员的就业安置向创新创业方向发展。

# 参考文献

[1] AJZEN I. The theory of planned behavior [J]. Organizational Behavior and Human Decision Processes, 1991, 50 (2): 179-211.

[2] ALDRICH H E, CLIFF J E. The pervasive effects of family on entrepreneurship: Toward a family embeddedness perspective [J]. Journal of Business Venturing, 2003, 18 (5): 573-596.

[3] ALFERMANN D, STAMBULOVA N, ZEMAITYTE A. Reactions to sport career termination: a cross-national comparison of German, Lithuanian, and Russian athletes [J]. Psychology of sport and exercise, 2004, 5 (1): 61-75.

[4] AQUILINA D, HENRY I. Elite athletes and university education in Europe: A review of policy and practice in higher education in the European Union Member States [J]. International Journal of Sport Policy and Politics, 2010, 2 (1): 25-47.

[5] ASTRACHAN J H, SHANKER M C. Family Businesses' Contribution to the U.S. Economy: A Closer Look [J]. Family Business Review, 2003, 16 (3): 211-219.

[6] AU K, KWAN H K. Start-up capital and Chinese entrepreneurs: The role of family [J]. Entrepreneurship Theory and Practice, 2009, 42 (4): 631-666.

[7] AUSTIN J, STEVENSON H, WEI S J. Social and commercial entrepreneurship: Same, different, or both? [J]. Revista De Administrao, 2012, 47 (3): 370-384.

[8] BANDURA A. Social foundations of thought and action: A Socio-Cognitive Theory [J]. Journal of Applied Psychology, 1986, 12 (1): 169.

[9] BARON R A. The cognitive perspective: A valuable tool for answering entrepreneurship's basic "why" questions [J]. Journal of Business Venturing, 2004, 19 (2): 221-239.

[10] BARRIOPEDRO M, LÓPEZ DE SUBIJANA C, MUNIESA C. Insights into life after sport for Spanish Olympians: Gender and career path perspectives [J]. Plos one, 2018, 13 (12): e0209433.

[11] BIRD B. Implementing entrepreneurial ideas: The case for intention [J]. Academy of Management Review, 1988, 13 (3): 442-453.

[12] BORGGREFE C, CACHAY K. "Dual Careers": The structural coupling of elite sport and school exemplified by the German Verbundsysteme [J]. European Journal for Sport and Society, 2012, 9 (1): 57-80.

[13] BOYD N G, VOZIKIS G S. The influence of self-efficacy on the development of entrepreneurial intentions and actions [J]. Entrepreneurship: Theory and Practice, 1994, 18 (1): 63-77.

[14] BRANDER J A, DU Q, HELLMANN T. The effects of government-sponsored venture capital: International evidence [J]. Review of Finance, 2015, 19 (2): 571-618.

[15] BROWN C J, WEBB T L, ROBINSON M A, et al. Athletes' experiences of social support during their transition out of elite sport: An interpretive phenomenological analysis [J]. Psychology of Sport and Exercise, 2018, 36: 71-80.

[16] BROWN D J, FLETCHER D, HENRY I, et al. A British university case study of the transitional experiences of student-athletes [J]. Psychology of sport and exercise, 2015, 21: 78-90.

[17] CHAMBERS T P, HARANGOZO G, MALLETT C J. Supporting elite athletes in a new age: experiences of personal excellence advisers within Australia's high-performance sporting environment [J]. Qualitative Research in Sport, Exercise and Health, 2019, 11 (5): 650.

[18] CHEN C C, GREENE P G, CRICK A. Does entrepreneurial self-efficacy distinguish entrepreneurs from managers [J]. Journal of Business Venturing, 1998, 13 (4): 295-316.

[19] CHEN M H, CHANG Y Y, LIN Y C. Exploring creative entrepreneurs' happiness: Cognitive style, Guanxi and creativity [J]. International Entrepreneurship and Management Journal, 2018, 14 (4): 1089-1110.

[20] CLINTON E, MCADAM M, GAMBLE J R, et al. Entrepreneurial learning: The transmitting and embedding of entrepreneurial behaviours within the transgenerational entrepreneurial family [J]. Entrepreneurship & Regional Development, 2020, 33(5): 383-404.

[21] COMBS J G, SHANINE K K, BURROWS S, et al. What do we know about business families? Setting the stage for leveraging family science theories [J]. Family Business Review, 2020, 33(1): 38-63.

[22] CONZELMANN A, NAGEL S. Professional careers of the German Olympic athletes [J]. International Review for the Sociology of Sport, 2003, 38(3): 259-280.

[23] DENIS A G, CORBETT A C, MCMULLEN J S. The cognitive perspective in entrepreneurship: An agenda for future research [J]. Journal of Management Studies, 2011, 48(6): 1443-1477.

[24] FRASER L, FOGARTY G. An investigation of athletic identity, career choices and decision-making difficulties of Australian elite athletes [J]. Journal of Science and Medicine in Sport, 2011, 14: e84-e85.

[25] GAGLIO C M, KATZ J A. The psychological basis of opportunity identification: Entrepreneurial alertness [J]. Small Business Economics, 2001, 16(2): 95-111.

[26] GARTNER W B. A conceptual framework for describing the phenomenon of new venture creation [J]. The Academy of Management Review, 1985, 10(4): 696-706.

[27] GARTNER W B. What are we talking about when we talk about entrepreneurship? [J]. Social Science Electronic Publishing, 1990, 5(1): 15-28.

[28] HARRISON G E, VICKERS E, FLETCHER D, et al. Elite female soccer players' dual career plans and the demands they encounter [J]. Journal of Applied Sport Psychology, 2022, 34(1): 133-154.

[29] HAYES A F. PROCESS: a versatile computational tool for observed variable mediation, moderation, and conditional process modeling [EB/OL]. [2012-02-21]. http://www.afhayes.com/public/process2012.

[30] IM G S, JEON I O. A study on entrepreneurship support systems affecting

the entrepreneurial intention of the potential founder [J]. The Journal of the Korea Contents Association, 2015, 15(11): 422-432.

[31] KEH H T, FOO M D, LIM B C. Opportunity evaluation under risk condition: The cognitive processes of entrepreneurs [J]. Entrepreneurship Theory and Practice, 2010, 27(2): 125-148.

[32] KIM M, TANIS C J. South Korean student-athlete academic satisfaction and future employment: an exploratory study [J]. Journal for the Study of Sports and Athletes in Education, 2022: 1-22.

[33] KLYVER K, HONING B, STEFFENS P. Social support timing and persistence in nascent entrepreneurship: Exploring when instrumental and emotional support is most effective [J]. Small Business Economics, 2018, 51(3): 709-734.

[34] KNIGHTS S, SHERRY E, RUDDOCK-HUDSON M, et al. The end of a professional sport career: Ensuring a positive transition [J]. Journal of Sport Management, 2019, 33(6): 518-529.

[35] KRUEGER N F. The cognitive infrastructure of opportunity emergence [J]. Entrepreneurship Theory and Practice, 2007, 24: 185-206.

[36] KRUEGERJR N F, REILLY M D, CARSRUD A L. Competing models of entrepreneurial intentions [J]. Journal of Business Venturing, 2000, 15(5): 411-432.

[37] LEE K, KANG S, KIM I. Relationships among stress, burnout, athletic identity, and athlete satisfaction in students at Korea's physical education high schools: Validating differences between pathways according to ego resilience [J]. Psychological Reports, 2017, 120(4): 585-608.

[38] LIN M J, CHUANG M Y, WEI K L. Relationships between collective learning, absorptive capacity and innovation performance [J]. International Journal of Innovation & Learning, 2014, 16(3): 338-352.

[39] LÓPEZ DE SUBIJANA C, RAMOS J, GARCIA C, et al. The employability process of Spanish retired elite athletes: Gender and sport success comparison [J]. International Journal of Environmental Research and Public Health, 2020, 17(15): 5460.

[40] NAM B H, MARSHALL R C, LOVE A, et al. Fostering global sport leadership: A partnership between a Korean sport organization and a US university [J]. Journal of Global Sport Management, 2022, 7(1): 199-225.

[41] NEISSER U. Cognitive psychology [J]. Science, 1977(198): 816-817.

[42] MARTIN L, TURNER P. Entrepreneurial universities the key ingredient in the recipe for UK innovation? Realities of working in business engagement role in academia [J]. International Journal of Entrepreneurship and Innovation, 2010, 11(4): 273-281.

[43] MITCHELL R K, BUSENITZ L, LANT T, et al. Toward a theory of entrepreneurial cognition: Rethinking the people side of entrepreneurship research [J]. Entrepreneurship Theory and Practice, 2002, 27(2): 93-104.

[44] OETTINGEN G, GRANT H, SMITH P K, et al. Nonconscious goal pursuit: Acting in an explanatory vacuum [J]. Journal of Experimental Social Psychology, 2006, 42(5): 668-675.

[45] PAUL T, NELSON P. Entrepreneurship in emerging markets: Strategies for new venture creation in uncertain institutional contexts [J]. Management International Review, 2011, 51(1): 23-39.

[46] RANCISCO L, YI-WEN CHEN. Development and cross-cultural application of a specific instrument to measure entrepreneurial intentions [J]. Entrepreneurship Theory and Practice, 2009, 4: 593-617.

[47] RASMUSSEN E. Understanding academic entrepreneurship: exploring the emergence of university spin-off ventures using process theories [J]. International Small Business Journal, 2011, 29(5): 448-471.

[48] REN Y J, CAMPOS B C, LOY J P, et al. Low-income and overweight in China: Evidence from a life-course utility model [J]. Journal of Integrative Agriculture, 2019, 18(8): 1753-1767.

[49] ROBNIK P, KOLAR E, ŠTRUMBELJ B, et al. Dual career development perspective: Factors affecting quality of post-sport career transition of employed Olympic athletes [J]. Frontiers in Psychology, 2022: 5906.

[50] ROGOFF E, HECK R. Evolving research in entrepreneurship and family business: Recognizing family as the oxygen that feeds the fire of entrepreneurship [J]. Journal of Business Venturing, 2003, 18 (5): 559-566.

[51] SANG Y H. Problems and Solutions of Resocialization of Elite Sports Retired Athletes [J]. Journal of Coaching Development, 2022, 24 (4): 41-49.

[52] SHANE S, VENKATARAMAN S. The promise of entrepreneurship as a field of research [J]. Academy of Management Review, 2000, 25 (1): 217-226.

[53] SHOOK C L, PRIEM R L, MCGEE J E. Venture creation and the enterprising individual: A review and synthesis [J]. Journal of Management, 2003, 29 (3): 379-399.

[54] STAMBULOVA N B, WYLLEMAN P. Psychology of athletes' dual careers: A state-of the art critical review of the European discourse [J]. Psychology of Sport and Exercise, 2019, 42: 74-88.

[55] TANNER R K, SPORT A I O, GORE C J. Physiological tests for elite athletes [M]. Human Kinetics, 2013.

[56] THOMPSON E R. Individual entrepreneurial intent: Construct clarification and development of an internationally reliable metric [J]. Entrepreneurship Theory and Practice, 2009, 33 (3): 669-694.

[57] TVERSKY A, KAHNEMAN D. Judgment under uncertainty: Heuristics and biases [J]. Science, 1974, 185 (4157): 17-34.

[58] VASQUEZ-URRIAGO A R, BARGE-GIL A, RICO A M, et al. The impact of science and technology parks on firms' product innovation: empirical evidence from Spain [J]. Journal of Evolutionary Economics, 2014, 24 (4): 835-873.

[59] WIKLUND J, NIKOLAEV B, SHIR N, et al. Entrepreneurship and well-being: Past, present, and future [J]. Journal of Business Venturing, 2019, 34 (4): 579-588.

[60] WILLARD V C, LAVALLEE D. Retirement experiences of elite ballet dancers: Impact of self-identity and social support [J]. Sport, Exercise, and Performance Psychology, 2016, 5 (3): 266.

[61] WILSON F, KICKUL J, MARLINO D. Gender, entrepreneurial self-efficacy, and entrepreneurial career intentions: Implications for entrepreneurship education [J]. Entrepreneurship Theory and Practice, 2007, 31(3): 387-406.

[62] WYLLEMAN P, ALFERMANN D, LAVALLEE D. Career transitions in sport: European perspectives [J]. Psychology of sport and exercise, 2004, 5(1): 7-20.

[63] WYLLEMAN P, REINTS A, DE KNOP P. A developmental and holistic perspective on athletic career development [M]. Managing high performance sport. Routledge: 2013.

[64] YIN R K. Case study research: Design and methods (5th ed.) [M]. Thousand Oaks, CA: Sage, 2014.

[65] 白世贞, 郑小京. 基于复杂适应系统的团队学习模型研究 [J]. 改革与开放, 2015(18): 59-60.

[66] 常诗雨, 宋礼鹏. 基于演化博弈论的网络安全投资策略分析 [J]. 计算机工程与设计, 2017, 38(3): 611-615.

[67] 蔡晓珊, 张耀辉. 创业理论研究: 一个文献综述 [J]. 产经评论, 2011(5): 55-66.

[68] 陈成文, 孙淇庭. 大学生创业政策: 评价与展望 [J]. 高等教育研究, 2009, 30(7): 24-30.

[69] 陈春晓. 高校大学生创业孵化平台建设的现状、困境和对策研究 [J]. 高等工程教育研究, 2017(6): 183-186.

[70] 陈建安. 创业成长抱负: 研究综述与展望 [J]. 经济管理, 2019, 41(2): 191-208.

[71] 陈林祥, 李业武. 我国优秀运动员社会保障体系的研究 [J]. 武汉体育学院学报, 2002, 36(3): 12-15.

[72] 陈龙. 大学生创业支持体系构建与评价研究 [D]. 武汉: 武汉工程大学, 2011.

[73] 陈士玉, 张恩宁. 高校创业孵化园建设现状与对策研究——以吉林省11所高校为例 [J]. 职业技术教育, 2019, 40(32): 59-62.

[74] 陈蔚珠, 陈禹. 复杂性科学视角下我国创业资本系统特性研究 [J]. 金融发展研究, 2011(6): 15-20.

[75] 陈映薇. 大学毕业生村镇创业支持体系构建研究[D]. 长沙：中南林业科技大学，2016.

[76] 陈昀，贺远琼. 创业认知研究现状探析与未来展望[J]. 外国经济与管理，2012，34（12）：12-19.

[77] 程建青，罗瑾琏. 创业者人力资本如何激活机会型创业？——一个被调节的中介模型[J]. 科学学与科学技术管理，2022，43（6）：110-122.

[78] 程建青，罗瑾琏，杜运周，等. 制度环境与心理认知何时激活创业？——一个基于QCA方法的研究[J]. 科学学与科学技术管理，2019，40（2）：114-131.

[79] 池仁勇. 美国的创业支援体系剖析[J]. 外国经济与管理，2001（1）：8-12.

[80] 池仁勇，朱非白. 城市创业环境指数研究——基于长江三角洲实证[J]. 科技进步与对策，2010，27（9）：110-114.

[81] 崔军，孙俊华. 高校创业教育影响大学生创业心智的中介机制研究——基于创业情感的视角[J]. 高校教育管理，2019，13（4）：108-116；124.

[82] 丁明磊，刘秉镰. 创业研究：从特质观到认知观的理论溯源与研究方向[J]. 现代管理科学，2009（8）：20-22.

[83] 丁永慧，聂建亮. 对大学生自主创业认知的实证调查[J]. 中国成人教育，2011（11）：100-102.

[84] 董静，赵策. 家庭支持对农民创业动机的影响研究——兼论人缘关系的替代作用[J]. 中国人口科学，2019（1）：61-75；127.

[85] 杜跃平，马元凯，王林雪，等. 创业环境认知对创业态度和创业倾向影响的实证研究——基于西安若干高等学校大学生的调查数据[J]. 软科学，2016，30（8）：38-41；51.

[86] 朵大鹏. 创业者关系运作对创业资源获取效率的影响研究[D]. 厦门：厦门大学，2019.

[87] 范齐，张朔. 退役优秀运动员向体育行业创业转型问题研究[J]. 体育科技文献通报，2019（4）：156-160.

[88] 范巍，王重鸣. 创业意向维度结构的验证性因素分析[J]. 人类工效学，2006，12（1）：14-16.

[89] 方卓. 新生代农民工创业认知、创业意愿与创业决策关系研究[D]. 长春：吉林大学，2014.

[90] 龚小庆，范文涛. 创业过程中的退役运动员自主创业家机会发现研究[J]. 外国经济与理，2006（12）：18-24.

[91] 高可清，张强，李莹. 公共管理视角下我国退役运动员的职业发展[J]. 中国行政管理，2013（5）：73-76.

[92] 高天野，刘建. 基于扎根理论的退役运动员创业意愿影响因素研究[J]. 南京体育学院学报，2019，2（6）：13-18.

[93] 高天野，刘建. 退役运动员可持续生计资本评价与精准帮扶策略研究[J]. 体育学研究，2021，35（3）：30-39.

[94] 高天野，刘建. "双创"背景下我国退役运动员创业的社会支持问题研究——基于邹春兰事件启示[J]. 体育与科学，2021，42（2）：81-88.

[95] 龚小庆. 博弈的统计演化分析[J]. 数学物理学报，2006（5）：747-752.

[96] 宫毅敏，林镇国. 创业竞赛对提升学生创新创业能力的影响——基于创业竞赛参赛意愿调查问卷的数据挖掘分析[J]. 中国高校科技，2019（12）：57-60.

[97] 郭东杰，詹梦琳. 创业团队、人力资本异质性与企业绩效——基于研发投入的中介效应研究[J]. 产经评论，2021，12（2）：76-86.

[98] 郭鹏. 基于复杂适应系统理论的韧性城市设计方法及原则[J]. 城市发展研究，2018，25（10）：1-3.

[99] 国家体育总局. 关于进一步加强运动员文化教育和运动员保障工作的指导意见[EB/OL].［2010-03-30］. http：//www.sport.gov.cn/n16/n1077/n1467/n4028874/n4028934/4032738.html.

[100] 国家体育总局. 关于进一步做好退役运动员就业安置工作有关问题的通知[EB/OL].［2014-10-08］. https：//www.sport.org.cn/search/system/ldrs/2018/1114/193453.html.

[101] 国家体育总局等五部门. 关于印发《运动员聘用暂行办法》的通知[EB/OL].［2013-04-22］. https：//www.sport.gov.cn/n4/n220/c983459/content.html.

[102] 国务院办公厅. 关于促进全民健身和体育消费推动体育产业高质量发展的意见[EB/OL].［2019-09-17］. http：//www.gov.cn/zhengce

content/2019-09/17/content_5430555.htm.

[103] 国务院办公厅. 关于加快发展体育产业促进体育消费的若干意见［EB/OL］.［2014-10-20］. http：//www.gov.cn/zhengce/content/2014-10/20/content_9152.htm.

[104] 郭金丰. 大学生村官创业意向影响因素的实证分析［J］. 江西社会科学，2018，38（3）：225-232.

[105] 郭彦杰. 我国优秀运动员退役安置政策变迁的研究［D］. 北京：北京体育大学，2013.

[106] 韩力争. 大学生创业自我效能感结构研究［D］. 南京：南京师范大学，2011.

[107] 郝晨，邹新娴，白宇飞. 新冠肺炎疫情下体育企业的社会创业研究［J］. 沈阳体育学院学报，2020，39（4）：82-86；94.

[108] 郝韦霞. 基于复杂适应系统理论的生态预算在我国的适应性演化研究［J］. 系统科学学报，2015（2）：94-97.

[109] 何良兴，张玉利. 创业意愿与创业行为：研究述评与展望［J］. 外国经济与管理，2022，44（5）：64-78.

[110] 何晓斌，柳建坤. 政府支持对返乡创业绩效的影响［J］. 北京工业大学学报（社会科学版），2021，21（5）：48-63.

[111] 何云景. 借鉴国外经验构建我国大学生创业支持系统［J］. 教育理论与实践，2006（4）：7-9.

[112] 何云景，刘瑛，李哲. 创业政策与创业支持：基于系统优化的视角［J］. 科学决策，2010（4）：65-73.

[113] 亨利·埃茨科维兹. 三螺旋——大学-产业-政府三元一体的创新战略［M］. 周春彦，译. 北京：东方出版社，2014.

[114] 亨利·埃茨科维兹. 三螺旋创新模式：亨利·埃茨科维兹文选［M］. 陈劲，译. 北京：清华大学出版社，2016.

[115] 侯飞，粟郁，张紫萱，等. 创业团队异质性真能促进团队创造力提升吗——一个有中介的调节模型［J］. 科技进步与对策，2022，39（4）：141-151.

[116] 侯俊华，顾新华. 农民工返乡创业意愿的实证研究——基于江西调查数据［J］. 调研世界，2012（11）：31-33.

[117] 胡萍.国内外创业理论研究综述[J].浙江树人大学学报（人文社会科学版），2008（6）：52-56.

[118] 胡瑞,王伊凡,张军伟.创业教育组织方式对大学生创业意向的作用机理——一个有中介的调节效应[J].教育发展研究，2018,38（11）：73-79.

[119] 胡望斌,焦康乐,张亚会,等.创业者人力资本与企业绩效关系及多层次边界条件研究——基于经验视角的元分析[J].管理评论，2022,34（7）：81-94.

[120] 胡宜挺,肖志敏.家庭支持、心理资本与新生代农民创业意向关系分析[J].商业时代，2014（31）：38-39.

[121] 胡媛,毛宁.基于演化博弈论的企业科技信息资源配置研究[J].情报杂志，2016,35（11）：172-178.

[122] 黄健明,张恒巍.基于随机演化博弈模型的网络防御策略选取方法[J].电子学报，2018,46（9）：2222-2228.

[123] 黄谦,熊优,崔书琴,等.社会支持、退役准备与运动员退役应对积极性[J].体育学研究，2021,35（3）：19-29；39.

[124] 黄声巍,黎红艳.家庭支持对大学生创业意愿的影响研究[J].张家口职业技术学院学报，2019,32（4）：21-23；26.

[125] 简丹丹,段锦云,朱月龙.创业意向的构思测量、影响因素及理论模型[J].心理科学进展，2010,18（1）：162-169.

[126] 阚文聪."举国体制"下专业运动员退役后再就业问题研究[D].兰州：兰州大学，2017.

[127] 郎磊.我国大学生创业支持体系构建研究[D].呼和浩特：内蒙古大学，2012.

[128] 乐国安,张艺,陈浩.当代大学生创业意向影响因素研究[J].心理学探新，2012,32（2）：146-152.

[129] 李慧慧,黄莎莎,孙俊华,等.社会支持、创业自我效能感与创业幸福感[J].外国经济与管理，2022,44（8）：42-56.

[130] 李洁,葛燕飞,高丽娜.我国生物医药产业创新集群演化动力机制研究——基于复杂适应系统理论[J].科技管理研究，2022,42（3）：176-183.

[131] 李梦雅,杨德林,王毅.技术创业孵化平台价值创造过程:一项多案例研究[J].研究与发展管理,2022,34(2):134-148.

[132] 李敏,董正英.风险认知因素对创业意愿的影响研究——感知风险的中介效应与规则聚焦的调节效应[J].管理工程学报,2014,28(3):26-32;41.

[133] 李娜,仇保兴.特色小镇产业发展与空间优化研究——基于复杂适应系统理论(CAS)[J].城市发展研究,2019,26(1):8-12.

[134] 李阳."十一五"时期黑龙江省退役运动员再就业现状与对策研究[D].长春:东北师范大学,2011.

[135] 李永强,白漩,毛雨,等.基于TPB模型的学生创业意愿影响因素分析[J].中国软科学,2008(5):122-128.

[136] 李永瑞,王凌霄.中国奥运会冠军退役后跨界就业成败的影响因素研究[J].首都体育学院学报,2022,34(2):132-140;169.

[137] 梁强,林锦丹,宋丽红,等.家庭支持与女性创业机会开发的关系研究[J].汕头大学学报(人文社会科学版),2021,37(2):60-70;95-96.

[138] 梁上坤,张宇,王彦超.内部薪酬差距与公司价值——基于生命周期理论的新探索[J].金融研究,2019(4):188-206.

[139] 梁燕,王嘉茵.粤港澳大湾区建设背景下内地高校港澳学生创业意愿影响因素研究——基于培养创新型人才视角[J].科技管理研究,2021,41(12):149-156.

[140] 林嵩,贾贺棋,李静.创业者健康研究:现状分析及未来展望[J].华东经济管理,2020,34(12):118-128.

[141] 林嵩,张帏,邱琼.创业过程的研究述评及发展动向[J].南开管理评论,2004(3):47-50.

[142] 廖守亿,戴金海.共享经济时代下地方政府网约车治理革新研究——基于复杂适应系统理论视角[J].商业经济,2020(8):80-81;110.

[143] 刘烜宏.政府引导基金大整合,路在何方?[EB/OL].[2022-07-04].http://www.chinasei.com.cn/zcjd/202207/t20220704_47579.html.

[144] 刘洪.涌现与组织管理[J].研究与发展管理,2002(4):40-45.

[145] 刘凯宁,樊治平,于超.基于NK模型的商业模式创新路径选择[J].管理学报,2017,14(11):1650-1661.

[146] 刘新民，张亚男，范柳. 感知创业阻碍对创业行为倾向的影响——创业教育的调节作用［J］. 科技进步与对策，2022，39（3）：30-39.

[147] 刘新宪，朱道立. 选择与判断-AHP（层次分析法）决策［M］. 上海：上海科学普及出版社，1990.

[148] 刘延东. 在全国运动员文化教育和运动员保障工作电视电话会议上的讲话［EB/OL］.［2012-07-03］. http：//www.sport.gov.cn/n16/n1077/n1467/n3076638/3098202.html.

[149] 刘瑛，何云景. 创业支持系统复杂适应性的结构维度分析［J］. 经济问题，2012（11）：13-16.

[150] 刘雨枫，冯华. 创业孵化推动创新引领经济发展的机理分析与实证检验［J］. 科技进步与对策，2022，39（11）：31-41.

[151] 刘忠明，魏立群，Lowell Busenitz. 企业家创业认知的理论模型及实证分析［J］. 经济界，2003（6）：57-62.

[152] 刘洋. 退役运动员职业转换培训课程模式研究［J］. 广州体育学院学报，2010（4）：101-104.

[153] 刘祖祎. 社会关系、家庭负债与家庭创业选择［J］. 商业文化，2022（12）：138-144.

[154] 罗向晗. 大学生创业意愿制约因素分析［J］. 重庆三峡学院学报，2012，28（4）：151-153；160.

[155] 吕莉敏. 返乡创业农民工人力资本提升的职业培训路径选择［J］. 中国职业技术教育，2020（12）：45-52.

[156] 马费成，望俊成，张于涛. 国内生命周期理论研究知识图谱绘制［J］. 情报科学，2010（3）：334-340.

[157] 苗青. 企业家的认知特征对机会识别的影响方式研究［J］. 人类工效学，2007（4）：8-11.

[158] 倪锋，胡晓娥. 基于认知的创业能力发展理论模型初探［J］. 企业经济，2007（10）：36-38.

[159] 牛志江. 认知视角下创业意向影响机制［D］. 杭州：浙江大学，2010.

[160] 彭伟，于小进，郑庆龄. 中国情境下的社会创业过程研究［J］. 管理学报，2019，16（2）：229-237.

[161] 戚雪枫，冯晓露. 我国运动员退役安置政策的演变［J］. 体育文化导刊，2012（11）：9-11.

[162] 秦小林，张庆国. 复杂适应系统理论及其应用研究［J］. 系统工程，2001，19（5）：1-6.

[163] 秦旋，陈舒铃，乔任. 复杂性视角下基于Agent智能体的复杂工程社会风险演化研究［J］. 软科学，2021（4）：1-12.

[164] 屈家安，刘菲. 创业认知视域下大学生创业能力提升研究［J］. 中国成人教育，2018（4）：66-68.

[165] 曲海慧，冯珺. 经济新常态背景下我国自主创业的意义、现状和对策研究［J］. 学习论坛，2019（8）：48-55.

[166] 曲小远. 大学生村官创业的社会支持体系研究［D］. 温州：温州大学，2016.

[167] 任荣伟，康涛. 我国退役运动员就业创业研究——基于创业机会理论的视角［J］. 技术经济与管理研究，2019（12）：35-40.

[168] 任旭林，王重鸣. 基于认知观的创业机会评价研究［J］. 科研管理，2007（2）：15-18.

[169] 施雪锦. 福建省大学生创业支持体系的效果评价研究［D］. 福州：福建师范大学，2018.

[170] 苏贝，宋亮，王帅. 基于Agent的水利水电工程施工场内交通运输仿真研究［J］. 水力发电，2017，43（12）：49-52.

[171] 苏瑜，黄珺，刘会玲，等. 数据信息不完备下基于证据理论的可靠性分析［J］. 四川建筑科学研究，2020，46（5）：8-16.

[172] 谭跃进，邓宏钟. 复杂适应系统理论及其应用研究［J］. 系统工程，2001，19（5）：1-6.

[173] 唐建民，黄菊. 基于适应度景观的组织知识创新绩效提升路径研究［J］. 科技管理研究，2016，36（6）：181-186.

[174] 田麦久. 项群训练理论向项群理论的拓展［J］. 中国体育教练员，2019，27（1）：3-7.

[175] 田蒙蒙. 新中国成立70周年运动员社会养老保险制度述评：历史、困境与重构［J］. 体育科学，2020，40（4）：78-89.

[176] 汤介一. 后奥运时期我国退役待安置运动员安置体系的构建［J］. 西安体育学院学报，2012，29（6）：685-688；701.

[177] 王秉尧. 对我国退役运动员安置问题的思考［J］. 上海体育学院学报，1998，22（4）：30-33.

[178] 王辉, 朱健. 农民工返乡创业意愿影响因素及其作用机制研究[J]. 贵州师范大学学报（社会科学版）, 2021 (6): 79-89.

[179] 王慧文. 退役运动员人力资本对其社会融入影响的实证研究[J]. 沈阳体育学院学报, 2019, 38 (4): 57-63.

[180] 王玲, 蔡莉, 于海晶, 等. 创业生态系统下新创企业的网络关系特性[J]. 科学学研究, 2022, 40 (10): 1834-1843.

[181] 王沛, 谌志亮. 创业心智研究进展及其模型构建[J]. 上海师范大学学报（哲学社会科学版）, 2013, 42 (1): 83-90.

[182] 王瑞, 袁勤俭. 协同演化理论及其在信息系统研究中的应用与展望[J]. 现代情报, 2020, 40 (10): 152-158.

[183] 王霞. 复杂适应系统理论下的大学生创业支持体系探究[J]. 遵义师范学院学报, 2017, 19 (3): 138-141.

[184] 王先甲, 顾翠伶, 赵金华, 等. 随机演化动态及其合作机制研究综述[J]. 系统科学与数学, 2019, 39 (10): 1533-1552.

[185] 王轶, 柏贵婷. 创业培训、社会资本与返乡创业者创新精神——基于全国返乡创业企业的调查数据[J]. 贵州财经大学学报, 2022 (4): 1-10.

[186] 王轶, 丁莉, 刘娜. 创业者人力资本与返乡创业企业经营绩效——基于2139家返乡创业企业调查数据的研究[J]. 经济经纬, 2020, 37 (6): 28-38.

[187] 王莹. 大学生社会网络对创业意向的影响研究[D]. 杭州: 浙江大学, 2011.

[188] 王宇星, 朱伏平, 曹婷婷. 基于多主体建模的药品质量损失涌现模型[J]. 西南科技大学学报, 2019, 34 (2): 83-91.

[189] 王元卓, 于建业, 邱雯, 等. 网络群体行为的演化博弈模型与分析方法[J]. 计算机学报, 2015, 38 (2): 282-300.

[190] 王勇. 创业环境、风险态度与新生代农民工的创业倾向[J]. 经济体制改革, 2017 (1): 67-75.

[191] 魏光兴. 企业生命周期理论综述及简评[J]. 生产力研究, 2000 (6): 231-232.

[192] 韦诸霞, 赵国安. 基于"全球创业观察"模型的广西创业环境分析[J]. 广西社会科学, 2015 (3): 16-23.

[193] 温忠麟, 侯杰泰, 马什赫伯特. 结构方程模型检验: 拟合指数与卡方准则 [J]. 心理学报, 2004 (2): 186-194.

[194] 温忠麟, 张雷, 侯杰泰, 等. 中介效应检验程序及其应用 [J]. 心理学报, 2004 (5): 614-620.

[195] 吴明隆. 问卷统计分析实务——操作与应用 [M]. 重庆: 重庆大学出版社, 2010.

[196] 吴春雅, 夏紫莹, 曹颖. 地方高校创业教育效应的多维审视——纳入外部环境与个人资本的考量 [J]. 教育发展研究, 2021, 41 (11): 39-46.

[197] 吴昊. 高校创业孵化园建设现状与对策 [J]. 当代青年研究, 2019 (5): 123-128.

[198] 吴能全, 李芬香. 创业者心理资本、人力资本与社会资本对其创业能力的影响研究——基于结构方程模型的分析 [J]. 湖南大学学报 (社会科学版), 2020, 34 (4): 39-46.

[199] 吴旭梦. 乡村振兴背景下大学生回乡创业意愿研究 [J]. 农业经济, 2021 (5): 112-114.

[200] 吴镇键, 王磊. 家庭资本对家庭创业决策的影响研究——基于城乡差异视角 [J]. 中国商论, 2022 (14): 114-117.

[201] 武永超, 刘亚男. "互联网+"背景下创业认知对创业意向的影响研究 [J]. 陕西广播电视大学学报, 2018, 20 (1): 85-90.

[202] 向赛辉, 孙永河. 政府支持对高层次人才创业绩效影响机制研究 [J]. 科技进步与对策, 2021, 38 (15): 143-150.

[203] 项质略, 张德元, 王雅丽. 人力资本与农户创业: "智商"还是"财商"更重要? [J]. 江苏大学学报 (社会科学版), 2021, 23 (1): 61-74; 89.

[204] 肖陆军. 新形势下青年创业支持体系构建思考 [J]. 人民论坛, 2013 (32): 146-147.

[205] 徐光志. 复杂适应系统理论视阈下文化产业集群发展研究 [J]. 社会科学战线, 2019 (9): 244-248.

[206] 徐小洲, 叶映华. 大学生创业认知影响因素与调整策略 [J]. 教育研究, 2010, 31 (6): 83-88.

［207］徐新鹏，杨林.公共管理视角下我国退役运动员的职业发展［J］.中国行政管理，2013（5）：73-76.

［208］徐新鹏，杨林.制定《退役运动员安置条例》的必要性、可行性及框架构建［J］.西安体育学院学报，2017，34（4）：420-425.

［209］许敏，朱爱胜，俞林.高职院校学生创业意愿实证研究——基于人工神经网络技术［J］.技术经济与管理研究，2014（12）：42-45.

［210］许小艳，李华晶.基于复杂适应系统理论的创业机会识别与开发过程研究——以桑德集团为例［J］.中国科技论坛，2017（2）：178-185.

［211］许晟，邵云云，徐梅珍，等.政府支持、家庭支持对新生代农民创业行为的影响机制研究［J］.农林经济管理学报，2020，19（2）：181-189.

［212］薛求知，徐忠伟.企业生命周期理论：一个系统的解析［J］.浙江社会科学，2005（5）：192-197.

［213］薛永基，马奔.集体林权改革后林区农民创业意向影响因素的实证研究——个体特征与环境认知视角［J］.林业经济问题，2014（1）：50-55.

［214］闫丽英，孙永龙，张静.乡村振兴背景下社区居民旅游创业意愿研究——基于分布式认识理论［J］.资源开发与市场，2021，37（2）：251-256.

［215］杨城，谢志龙.产业技术创新和技术创新人才互动支撑系统的标识［J］.科技管理研究，2020，40（24）：26-32.

［216］杨国庆，彭国强.新时代中国竞技体育的战略使命与创新路径研究［J］.体育科学，2018，38（9）：3-14；46.

［217］杨昊，贺小刚，杨婵.异地创业、家庭支持与经营效率——基于农民创业的经验研究［J］.经济管理，2019，41（2）：36-54.

［218］杨凯瑞，何忍星，钟书华.政府支持创新创业发展政策文本量化研究（2003-2017年）来自国务院及16部委的数据分析［J］.科技进步与对策，2019，36（15）：107-114.

［219］杨俊，朱沆，于晓宇.创业研究前沿：问题、理论与方法［M］.北京：机械工业出版社，2022.

［220］杨尚剑，马帅星.我国退役运动员创业支持体系研究——基于退役军人创业支持体系解构［J］.体育文化导刊，2020（8）：41-47.

[221] 杨尚剑.我国运动员退役安置系统特征、演化及调控机制——基于复杂适应系统理论[J].北京体育大学学报,2021,44(4):69-81.

[222] 姚灿中,杨建梅.基于动态拓扑的空间演化博弈与群体行为分析[J].计算机工程与应用,2012,48(3):29-31.

[223] 饶勇,黄福才,魏敏.演化博弈论视角下的区域经济协调发展研究[J].贵州社会科学,2008(5):103-108.

[224] 叶映华.大学生创业意向影响因素研究[J].教育研究,2009,30(4):73-77.

[225] 尹飞霄.个人因素、社会背景与大学生网络创业绩效——基于创业意愿的中介作用[J].技术经济与管理研究,2017(11):37-41.

[226] 易华.创业导向有助于激发员工创新行为吗——创新意愿的中介作用[J].财经理论与实践,2018,39(1):134-139.

[227] 庹铮.对我国退役运动员就业安置现状与再教育问题的研究[J].安徽体育科技,2010,3(15):12-14;18.

[228] 伊文英,李波.基于Agent仿真模型的校核与验证研究[J].计算机科学,2015,42(S2):460-463.

[229] 虞轶群,季浏,李群,等.上海市退役运动员安置现状调查与分析[J].上海体育学院学报,2012,36(4):85-88.

[230] 约翰.霍兰.涌现:从混沌到有序[M].陈禹,译.上海:上海世纪出版集团,2006.

[231] 约翰.霍兰.隐秩序:适应性造就复杂性[M].周晓牧,韩晖,译.上海:上海世纪出版集团,2011.

[232] 曾晖,苏青.基于NK模型和适应度景观理论的房地产企业危机管理系统适应性研究[J].五邑大学学报(自然科学版),2019,33(2):36-43.

[233] 曾晓牧.高校信息素质能力指标体系研究[D].北京:清华大学,2005.

[234] 张江,李学伟.基于CAS理论的区域创业系统建设研究[J].科技进步与对策,2008(11):49-52.

[235] 张利利.青岛市新生代农民工回乡创业意愿和影响因素实证研究[D].青岛:中国海洋大学,2012.

[236] 张力为,毛志雄.体育科学常用心理量表评定手册[M].第二版.北京:北京体育大学出版社,2010.

[237] 张强强, 吴溪溪, 马红玉. 三维资本如何提升农民创业绩效——创业学习和创业机会识别的链式中介作用 [J]. 农业经济与管理, 2022 (3): 28-41.

[238] 张晓丽, 阎晋虎. 人力资本和社会资本对中国退役运动员收入影响比较 [J]. 上海体育学院学报, 2020, 44 (4): 31-40.

[239] 张秀娥, 方卓, 毛刚. 基于信息生态学的创业认知边界研究 [J]. 科技进步与对策, 2015, 32 (15): 91-97.

[240] 张秀娥, 李梦莹. 社会支持对创业坚持的影响研究 [J]. 科学学研究, 2019, 37 (11): 2008-2015.

[241] 张秀娥, 王超, 李帅. 制度环境、创业自我效能感与创业意愿 [J]. 科研管理, 2022, 43 (5): 59-66.

[242] 张秀娥, 赵敏慧. 创新与创业理论研究回顾与展望 [J]. 创新与创业管理, 2016 (2): 1-15.

[243] 张秀娥, 周荣鑫, 王晔. 文化价值观、创业认知与创业决策的关系 [J]. 经济问题探索, 2012 (10): 74-80.

[244] 张延禄, 杨乃定, 刘效广. 企业技术创新系统的自组织演化机制研究 [J]. 科学学与科学技术管理, 2013, 34 (6): 58-65.

[245] 张艳玲, 莫廷钰, 李松涛, 等. 演化博弈与资源配置综述 [J]. 工程科学学报, 2022, 44 (3): 402-410.

[246] 张玉利, 薛红志, 杨俊. 企业家创业行为的理性分析 [J]. 经济与管理研究, 2003 (5): 9-13.

[247] 赵冰, 武胜军, 杨雨凡, 等. 我国优秀运动员职业规划与就业创业指导体系研究 [J]. 北京体育大学学报, 2015, 38 (2): 87-94.

[248] 赵承磊. 我国退役运动员就业的公共服务优化 [J]. 体育文化导刊, 2015 (9): 14-18.

[249] 赵国靖, 龙泽海, 黄兆信. 专创融合对高校创新创业教育绩效的影响研究——基于12596份教师样本的实证分析 [J]. 浙江社会科学, 2022 (7): 142-151; 161.

[250] 赵红梅, 刘丹琪. 基于NK模型的煤炭企业创新联盟网络形成路径研究 [J]. 煤炭经济研究, 2019, 39 (2): 36-41.

[251] 赵书强, 索瑨, 马燕峰, 等. 基于复杂适应系统理论的可再生能源广域互补规划方法 [J]. 电网技术, 2020, 44 (10): 3671-3681.

[252] 郑炳章，朱燕空，赵磊.创业环境影响因素研究［J］.经济与管理，2008（9）：58-61.

[253] 郑德峥.高职院校大学生创业意愿影响因素研究［D］.福州：福建农林大学，2018.

[254] 郑晓芳，汪忠，袁丹.青年社会创业现状及影响因素研究［J］.青年探索，2015（5）：11-16.

[255] 郑永兰，邓可，信莹莹，等.新生代农民工创业意愿及其影响因素研究——以江苏省为例［J］.南京工程学院学报：社会科学版，2016，16（1）：8-13.

[256] 中华全国体育基金会.关于印发《退役运动员就业创业扶持基金使用暂行办法》的通知［EB/OL］.［2020-01-04］.https：//www.sport.gov.cn/n4/n220/c983174/content.html.

[257] 周海容.高校创业教育支持系统的构建与优化探析［J］.湖北民族学院学报（哲学社会科学版），2013，31（3）：142-145.

[258] 周秋江.浙江省退役运动员自主创业问题研究［J］.广州体育学院学报，2017（5）：24-27.

[259] 周勇，凤启龙，陈迪.创业环境对大学生自主创业动机的影响研究——基于江、浙、沪高校的调研［J］.教育发展研究，2014，34（17）：33-37.

[260] 朱红根，康兰媛.家庭资本禀赋与农民创业绩效实证分析［J］.商业研究，2016（7）：33-41；56.

[261] 朱永跃，胡蓓，孙鹏.基于因子分析法的大学生创业环境评价研究［J］.黑龙江高教研究，2012，30（3）：97-101.

[262] 邹德新，姜翀.退役运动员就业质量影响因素的实证研究［J］.体育学研究，2021，35（3）：11-18.

# 附 录

## 附录1
## 我国优秀运动员自主创业认知与创业意愿及创业环境初始量表

亲爱的运动员：

您好！本问卷专为学术研究设计，采用无记名方式填写。您的如实回答，对本研究十分重要，恳请您认真完成。特此向您承诺，问卷只用于调查统计分析，资料绝对保密，敬请安心填写。衷心感谢您对本研究的支持与参与！

（请根据您的实际情况，在最符合的数字上画"√"，在"＿＿＿＿＿"上填写。）

### 一、基本信息

1. 您的性别：（1）男　　　　（2）女
2. 您的年龄：（1）16岁以下　（2）16~20岁　（3）21~25岁
　　　　　　　（4）25岁以上
3. 所在省份：（1）华东地区（包括山东、江苏、安徽、浙江、福建、上海）
　　　　　　　（2）华南地区（包括广东、广西、海南）
　　　　　　　（3）华中地区（包括湖北、湖南、河南、江西）
　　　　　　　（4）华北地区（包括北京、天津、河北、山西、内蒙古）
　　　　　　　（5）西北地区（包括宁夏、新疆、青海、陕西、甘肃）
　　　　　　　（6）西南地区（包括四川、云南、贵州、西藏、重庆）
　　　　　　　（7）东北地区（包括辽宁、吉林、黑龙江）
4. 运动项目：＿＿＿＿＿＿＿＿＿＿＿＿＿＿＿＿＿＿＿＿＿＿＿
5. 运动等级：（1）二级　　（2）一级　　（3）健将级　　（4）国际健将级
6. 运动年限：（1）1~3年　（2）4~6年　（3）7~9年　（4）10年及以上
7. 您的家庭成员或身边朋友有无创业经历：（1）有　　（2）无

二、创业认知（以下是一些关于您的叙述，请您根据实际情况在最符合的数字上画"√"。1=非常不符合，2=不符合，3=有点符合，4=符合，5=非常符合）

| 维度 | 题项（Q8 to Q29） | 1非常不符合—5非常符合 |||||
|---|---|---|---|---|---|---|
| 要素认知 | 8.我从填补空白市场角度考虑过创业问题 | 1 | 2 | 3 | 4 | 5 |
| | 9.我从顾客需求角度考虑过创业问题 | 1 | 2 | 3 | 4 | 5 |
| | 10.我从独特富有竞争力产品角度考虑过创业问题 | 1 | 2 | 3 | 4 | 5 |
| | 11.我从专业财务角度考虑过创业问题 | 1 | 2 | 3 | 4 | 5 |
| | 12.我从核心技术可行性角度考虑过创业问题 | 1 | 2 | 3 | 4 | 5 |
| | 13.我从政府、法律法规以及相关政策考虑过创业问题 | 1 | 2 | 3 | 4 | 5 |
| | 14.我经常从自己直觉出发考虑创业问题 | 1 | 2 | 3 | 4 | 5 |
| 风险认知 | 15.我了解某特定市场及目标顾客真正需求 | 1 | 2 | 3 | 4 | 5 |
| | 16.我熟悉创业过程所涉及的财务相关问题 | 1 | 2 | 3 | 4 | 5 |
| | 17.我清楚创业过程中的风险控制相关问题 | 1 | 2 | 3 | 4 | 5 |
| | 18.我了解行业及财务专家对创业活动的看法或评价 | 1 | 2 | 3 | 4 | 5 |
| | 19.我可以设置并达到销售和市场份额目标 | 1 | 2 | 3 | 4 | 5 |
| | 20.我可以开发出新的产品或服务并寻找新的市场 | 1 | 2 | 3 | 4 | 5 |
| | 21.我可以准确判断出竞争对手进入市场的时机 | 1 | 2 | 3 | 4 | 5 |
| 能力认知 | 22.我能够有效应对创业过程中意料之外的事情 | 1 | 2 | 3 | 4 | 5 |
| | 23.我能够在创业工作压力下有效决策 | 1 | 2 | 3 | 4 | 5 |
| | 24.我有信心能够管理好公司的人和事 | 1 | 2 | 3 | 4 | 5 |
| | 25.我能够进行较好的财务战略分析和成本控制 | 1 | 2 | 3 | 4 | 5 |
| | 26.我能够对创业过程前后的决策和意见承担责任 | 1 | 2 | 3 | 4 | 5 |
| | 27.我能够科学地规划公司的战略发展 | 1 | 2 | 3 | 4 | 5 |
| | 28.如果我尽力做，一定能解决创业过程中的多数难题 | 1 | 2 | 3 | 4 | 5 |
| | 29.我可以准确地预测企业产品的总体市场需求 | 1 | 2 | 3 | 4 | 5 |

## 三、创业意愿（以下是一些关于您的叙述，请您根据实际情况在最符合的数字上画"√"。1=非常不符合，2=不符合，3=有点符合，4=符合，5=非常符合）

| 题项（Q30 to Q36） | 1非常不符合—5非常符合 |
|---|---|
| 30.我曾经考虑过退役后自己创业 | 1　2　3　4　5 |
| 31.我认为我将来会成立自己的公司或个人品牌 | 1　2　3　4　5 |
| 32.如果有机会并且可以自由做出决定，我将选择自主创业 | 1　2　3　4　5 |
| 33.尽管受到现实情况和自身条件的限制，我仍然会选择退役后自主创业 | 1　2　3　4　5 |
| 34.我对目前发现的创业机会充满热情 | 1　2　3　4　5 |
| 35.我准备为退役后想展开的创业活动投入很多精力 | 1　2　3　4　5 |
| 36.我在退役后三年内创业的可能性非常高 | 1　2　3　4　5 |

## 四、创业环境（以下是一些关于您的叙述，请您根据实际情况在最符合的数字上画"√"。1=非常不符合，2=不符合，3=有点符合，4=符合，5=非常符合）

| 维度 | 题项（Q37 to Q64） | 1非常不符合—5非常符合 |
|---|---|---|
| 主观规范 | 37.我父母支持我退役后创业 | 1　2　3　4　5 |
| 主观规范 | 38.我最好的朋友支持我退役后创业 | 1　2　3　4　5 |
| 主观规范 | 39.我最熟悉的教练对我退役后创业表示支持 | 1　2　3　4　5 |
| 主观规范 | 40.周围的队友认为创业是一个不错的选择 | 1　2　3　4　5 |
| 创业态度 | 41.我希望通过创业检测自己的看法与能力 | 1　2　3　4　5 |
| 创业态度 | 42.我喜欢享受创业过程中带来的挑战 | 1　2　3　4　5 |
| 创业态度 | 43.我很希望通过创业实现个人成就 | 1　2　3　4　5 |
| 创业态度 | 44.我希望通过创业实现个人经济相对的独立与自由 | 1　2　3　4　5 |
| 创业态度 | 45.我希望通过创业得到社会各界的认可 | 1　2　3　4　5 |
| 创业态度 | 46.我希望通过创业积累金钱和财富 | 1　2　3　4　5 |
| 创业态度 | 47.我希望通过创业为家庭、国家做出贡献 | 1　2　3　4　5 |
| 创业态度 | 48.我富有创新创业的新意 | 1　2　3　4　5 |

（续表）

| 维度 | 题项（Q38 to Q64） | 1非常不符合—5非常符合 |
|---|---|---|
| 感知行为 | 49.我拥有创新创业的能力 | 1　2　3　4　5 |
| | 50.退役后我有创业所需要的知识和技能 | 1　2　3　4　5 |
| | 51.对我来说，退役后创业是一件风险不大的事情 | 1　2　3　4　5 |
| | 52.对我来说，创业机会是无处不在的 | 1　2　3　4　5 |
| | 53.以我的能力，我一定能处理好创业过程中的各种人际关系 | 1　2　3　4　5 |
| | 54.我总是能有效地利用和分配我手中的各种资源帮助我创业 | 1　2　3　4　5 |
| | 55.如果我尽力地去做的话，我总是能够解决创业遇到的大多数问题及难题 | 1　2　3　4　5 |
| | 56.我能冷静地面对创业中的各种风险，因为我相信自己处理问题的能力 | 1　2　3　4　5 |
| 外部环境 | 57.国家有很多支持退役后创业的政策 | 1　2　3　4　5 |
| | 58.所在省体育局有关于退役后创业的教育和培训 | 1　2　3　4　5 |
| | 59.所在省市有利于创业的基础设施在不断完善 | 1　2　3　4　5 |
| | 60.金融公司可以为我提供创业需要的资金 | 1　2　3　4　5 |
| | 61.亲人朋友有在创业，退役后创业受到他们的支持 | 1　2　3　4　5 |
| | 62.政府提供一定的创业资金支持 | 1　2　3　4　5 |
| | 63.我所要创业的项目很容易进入市场 | 1　2　3　4　5 |
| | 64.父母和孩子不需要我额外的照顾，可以安心创业 | 1　2　3　4　5 |

## 附录2
## 我国优秀运动员自主创业认知与创业意愿及
## 创业环境正式量表

亲爱的运动员：

您好！本问卷专为学术研究设计，采用无记名方式填写。您的如实回答，对本研究十分重要，恳请您认真完成。特此向您承诺，问卷只用于调查统计分析，资料绝对保密，敬请安心填写。衷心感谢您对本研究的支持与参与！

（请根据您的实际情况，在最符合的数字上画"√"，在"_____"上填写。）

### 一、基本信息

1. 您的性别：（1）男　　　　（2）女
2. 您的年龄：（1）16岁以下　（2）16~20岁　（3）21~25岁
　　　　　　　（4）25岁以上
3. 所在省份：（1）华东地区（包括山东、江苏、安徽、浙江、福建、上海）
　　　　　　　（2）华南地区（包括广东、广西、海南）
　　　　　　　（3）华中地区（包括湖北、湖南、河南、江西）
　　　　　　　（4）华北地区（包括北京、天津、河北、山西、内蒙古）
　　　　　　　（5）西北地区（包括宁夏、新疆、青海、陕西、甘肃）
　　　　　　　（6）西南地区（包括四川、云南、贵州、西藏、重庆）
　　　　　　　（7）东北地区（包括辽宁、吉林、黑龙江）
4. 运动项目：_____
5. 运动等级：（1）二级　（2）一级　（3）健将级　（4）国际健将级
6. 运动年限：（1）1~3年　（2）4~6年　（3）7~9年　（4）10年及以上
7. 您的家庭成员或身边朋友有无创业经历：（1）有　（2）无

二、创业认知（以下是一些关于您的叙述，请您根据实际情况在最符合的数字上画"√"。1=非常不符合，2=不符合，3=有点符合，4=符合，5=非常符合）

| 维度 | 题项（Q8 to Q26） | 1非常不符合—5非常符合 | | | | |
|---|---|---|---|---|---|---|
| 要素认知 | 8.我从填补空白市场角度考虑过创业问题 | 1 | 2 | 3 | 4 | 5 |
| | 9.我从顾客需求角度考虑过创业问题 | 1 | 2 | 3 | 4 | 5 |
| | 10.我从独特富有竞争力产品角度考虑过创业问题 | 1 | 2 | 3 | 4 | 5 |
| | 11.我从专业财务角度考虑过创业问题 | 1 | 2 | 3 | 4 | 5 |
| | 12.我从核心技术可行性角度考虑过创业问题 | 1 | 2 | 3 | 4 | 5 |
| | 13.我从政府、法律法规以及相关政策考虑过创业问题 | 1 | 2 | 3 | 4 | 5 |
| | 14.我了解某特定市场及目标顾客真正需求 | 1 | 2 | 3 | 4 | 5 |
| 风险认知 | 15.我熟悉创业过程所涉及的财务相关问题 | 1 | 2 | 3 | 4 | 5 |
| | 16.我清楚创业过程中的风险控制相关问题 | 1 | 2 | 3 | 4 | 5 |
| | 17.我了解行业及财务专家对创业活动的看法或评价 | 1 | 2 | 3 | 4 | 5 |
| | 18.我可以设置并达到销售和市场份额目标 | 1 | 2 | 3 | 4 | 5 |
| | 19.我可以开发出新的产品或服务并寻找新的市场 | 1 | 2 | 3 | 4 | 5 |
| | 20.我可以准确判断出竞争对手进入市场的时机 | 1 | 2 | 3 | 4 | 5 |
| 能力认知 | 21.我能够在创业工作压力下有效决策 | 1 | 2 | 3 | 4 | 5 |
| | 22.我有信心能够管理好公司的人和事 | 1 | 2 | 3 | 4 | 5 |
| | 23.我能够进行较好的财务战略分析和成本控制 | 1 | 2 | 3 | 4 | 5 |
| | 24.我能够对创业过程前后的决策和意见承担责任 | 1 | 2 | 3 | 4 | 5 |
| | 25.我能够科学地规划公司的战略发展 | 1 | 2 | 3 | 4 | 5 |
| | 26.如果我尽力做，一定能解决创业过程中的多数难题 | 1 | 2 | 3 | 4 | 5 |

三、创业意愿（以下是一些关于您的叙述，请您根据实际情况在最符合的数字上画"√"。1=非常不符合，2=不符合，3=有点符合，4=符合，5=非常符合）

| 题项（Q27 to Q33） | 1非常不符合—5非常符合 |
|---|---|
| 27.我曾经考虑过退役后自己创业 | 1　2　3　4　5 |
| 28.我认为我将来会成立自己的公司或个人品牌 | 1　2　3　4　5 |
| 29.如果有机会并且可以自由做出决定，我将选择自主创业 | 1　2　3　4　5 |
| 30.尽管受到现实情况和自身条件的限制，我仍然会选择退役后自主创业 | 1　2　3　4　5 |
| 31.我对目前发现的创业机会充满热情 | 1　2　3　4　5 |
| 32.我准备为退役后想展开的创业活动投入很多精力 | 1　2　3　4　5 |
| 33.我在退役后三年内创业的可能性非常高 | 1　2　3　4　5 |

四、创业环境（以下是一些关于您的叙述，请您根据实际情况在最符合的数字上画"√"。1=非常不符合，2=不符合，3=有点符合，4=符合，5=非常符合）

| 维度 | 题项（Q34 to Q57） | 1非常不符合—5非常符合 |
|---|---|---|
| 主观规范 | 34.我父母支持我退役后创业 | 1　2　3　4　5 |
| 主观规范 | 35.我最好的朋友支持我退役后创业 | 1　2　3　4　5 |
| 主观规范 | 36.我最熟悉的教练对我退役后创业表示支持 | 1　2　3　4　5 |
| 主观规范 | 37.周围的队友认为创业是一个不错的选择 | 1　2　3　4　5 |
| 创业态度 | 38.我希望通过创业检测自己的看法与能力 | 1　2　3　4　5 |
| 创业态度 | 39.我喜欢享受创业过程中带来的挑战 | 1　2　3　4　5 |
| 创业态度 | 40.我很希望通过创业实现个人成就 | 1　2　3　4　5 |
| 创业态度 | 41.我希望通过创业实现个人经济相对的独立与自由 | 1　2　3　4　5 |
| 创业态度 | 42.我希望通过创业得到社会各界的认可 | 1　2　3　4　5 |
| 创业态度 | 43.我希望通过创业积累金钱和财富 | 1　2　3　4　5 |
| 创业态度 | 44.我希望通过创业为家庭、国家做出贡献 | 1　2　3　4　5 |

（续表）

| 维度 | 题项（Q34 to Q57） | 1非常不符合—5非常符合 |
|---|---|---|
| 感知行为 | 45.对我来说，退役后创业是一件风险不大的事情 | 1　2　3　4　5 |
| | 46.对我来说，创业机会是无处不在的 | 1　2　3　4　5 |
| | 47.以我的能力，我一定能处理好创业过程中的各种人际关系 | 1　2　3　4　5 |
| | 48.我总是能有效地利用和分配我手中的各种资源帮助我创业 | 1　2　3　4　5 |
| | 49.如果我尽力地去做的话，我总是能够解决创业遇到的大多数问题及难题 | 1　2　3　4　5 |
| | 50.我能冷静地面对创业中的各种风险，因为我相信自己处理问题的能力 | 1　2　3　4　5 |
| 外部环境 | 51.国家有很多支持退役后创业的政策 | 1　2　3　4　5 |
| | 52.所在省体育局有关于退役后创业的教育和培训 | 1　2　3　4　5 |
| | 53.所在省市有利于创业的基础设施在不断完善 | 1　2　3　4　5 |
| | 54.金融公司可以为我提供创业需要的资金 | 1　2　3　4　5 |
| | 55.亲人朋友有在创业，退役后创业受到他们的支持 | 1　2　3　4　5 |
| | 56.政府提供一定的创业资金支持 | 1　2　3　4　5 |
| | 57.我所要创业的项目很容易进入市场 | 1　2　3　4　5 |

## 附录3
## 《我国退役优秀运动员创业支持体系构建》
## 专家调查问卷
## （第一轮）

尊敬的专家：

您好！本课题组正在进行有关"退役优秀运动员创业支持体系指标构建"的研究工作。本研究是基于三螺旋理论与我国创业支持系统模型构建我国退役优秀运动员创业支持指标体系，希望能为我国退役优秀运动员的创业实践提供理论支持。敬请您依照个人真实想法对指标体系进行修订和完善，问卷填答不会占用您过多时间，请您尽可能多地提出修改意见。

感谢您对本研究的大力支持与帮助！祝您身体健康、工作愉快！

### 一、基本情况

1. 您的姓名：_____
2. 您的性别：（　　）
   A. 男　　　　B. 女
3. 您的职称或职务：_____
4. 您的最高学历是：（　　）
   A. 研究生　　　B. 本科　　　C. 专科　　　D. 其他
5. 您参与运动员保障或者从事创业领域研究的时间是：（　　）
   A. 0~5 年　　　B. 6~10 年　　　C. 11~15 年
   D. 16~20 年　　E. 20 年以上
6. 您所在单位性质是：（　　）
   A. 企业（提供产品和服务）
   B. 事业单位（学校、研究所等研究性单位）
   C. 体育机构　　D. 其他
7. 您对创业的了解程度：（　　）
   A. 非常了解　　B. 比较了解　　C. 一般
   D. 不了解　　　E. 非常不了解

## 二、问卷填写

填写说明：以下表格请您根据您的个人意见及实际经验，对本研究设计的创业支持体系指标重要程度进行评分，分值与重要性如下：

1分—不重要、2分—比较重要、3分—重要、4分—相当重要、5分—非常重要。

请您在下面的表格中对相应的指标进行打分。

表1　5个一级指标重要性评价

| 一级指标 | 指标描述 | 重要性评分 1 | 2 | 3 | 4 | 5 |
|---|---|---|---|---|---|---|
| 政府支持 | 政府部门为退役优秀运动员创业提供的支持。包含创业资金支持、创业服务支持、创业培训支持、产业项目支持、创业基地支持、创业政策支持 | | | | | |
| 社会支持 | 社会为退役优秀运动员创业提供的支持。包含市场引导支持、技术管理支持、基础设施支持、社会基金支持、服务平台支持 | | | | | |
| 学校支持 | 学校为退役优秀运动员创业提供的支持。包含基础教育支持、创业教育支持、学历教育支持、创业孵化支持、创业竞赛支持 | | | | | |
| 家庭支持 | 家庭为退役优秀运动员创业提供的支持。包含家庭资金支持、人脉资源支持、环境氛围支持、人力资源支持 | | | | | |
| 自身支持 | 退役优秀运动员自身为创业提供的支持。包含收入补偿支持、创业认知支持、身体健康状况、知识技能支持、人际关系支持、自身能力支持、创业心理素质 | | | | | |
| 您认为还有哪些指标适用于构建创业支持体系？或您对上述指标有何修改意见？请在此说明 | | | | | | |

表2　二级指标：政府支持体系指标重要性评价

| 一级指标 | 二级指标 | 指标描述 | 重要性评分 ||||| 
|---|---|---|---|---|---|---|---|
| | | | 1 | 2 | 3 | 4 | 5 |
| 政府支持 | 创业资金支持 | 政府提供的小额担保贷款、低息贷款、企业风险投资等的资金支持 | | | | | |
| | 创业服务支持 | 政府通过相关政策优化创业环境、完善基础设施、服务平台等举措，进行创业服务支持 | | | | | |
| | 创业培训支持 | 政府制定系统且完善的创业培训政策，提高运动员创业认知水平、自身素养 | | | | | |
| | 产业项目支持 | 政府部门提供针对性的体育产业项目 | | | | | |
| | 创业基地支持 | 政府机构出资建立的针对运动员创业的精准孵化基地 | | | | | |
| | 创业政策支持 | 政府为减少运动员创业壁垒而制定的市场支持、创业环境、减免税费等各项扶持政策 | | | | | |
| 您认为还有哪些指标适用于政府支持？或您对上述指标有何修改意见？请在此说明 ||||||||

表3　二级指标：社会支持体系指标重要性评价

| 一级指标 | 二级指标 | 指标描述 | 重要性评分 ||||| 
|---|---|---|---|---|---|---|---|
| | | | 1 | 2 | 3 | 4 | 5 |
| 社会支持 | 市场引导支持 | 根据市场发展趋势，为运动员提供符合社会需求和规律的创业建议，引导其创业 | | | | | |
| | 技术管理支持 | 企业机构为运动员创业所提供的相关创业项目技术与管理服务等方面的支持 | | | | | |
| | 基础设施支持 | 企业机构、社会组织等联合推出的为促进运动员创业所提供的创业场地设施、孵化基地、孵化园区等基础设施 | | | | | |

(续表)

| 一级指标 | 二级指标 | 指标描述 | 重要性评分 1 | 2 | 3 | 4 | 5 |
|---|---|---|---|---|---|---|---|
| 社会支持 | 社会基金支持 | 推出风险投资、股权融资、天使投资等多种融资形式 | | | | | |
| | 服务平台支持 | 社会机构为运动员创业建立的中介、咨询、准入等服务平台，全方位服务运动员创业，提高创业项目成功率 | | | | | |
| 您认为还有哪些指标适用于社会支持？或您对上述指标有何修改意见？请在此说明 | | | | | | | |

表4 二级指标：学校支持体系指标重要性评价

| 一级指标 | 二级指标 | 指标描述 | 重要性评分 1 | 2 | 3 | 4 | 5 |
|---|---|---|---|---|---|---|---|
| 学校支持 | 基础教育支持 | 运动员职业生涯阶段体校为其提供的文化知识教育支持，以及受教育时间与层次的支持 | | | | | |
| | 创业教育支持 | 运动员创业前接受的创业文化知识、项目选择、技能教学等方面的创业教育支持 | | | | | |
| | 学历教育支持 | 相关部门联合高校给予运动员退役后学历再提升的支持，提高自身综合素质 | | | | | |
| | 创业孵化支持 | 学校通过成立的创业科技园或孵化园等举措给予运动员创业实地培训与孵化实践支持 | | | | | |
| | 创业竞赛支持 | 学校通过组织创业竞赛，在参赛过程中提高退役优秀运动员创业认知和能力 | | | | | |
| 您认为还有哪些指标适用于学校支持？或您对上述指标有何修改意见？请在此说明 | | | | | | | |

**表5 二级指标：家庭支持体系指标重要性评价**

| 一级指标 | 二级指标 | 指标描述 | 重要性评分 ||||| 
|---|---|---|---|---|---|---|---|
| | | | 1 | 2 | 3 | 4 | 5 |
| 家庭支持 | 家庭资金支持 | 父母及其亲属为创业者在创业初期提供的资金与物质支持 | | | | | |
| | 人脉资源支持 | 父母及其亲属所积累的人际关系网，在运动员创业时对其所提供的帮助 | | | | | |
| | 环境氛围支持 | 家庭人员对创业的认识、意见等都是营造家庭良好创业环境的基础 | | | | | |
| | 人力资源支持 | 父母及直系亲属支持并加入创业队伍中，提供自身力所能及的帮助 | | | | | |
| 您认为还有哪些指标适用于家庭支持？或您对上述指标有何修改意见？请在此说明 ||||||||

**表6 二级指标：自身支持体系指标重要性评价**

| 一级指标 | 二级指标 | 指标描述 | 重要性评分 |||||
|---|---|---|---|---|---|---|---|
| | | | 1 | 2 | 3 | 4 | 5 |
| 自身支持 | 收入补偿支持 | 运动员生涯期间通过比赛积累的收入与退役时得到的补偿金，是创业的初始资金 | | | | | |
| | 创业认知支持 | 运动员的创业意愿以及对创业方式和项目的选择认知都与成功创业存在较大关系 | | | | | |
| | 身体健康状况 | 运动员在创业时与创业后期维持健康的身体状况与成功创业有较为重要关系 | | | | | |
| | 知识技能支持 | 运动员的基本文化知识水平、创业时具备的相关技能，与成功创业有直接关系 | | | | | |

（续表）

| 一级指标 | 二级指标 | 指标描述 | 重要性评分 ||||| 
|---|---|---|---|---|---|---|---|
| | | | 1 | 2 | 3 | 4 | 5 |
| 自身支持 | 人际关系支持 | 运动员所积累的人脉资源构成的人际关系网，在创业中都起到一定的支持作用 | | | | | |
| | 自身能力支持 | 运动员在创业时自身的执行、决策、学习、沟通、管理能力等一系列与创业相关的能力支持 | | | | | |
| | 创业心理素质 | 创业时运动员本身所具备的发现机遇的意识、面对困难时的勇敢、调节情绪的能力、对风险有清楚的认识等心理素质 | | | | | |
| 您认为还有哪些指标适用于自身支持？或您对上述指标有何修改意见？请在此说明 ||||||||

## 附录4
## 《我国退役优秀运动员创业支持体系构建》
## 专家调查问卷
## （第二轮）

尊敬的专家：

您好！感谢您在第一轮问卷中给予的评分与建议，本研究根据第一轮专家反馈意见进行了指标筛选与修改，请您根据修改情况进行第二轮评分。

再次感谢您对本研究的大力支持！祝您身体健康、工作愉快！

**一、基本情况**

您的姓名：_____

**二、问卷填写**

填写说明：以下表格请您根据您的个人意见及实际经验，对本研究设计的创业支持体系指标重要程度进行评分，分值与重要性如下：

1分—不重要、2分—比较重要、3分—重要、4分—相当重要、5分—非常重要。

请您在下面的表格中对相应的指标进行打分。

表1  5个一级指标重要性评价

| 一级指标 | 指标描述 | 第一轮统计得分 ||| 重要性评分 |||||
|---|---|---|---|---|---|---|---|---|---|
| | | 平均数 | 标准差 | 四分位差 | 1 | 2 | 3 | 4 | 5 |
| 政府支持 | 政府为退役优秀运动员创业提供的支持。包含创业资金支持、创业服务支持、创业培训支持、产业项目支持、创业基地支持、创业政策支持 | 4.7 | 0.458 | 1 | | | | | |
| 社会支持 | 社会为退役优秀运动员创业提供的支持。包含市场引导支持、技术管理支持、基础设施支持、社会基金支持、服务平台支持 | 4.2 | 0.98 | 1 | | | | | |

(续表)

| 一级指标 | 指标描述 | 第一轮统计得分 ||| 重要性评分 |||||
|---|---|---|---|---|---|---|---|---|---|
| | | 平均数 | 标准差 | 四分位差 | 1 | 2 | 3 | 4 | 5 |
| 学校支持 | 学校为退役优秀运动员创业提供的支持。包含创业教育支持、创业文化建设、创业孵化支持 | 3.9 | 0.889 | 2 | | | | | |
| 家庭支持 | 家庭为退役优秀运动员创业提供的支持。包含家庭资金支持、人脉资源支持、创业心理支持 | 4.1 | 0.889 | 2 | | | | | |
| 自我支持 | 退役优秀运动员自身为创业提供的支持。包含收入补偿支持、创业认知支持、身体健康状况、人际关系支持、知识能力支持、创业心理素质 | 4.7 | 0.557 | 1 | | | | | |

说明：

第一轮专家意见：社会支持是否可以增加"社会组织"方面的支持？

答：二级指标描述里面对社会组织进行了体现。

第一轮专家意见：自身支持改成自我支持。

答：已经进行修改。

第一轮专家意见：高校支持覆盖面积较为狭窄，是否考虑修改为学校支持。

答：已经进行修改。

您对上述指标有何修改意见？请在此说明并进一步解释修改意见

表2 二级指标：政府支持体系指标重要性评价

| 一级指标 | 二级指标 | 指标描述 | 平均数 | 标准差 | 四分位差 | 1 | 2 | 3 | 4 | 5 |
|---|---|---|---|---|---|---|---|---|---|---|
| 政府支持 | 创业资金支持 | 政府提供的小额担保贷款、低息贷款、企业风险投资等的资金支持 | 4.65 | 0.792 | 0 | | | | | |
| | 创业服务支持 | 政府通过优化创业环境、完善基础设施、服务机构等举措，进行创业服务支持 | 4.4 | 0.735 | 1 | | | | | |
| | 创业培训支持 | 政府通过组织运动员创业培训，提高运动员创业认知水平、创业技能 | 4.15 | 0.792 | 2 | | | | | |
| | 产业项目支持 | 相关政府部门针对体育产业或创业项目所颁布的专项政策，支持运动员从事体育产业 | 4.2 | 0.812 | 1 | | | | | |
| | 创业基地支持 | 政府机构出资建立的针对运动员创业无偿使用的创业孵化基地 | 3.95 | 1.023 | 2 | | | | | |
| | 创业政策支持 | 政府为减少运动员创业壁垒而制定的市场支持、创业环境、减免税费等各项扶持政策 | 4.7 | 0.577 | 1 | | | | | |

您对上述指标有何修改意见？请在此说明并进一步解释修改意见

### 表3 二级指标：社会支持体系指标重要性评价

| 一级指标 | 二级指标 | 指标描述 | 第一轮统计得分 平均数 | 标准差 | 四分位差 | 重要性评分 1 | 2 | 3 | 4 | 5 |
|---|---|---|---|---|---|---|---|---|---|---|
| 社会支持 | 市场引导支持 | 根据市场发展趋势，社会组织与企业机构等为运动员提供符合社会需求和规律的创业建议，引导其创业 | 3.9 | 0.7 | 0 | | | | | |
| | 技术管理支持 | 企业机构等为运动员创业所提供的相关创业项目技术与管理服务等方面的支持 | 4.05 | 0.921 | 1 | | | | | |
| | 基础设施支持 | 社会组织与企业机构等为运动员提供的创业学习与实践场所、交流培训机构、创业园区等基础设施 | 4.05 | 1.161 | 2 | | | | | |
| | 社会基金支持 | 社会组织与企业机构等推出小额贷款、以股贷款等帮助其创业的基金支持 | 4.1 | 1.044 | 2 | | | | | |
| | 服务平台支持 | 社会组织与企业机构等为运动员创业建立的中介、咨询、融资、准入等服务平台，全方位服务运动员创业，提高创业项目成功率 | 4.2 | 0.678 | 1 | | | | | |

说明：

第一轮专家意见："创业孵化"与政府支持中的创业基地支持有何异同？

答：社会公益组织与企业机构也为退役优秀运动员提供创业孵化基地或创业园区的支持。

您对上述指标有何修改意见？请在此说明并进一步解释修改意见

**表4 二级指标：学校支持体系指标重要性评价**

| 一级指标 | 二级指标 | 指标描述 | 第一轮统计得分 平均差 | 标准差 | 四分位差 | 重要性评分 1 2 3 4 5 |
|---|---|---|---|---|---|---|
| 学校支持 | 基础教育支持 | 运动员职业生涯阶段体校为其提供的文化知识教育支持，以及受教育时间与层次的支持 | ~~3.45~~ | ~~1.359~~ | 3 | 平均数小于3.75，第一轮指标删除 |
| | 创业教育支持 | 运动员创业前接受的创业文化知识、项目选择、技能教学等方面的创业教育支持 | 4.35 | 0.572 | 1 | |
| | 创业文化建设 | 学校通过加强创业文化的宣传与建设，营造浓厚的创业文化氛围，对运动员创业意识形态、价值观念、行为方式进行培养，提高运动员创业参与率 | 3.75 | 1.135 | 2 | |
| | 创业孵化支持 | 学校通过成立的创业科技园或孵化园等举措给予运动员创业实地培训与孵化实践支持 | 3.9 | 0.995 | 2 | |
| | 创业竞赛支持 | ~~运动员通过参加高校举办的创业竞赛活动并脱颖而出得到的竞赛资金技术支持~~ | ~~3.35~~ | ~~0.963~~ | 1 | 平均数小于3.75，第一轮指标删除 |

说明：

第一轮专家意见：高校给予退役优秀运动员学历教育支持与其创业是否关联不大，是否从创业文化建设方面潜移默化地影响运动员参与创业。

答：同意专家意见，进行修改。

您对上述指标有何修改意见？请在此说明并进一步解释修改意见

表5 二级指标：家庭支持体系指标重要性评价

| 一级指标 | 二级指标 | 指标描述 | 第一轮统计得分 平均数 | 标准差 | 四分位差 | 重要性评分 1 2 3 4 5 |
|---|---|---|---|---|---|---|
| 家庭支持 | 家庭资金支持 | 父母与亲属为创业者在创业初期提供的资金与物质支持 | 4.1 | 0.831 | 1 | |
| | 人脉资源支持 | 父母亲属亲自参加创业活动及所积累的人际关系网，对运动员创业提供的帮助与支持，减少创业初期的成本 | 4.15 | 0.963 | 1 | |
| | 创业心理支持 | 家庭成员对创业的认知、态度、意见以及鼓励和赞同运动员创业的心理行为都是营造良好家庭创业环境的基础 | 3.95 | 0.865 | 2 | |
| | ~~大力资源支持~~ | ~~父母及直系亲属支持并加入创业队伍中，提供自身力所能及的帮助~~ | ~~3.5~~ | ~~1.072~~ | ~~1~~ | 平均数小于3.75，第一轮指标删除 |

说明：

第一轮专家意见：建议家庭支持增加心理支持或心理意志支持。

答：环境氛围支持指标更改为创业心理支持。

您对上述指标有何修改意见？请在此说明并进一步解释修改意见

**表6  二级指标：自我支持体系指标重要性评价**

| 一级指标 | 二级指标 | 指标描述 | 第一轮统计得分 平均数 | 标准差 | 四分位差 | 重要性评分 1 2 3 4 5 |
|---|---|---|---|---|---|---|
| 自我支持 | 收入补偿支持 | 运动员生涯期间通过比赛积累的收入与退役时得到的补偿金，是创业的初始资金 | 4.3 | 0.9 | 1 | |
| | 创业认知支持 | 运动员的创业意愿以及对创业方式和项目的选择认知都与成功创业存在较大关系 | 4.4 | 0.8 | 1 | |
| | 身体健康状况 | 运动员在创业时与创业后期维持健康的身体状况与成功创业有较为重要关系 | 4.55 | 0.589 | 1 | |
| | 人际关系支持 | 运动员自身所积累的人脉资源构成的人际关系网，在创业中都起到一定的支持作用 | 4.45 | 0.497 | 1 | |
| | 知识技能支持 | 运动员的基本文化知识水平、创业时具备的相关技能，与成功创业有直接关系 | 4.2 | 0.748 | 1 | 整合 |
| | 自身能力支持 | 运动员在创业时自身的执行、决策、沟通、影响等一系列与创业相关的能力素质支持 | 4.75 | 0.433 | 1 | 整合 |
| | 整合指标 知识能力支持 | 运动员的文化知识水平、创业时的相关技能以及创业时自身的执行、决策、沟通、个人管理等能力素质都与成功创业有直接关系 | | | | |

(续表)

| 一级指标 | 二级指标 | 指标描述 | 第一轮统计得分 平均数 | 标准差 | 四分位差 | 重要性评分 1 2 3 4 5 |
|---|---|---|---|---|---|---|
| 自我支持 | 创业心理素质 | 创业时运动员本身所具备的发现机遇的意识、面对困难时的勇敢、调节情绪的能力、对风险有清楚的认识等心理素质 | 4.2 | 0.748 | 1 | |

说明：

第一轮专家意见：自身技能与知识技能的区别，知识技能是否也算自身能力，需要斟酌。

答：已经进行指标整合与修改。

您对上述指标有何修改意见？请在此说明并进一步解释修改意见

## 附录5
## 我国退役优秀运动员创业支持体系构建研究
## 指标权重分配专家调查问卷

尊敬的各位专家：

您好！在过去的这段时间里，非常感谢您抽出宝贵时间参与《我国退役优秀运动员创业支持体系构建》专家问卷调查。经过两轮问卷调查，创业支持指标悉数确定，我国退役优秀运动员创业支持指标体系在此基础上建立。

为探究各指标在创业支持体系中的相对重要程度，现需要对各指标项进行加权并对其重要程度做出量化描述。本研究拟采用层次分析法，通过对指标项进行两两比较，最终完成评价指标权重分配。

在填答专家调查表之前，烦请您仔细阅读填答说明，然后将得分依次填入各判断矩阵中。该表填答不会占用您过多时间，请您耐心填写。

感谢您对本研究的大力支持与帮助！祝您身体健康、工作愉快！

### 一、基本情况

您的姓名：_____

### 二、专家调查问卷

填答说明：将同一级中的所有指标项进行两两比较，指标ai和指标aj哪一个更加重要，重要程度如何，按照九点标度进行赋值。九点标度代表的含义如下表所示：

表1　九点标度赋值表

| 标度 | 含义 |
| --- | --- |
| 1 | ai、aj两者相较，同等重要 |
| 3 | 两者相较，ai比aj略微重要 |
| 5 | 两者相较，ai比aj明显重要 |
| 7 | 两者相较，ai比aj强烈重要 |
| 9 | 两者相较，ai比aj极端重要 |

（续表）

| 标度 | 含义 |
|---|---|
| 2、4、6、8 | 上述判断标度的中间值 |
| 倒数 | 若两者相较，与上述标度所示的略微/明显/强烈/极端重要程度相反，则分别取对应标度的倒数 |

注：判断矩阵只需填写白色空格，灰色部分及"—"部分无需重复填写。

1. 一级指标判断矩阵赋值

说明：请您根据个人意见，将衡量创业支持体系的一级指标进行两两比较，并将得分填入下列判断矩阵中。

| ai | aj ||||| 
|---|---|---|---|---|---|
| | 政府支持 | 社会支持 | 学校支持 | 家庭支持 | 自我支持 |
| 政府支持 | — | | | | |
| 社会支持 | | — | | | |
| 学校支持 | | | — | | |
| 家庭支持 | | | | — | |
| 自我支持 | | | | | — |

2. 二级指标判断矩阵赋值

说明：请您根据个人意见，分别将各个一级指标所对应的二级指标进行两两比较，并将得分填入下列判断矩阵中。

2.1 政府支持体系二级指标判断矩阵赋值

| ai | aj ||||
|---|---|---|---|---|
| | 创业资金支持 | 创业服务支持 | 产业项目支持 | 创业政策支持 |
| 创业资金支持 | — | | | |
| 创业服务支持 | | — | | |
| 产业项目支持 | | | — | |
| 创业政策支持 | | | | — |

## 2.2 社会支持体系二级指标判断矩阵赋值

| ai | aj | | |
|---|---|---|---|
| | 基础设施支持 | 社会基金支持 | 服务平台支持 |
| 基础设施支持 | — | | |
| 社会基金支持 | | — | |
| 服务平台支持 | | | — |

## 2.3 学校支持体系二级指标判断矩阵赋值

| ai | aj | | |
|---|---|---|---|
| | 创业教育支持 | 创业孵化支持 | 创业文化建设 |
| 创业教育支持 | — | | |
| 创业孵化支持 | | — | |
| 创业文化建设 | | | — |

## 2.4 家庭支持体系二级指标判断矩阵赋值

| ai | aj | | |
|---|---|---|---|
| | 家庭资金支持 | 人脉资源支持 | 创业心理支持 |
| 家庭资金支持 | — | | |
| 人脉资源支持 | | — | |
| 创业心理支持 | | | — |

## 2.5 自我支持体系二级指标判断矩阵赋值

| ai | aj | | | |
|---|---|---|---|---|
| | 认知意愿支持 | 身体健康状况 | 人际关系支持 | 知识能力支持 |
| 认知意愿支持 | — | | | |
| 身体健康状况 | | — | | |
| 人际关系支持 | | | — | |
| 知识能力支持 | | | | — |

## 附录6
## 案例研究访谈提纲

1. 创业一般经历

简单讲一讲您所在团队的创业经历（创业动机、创业背景等）。

（1）您所在团队是什么时候创业的？

（2）您所在团队为什么选择创业？创业能给您跟团队带来什么？

（3）您所在团队选择创业（特定的，某领域、某一次）的关键影响因素有哪些？

（4）您觉得什么样的团队不适合创业？

（5）您觉得什么样的团队适合创业？

2. 具体的创业事件

（6）请详细谈谈在您所在团队创业过程中所经历的最成功/最满意的事件？内容包括：

A.事件发生的背景？什么情境下发生的事情？

B.您所在团队当时要做什么？目标是什么？

C.您所在团队实际上做了什么？怎么想的、怎么说的、怎么做的？

D.还涉及哪些人？他们做了什么？

E.在此过程中您及团队有什么感受？

F.事情的结果如何？是否实现了预期目标？您及团队的感受如何？

（7）接下来请您谈谈在创业过程中，作为一个创业者所经历的最失败/最不满意/最困难的事情？内容包括：

A.事件发生的背景？什么情境下发生的事情？

B.您所在团队当时要做什么？目标是什么？

C.您所在团队实际上做了什么？怎么想的、怎么说的、怎么做的？

D.还涉及哪些人？他们做了什么？

E.在此过程中您及团队有什么感受？

F.事情的结果如何？是否实现了预期目标？您及团队的感受如何？